Lumina

Texte und Übungen

Lehrgang für Latein als 2. Fremdsprache

von Ursula Blank-Sangmeister, Hubert Müller,
Helmut Schlüter, Kurt Steinicke

Herausgegeben von Helmut Schlüter

Vandenhoeck & Ruprecht

Dieses Werk folgt den neuen Regeln der deutschen Rechtschreibung.

Neue
Recht-
schreibung

ISBN 978-3-525-71014-2

Neudruck 2007

Gedruckt auf chlorfrei gebleichtem Papier.

LUMINA ist ein völlig neuer Lehrgang für Latein als zweite Fremdsprache. Der Band »Texte und Übungen« führt die Schülerinnen und Schüler in 40 Lektionen in die lateinische Sprache ein mit dem Ziel der Lektürefähigkeit; er macht sie mit der antiken Kultur und deren Weiterwirken vertraut.

Die grammatischen Erscheinungen werden ab der ersten Lektion in zusammenhängenden, inhaltlich interessanten und auf das Alter der Schülerinnen und Schüler abgestimmten Texten eingeführt. Diese sind in Kunstlatein abgefasst, haben aber von Anfang an antike Vorlagen. Dabei nähern sich die Texte mit fortschreitendem Lehrgang immer mehr dem Original an. Die Schülerinnen und Schüler lernen verschiedene Textsorten kennen: Erzähltext, Dialog, Brief, innerer Monolog, Rechtsfall, Bericht, Märtyrerakte, auch eine päpstliche Enzyklika. Die Texte behandeln ein breites Spektrum an antiken Themen oder beschäftigen sich mit dem Fortwirken der Antike. Jeweils mehrere aufeinander folgende Lektionen sind zu einem größeren Themenkomplex zusammengefasst. Thematisch abgerundet werden die Lektionen durch deutsche Informationstexte und Dialoge einer behutsam moderierenden Schülergruppe. Sorgfältig auf die Texte abgestimmte Abbildungen und dazugehörige Aufgaben dienen der weiteren Auseinandersetzung mit dem Lektionsthema.

Im Hinblick auf die Kürze der für den Lehrgang zur Verfügung stehenden Zeit ist das Grammatikpensum auf die lektürerelevanten Phänomene beschränkt. Darbietung und Einübung des grammatischen Stoffes orientieren sich an der lateinisch-deutschen Methode. Die Syntax hat Vorrang vor der Morphologie.

Die Aufgaben sind vielfältig und abwechslungsreich und in verschiedenen Unterrichtsformen einsetzbar: Der Übungsteil beginnt in jeder Lektion mit Texterschließungs-, Textverständnis- und Interpretationsfragen. Es folgen ansprechend gestaltete Aufgaben zu Formenlehre, Syntax und Wortschatz. Spielerische Übungen, wie zum Beispiel Silbenrätsel, und handlungsorientierte Arbeitsaufträge tragen dem Alter der Schülerinnen und Schüler Rechnung.

Die Lernvokabeln, lektionsweise geordnet und nach der Reihenfolge ihres Vorkommens aufgeführt, liegen in einem getrennt gebundenen Vokabelheft bei. Insgesamt sind etwa 1350, pro Lektion durchschnittlich 34 Vokabeln zu lernen. Ein alphabetisches Vokabelverzeichnis mit Angabe des ersten Vorkommens und ein Verzeichnis der Eigennamen befinden sich am Schluss des Text- und Übungsbuches.

Eine lektionsweise aufgebaute Begleitgrammatik, ein Arbeitsheft, Freiarbeitsmaterialien, Software, ein Lehrerheft und weiteres Zusatzmaterial zu LUMINA erscheinen 1999.

Inhalt

4

	Texte und Sachtexte	Syntax und STILMITTEL	Formenlehre	Seite
39	Deutschland im 15. Jahrhundert Text 1: De amplitudine et facie Germaniae novae Text 2: De Germaniae potentia Text 3: De moribus atque doctrina Renaissance und Humanismus	abl. lim. (Beziehung)	Indefinitpronomina (Zusammenfassung); Zahlen	268
40	Dialog Latein in heutiger Zeit: Aus der Enzyklika »Sollicitudo rei socialis« Text 1: Der Mensch und der Fortschritt Text 2: Der Mensch und die materiellen Güter	gen. expl. (Erläuterung)		274

Schulszene. Relief auf einem in Neumagen gefundenen Grabmal, um 200 n. Chr.

In der Schule

Quīntus discipulus est.
Quīntus Rōmānus est.
Theophilus magister est.
5 Theophilus est Graecus.
Quīntus legit.
Bene legit; legere amat.
Magister eum laudat.   **eum:** ihn

Theophilus dictat et dictat et dictat.
10 Tullia scrībit et scrībit et scrībit.
Nōn amat scrībere.
Itaque Tullia saepe peccat.
Magister eam vituperat.   **eam:** sie
Valdē clāmat.
15 Quid facit Tullia?
Puella rīdet.
Itaque Theophilus magis clāmat.
Tullia nōn iam rīdet, sed tacet et cōgitat:
»Clāmor nōn prōdest.
20 Theophilus stultus est!«   **stultus:** Dumm-
kopf

Studium nōn semper dēlectat.
Labor nōn semper dēlectat.
Nihil agere dēlectat.

12

1   1. Welche lateinischen Wörter im Text treffen Aussagen über Quintus, Theophilus, Tullia?
     2. Was fällt dir an den beiden Sätzen in Zeile 9/10 auf?
      Was soll dadurch verdeutlicht werden?
     3. Wie lief der römische Schulunterricht ab?
     4. Beschreibe die beiden Schulszenen (Abbildungen S.12 und S.15). Zu welcher gesell-schaftlichen Schicht gehörten die Schüler? Warum haben die Eltern die Sarkophage mit diesen Reliefs verzieren lassen?
     5. Mit welchen Materialien schrieben die Schülerinnen und Schüler? Betrachte das Bild S.16 und ziehe die Informationen des Textes »Die römische Schule« (S.16) hinzu.
     6. Welche Informationen über die Person des Lehrers kannst du dem lateinischen Text, den Abbildungen und dem Text »Die römische Schule« entnehmen?

2   Antworte auf Lateinisch.

     1. Quis magister est?
     2. Quid facit Quīntus?
     3. Cūr Quīntus legere amat?
     4. Cūr magister clāmat?
     5. Quid Tullia facit?

     6. Cūr puella scrībit et scrībit et scrībit?
     7. Quis rīdet?
     8. Quid Tullia cōgitat?
     9. Quid dēlectat?

3   Ordne alle Wörter des Textes einer der fünf Spalten zu.

Eigenname	Substantiv	Verb	Adverb	Sonstige
Quīntus	discipulus	legit	bene	nōn

4   1. Wie heißt der Infinitiv zu folgenden Verbformen?

     laudat – peccat – scrībit – rīdet – dēlectat – agit – est – clāmat – prōdest

     2. Wie heißt die 3. Pers. Sg. zu folgenden Infinitiven?

     amāre – legere – rīdēre – esse – facere – agere – tacēre

5   Schreibe ab und ergänze dabei die Lücken durch ein passendes Wort aus der Liste. Manchmal gibt es mehrere Möglichkeiten.

     1. Quīntus ~ legit.
     2. ~ magister eum laudat.
     3. Puella scrībere ~ amat.
     4. Itaque studium ~ dēlectat.

     5. Magister ~ clāmat.
     6. Quīntus ~ rīdet, ~ cōgitat: **eum:** ihn
     7. »Cūr magister ~ clāmat?«

bene – saepe – nōn – itaque – sed – valdē – semper – nihil

6 In folgenden Sätzen sind viele Buchstaben verloren gegangen. Schreibe sie ab und
ergänze sie dabei. Jeder Punkt bedeutet einen fehlenden Buchstaben.

1. M · g · · · er s · e · e c · · · t.
2. S · d Tu · · · a se · · · r co · · · at:
3. »Cl · · · r n · · p · · d · st!«

7 Bestimme die Satzglieder im Text, Zeile 16–20.

8 Bilde sinnvolle Sätze.

Tullia	semper	vituperat
magister	valdē	rīdet
Quīntus	magis	legit
clāmor	iam	scrībit
studium	bene	dēlectat
discipulus	itaque	clāmat
puella	nōn	prōdest

9 Welche lateinischen Wörter stecken in folgenden Fremdwörtern?

Lektion – Benefizkonzert – Amateur – Manuskript

10 Malt ein solches Satzgliederplakat und hängt es im Klassenzimmer auf. Ergänzt es nach
jeder Lektion. Lasst genügend Platz für die Füllungsarten.

Unterrichtsszene auf einem Kindersarkophag. Foto: Musée du Louvre (M. u. P. Chuzeville).

Die römische Schule

Was Tullia und Quintus in der Schule bei Magister Theophilus erleben, war römischer Schulalltag: nach Diktat schreiben. Wir kennen antike Schulhefte, die sich im trockenen Wüstensand Ägyptens 2000 Jahre erhalten haben. Dort schrieb man zwar Griechisch, aber in der römischen Schule wird es nicht anders ausgesehen haben. Die etwa siebenjährigen Kinder begannen mit Buchstaben, dann wurden Silben diktiert, die oft nur aus sinnlosen Buchstabenfolgen bestanden, später ganze Wörter der Reihe nach immer von A bis Z. *Theophilus dictat et dictat ...* Wenn es endlich an ganze Sätze ging, hatten die Kinder auch keine rechte Freude an dem, was ihnen der Lehrer diktierte. Zum Beispiel: »Sei fleißig, mein Kind, sonst bekommst du Prügel!« (Zehnmal wiederholt, offenbar eine Strafarbeit.) Auf einer römischen Schreibtafel lesen wir: »Einem Jungen, der gut lernt, soll es auch gut ergehen.« Das hört sich schon besser an. Daneben stehen aber auch für Kinder wenig anregende Sätze wie: »Für einen alten Mann gehört es sich, ernst und streng zu sein.« Wen wundert es, dass Tullia keine Freude am Schreiben hat.
In Rom gab es nur Privatschulen; Lehrer konnte jeder sein, der sich für geeignet hielt. Der Schulraum war meist ein einfaches Zimmer oder eine überdachte Veranda im Haus des Lehrers. Reiche Eltern ließen ihre Kinder zu Hause von einem Privatlehrer unterrichten, oft einem gebildeten griechischen Sklaven. Schreib-

15

material waren mit geschwärztem Wachs überzogene Holztäfelchen. Die mit einem Griffel eingeritzte Schrift konnte mit dem breiten Ende des Griffels wieder ausgestrichen werden. Zwei solcher Täfelchen wurden zusammengeklappt, sodass die Schriftseiten beim Tragen geschützt waren. Die etwa Zwölfjährigen wurden von den Eltern, die ihre Kinder weiter ausbilden lassen wollten, zum *grammaticus* geschickt. Das konnten sich nur wohlhabende Familien leisten, bei denen die Kinder nicht im Hause oder auf dem Bauernhof mitarbeiten mussten. Das lateinische Wort für Schule *(schola)* stammt aus dem Griechischen; dort bedeutet es »Muße, Freizeit«. Ebenso wie das lateinische Wort für die Grundschule *ludus*, »Spiel«, zeigt es, dass ein längerer Schulbesuch nur für bevorzugte Kinder möglich war, die von der Arbeit befreit waren.

Beim *grammaticus* lernten die Kinder Griechisch und schrieben und lasen Verse griechischer und römischer Dichter. Nach deren Vorbild lernten sie, selber elegantes Latein und Griechisch zu sprechen und zu schreiben. Wer sich als Sohn einer vornehmen Familie auf den Staatsdienst vorbereitete, lernte ab etwa sechzehn Jahren Redekunst beim *rhetor*, damit er später im Senat oder vor Gericht in freier Rede argumentieren und überzeugen konnte. Ein Studium in Athen oder Rhodos bei berühmten griechischen Professoren schloss oft die Bildung ab.

Römische Mädchen erhielten nur in Ausnahmefällen eine Bildung, die über Lesen, Schreiben, Rechnen und Musik hinausging.

So kannst du dir die Wachstäfelchen vorstellen, auf denen die römischen Kinder schreiben lernten. Saalburg-Jubiläum »Hundert Jahre Saalburg« im Oktober 1997.

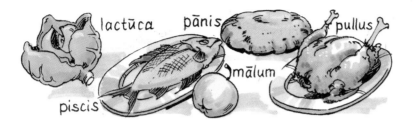

Quīntus Mārcum vīsitat

Mārcus Tullius Cicerō senātor est.
Itaque saepe in cūriam forumque it.
Sed hodiē domī manet.

5 Nam Quīntum exspectat.
   Quīntus fīlius frātris est.   **frātris:** seines Bru-
                                                         ders
   Libenter ad senātōrem venit.
   Cēna semper optima est.   **optima:** sehr gut
   Quīntus Mārcum Tullium Cicerōnem salūtat.

10 Mārcus gaudet, nam puerum valdē amat.
   Mox servus cēnam apportat.
   Quīntus *lactūcam, piscem, pānem* comēst.   **comēst:** er isst
                                                         (auf)
   Puer aquam, Mārcus vīnum bibit.   **bibit:** er trinkt
   Mārcus Quīntum interrogat:

15 »Quid magister docet? Docetne bene?«
   Quīntus nōn audit: comēst *pānem,* comēst *pullum.*
   Sed post cēnam puer tabulam mōnstrat et legit.
   Tum *mālum* comēst.

   Mārcus ad Quīntum frātrem scrībit;
20 nam frāter prōvinciam administrat.
   »Quīntus fīlius bene discit; bene scrībit; bene legit;
   sed optimē – comēst.«   **optimē:** am besten

1 1. Suche die Textstellen heraus, die angeben, was Quintus bei seinem Onkel macht.
   2. Beschreibe die Beziehung zwischen Marcus und Quintus.
   3. Vergleiche das Menü, das Quintus bei seinem Onkel Marcus isst, mit den Speisen, deren
      Reste du auf dem Mosaikfußboden S. 21 erkennen kannst.
   4. Welche Tischsitten hatten die Römerinnen und Römer? Betrachte die Abbildung auf S.
      20 und ziehe den Text »Der Speisezettel der Römer« hinzu. Auf welche »Tischsitte«
      lässt das Bild S. 21 schließen?

2 Antworte auf Lateinisch.

   1. Cūr M. Tullius Cicerō saepe in cūriam forumque it?

   2. Quem Mārcus exspectat?

   3. Cūr Quīntus libenter ad senātōrem venit?

   4. Quis cēnam apportat?

   5. Quid puer post cēnam facit?

   6. Quid Quīntus bene facit, quid optimē?

3 1. Bilde den Infinitiv zu folgenden Formen:

   interrogat – manet – it – legit – discit – exspectat – est – audit – amat

  2. Wie heißt die 3. Pers. Sing. zu folgenden Infinitiven?

   gaudēre – mōnstrāre – prōdesse – venīre – īre – administrāre – scrībere – rīdēre

4 Welche Endung passt zu welchem Stamm?
Manchmal gibt es mehrere Möglichkeiten.
Schreibe die vollständigen Wörter ins Heft.

for~   es~   frātr~   puell~   rīde~

puer~   labor~   audī~   discipul~

-us	-em	-um	-am
-re	-a	-t	

5 1. Setze die Wörter in den Akkusativ. Bei zwei Wörtern ist dies nicht möglich – weißt du den Grund?

   fīlius – forum – puella – clāmor – Quīntus – puer – semper – Graecus – hodiē

  2. Wie heißt der Nominativ zu folgenden Akkusativen?

   cūriam – frātrem – aquam – vīnum – senātōrem – tabulam – discipulum – studium

6 Setze zu den Präpositionen *ad, in* und *post* möglichst viele passende Substantive. Denke daran, dass du das lateinische Wort meist verändern musst.

cēna – fīlius – prōvincia – senātor – puer – studium – frāter – servus – forum – aqua

7 Frage auf Deutsch nach den schräg gedruckten Wörtern und gib an, um welches Satzglied es sich handelt.

1. Hodiē senātor *in cūriam* nōn it.
2. Mārcus *Quīntum* exspectat.
3. Puer *saepe* venit.
4. *Senātor* valdē gaudet.
5. Servus *cēnam* apportat.
6. Puer *bene* discit.
7. *Quīntus* prōvinciam administrat.
8. *Post cēnam* Mārcus ad frātrem scrībit.

8 *itaque – nam – sed – tum*
sind Satzverknüpfungen.
Welche passen in folgende Sätze?
Manchmal passen mehrere.

1. Theophilus nōn est Rōmānus, ~ Graecus.
2. Magister Tulliam vituperat, ~ saepe peccat.
3. Magister valdē clāmat, ~ Tullia rīdet.
4. Quīntus bene legit, ~ legere amat.
5. Theophilus clāmāre amat, ~ clāmor nōn prōdest.

9 Hier sind vier Satzmodelle und vier Sätze. Ordne in deinem Heft die Sätze den Satzmodellen zu.

1. S – AObj – P
2. S – aB – aB – P
3. S – aB – P – AObj
4. aB – S – AObj – P

a) Senātor saepe in forum venit.
b) Post cēnam Quīntus tabulam mōnstrat.
c) Mārcus valdē amat legere.
d) Mārcus puerum interrogat.

10 Hier sind einige Wörter vertauscht. Schaffe Ordnung und schreibe die richtigen Sätze in dein Heft.

1. Quīntus pullum mōnstrat et bene legit.
2. Servus frātrem apportat.
3. Mārcus Tullius puer est. Itaque saepe in cūriam it.
4. Servus tabulam nōn comēst, sed apportat.
5. Tullia senātor est.
6. Quīntus vīnum interrogat.

pullus: Huhn

comēst: er isst (auf)

11 Ergänzt euer Satzgliederplakat (s. Lektion 1, 10, S. 14).

Küche und Speisezimmer in einem vornehmen römischen Haus.

Der Speisezettel der Römer

»Ich hatte pro Person einen Kopf Salat, drei Schnecken, zwei Eier bereitgestellt, fer-ner Gerstentrank, mit Honig gesüßt und mit Schnee gekühlt, Oliven, rote Bete, Kürbisstücke, Zwiebeln und tausenderlei andere ebenso leckere Sachen.« So berichtet ein reicher Römer in einem Brief über ein Gastmahl. Diese Speisenfolge hört sich für unsere Begriffe nicht gerade üppig an, zeigt aber, dass in Rom auch zur Bewirtung von Gästen nicht unbedingt reichlicher Fleischgenuss gehörte. Die Römer legten vor allem Wert darauf, dass die Speisen schmackhaft gewürzt waren. So dürfen wir uns vorstellen, dass der oben erwähnte Salat, die Zwiebeln und die Gemüsestückchen mit einer leckeren Kräutersoße serviert wurden oder in einer scharf gewürzten Marinade eingelegt waren, sodass die Gäste auch bei scheinbar schlichten Speisen gern zulangten. Allein das uns erhaltene Rezept des »Gerstentranks« füllt über eine halbe heutige Buchseite. Doch auch Gebratenes oder Geschmortes, wie Geflügel, Schweine- oder Rindfleisch, fehlte nicht auf dem Speiseplan – eines wohlhabenden Römers, muss man allerdings hinzufügen.

Die weitaus überwiegende Mehrzahl der ärmeren Römer musste sich mit einfacher Kost zufrieden geben. Diese war zwar eintöniger, aber nach Ansicht heutiger Ärzte durchaus gesund. Grundnahrungsmittel war Getreide, vor allem Weizen. Aus dem grob gemahlenen oder geschroteten Mehl backte man Brot *(panis)* oder kochte mit Wasser und Salz einen Brei *(puls)*. Die meisten der heutigen europäischen Gemüsesorten waren auch den Römern schon bekannt. Erbsen, Bohnen, Rüben, verschiedene Kohlsorten und Salate, Äpfel, Birnen, Feigen sowie verschiedene Käsesorten ergänzten als Beilage oder Nachtisch die Grundnahrung. Speisefett war das aus Oliven gepresste Öl. Fische, Krebse und Muscheln kamen in den Küstengebieten auf den Speisezettel, waren aber auch dort eher eine Delikatesse. Zur Hauptmahlzeit *(cena)* setzte oder legte man sich nach dem Abklingen der Tageshitze zu Tisch. Bei längeren Mahlzeiten, zumal wenn man Gäste hatte, lag man auf einem Speisesofa *(lectus)*. Drei Liegen standen an drei Seiten des Tisches, die vierte Seite wurde zum Auftragen der Speisen freigelassen. In größeren Häusern gab es ein eigenes Speisezimmer, das *triclinium*, in dem sich der Aufbau von jeweils drei Liegen um einen Tisch bei Bedarf mehrfach wiederholte. In älterer Zeit durften Frauen und Kinder nach strenger Sitte am Tisch nicht liegen, sondern nur sitzen. In kleineren *familiae* mit gemeinsam eingenommenen Mahlzeiten saßen auch die Sklaven auf einer Bank mit am Tisch.

Die Römer aßen nicht mit Messer und Gabel (die Speisegabel ist eine Erfindung der Neuzeit), sondern nahmen die vom Koch fertig zugeschnittenen Speisestücke mit der Hand. Fleischbrühe oder andere Speisen in flüssiger Form trank man aus der Schale; Soßen tunkte man mit Brot auf. Zum Reinigen der Finger stand eine Schale mit parfümiertem Wasser neben jedem Platz. Wenn bei Gastmählern nicht alle angebotenen Speisen aufgegessen worden waren, durften die Gäste sich die Reste einwickeln lassen und mit nach Hause nehmen.

Mosaikfußboden in einem römischen Speisezimmer.

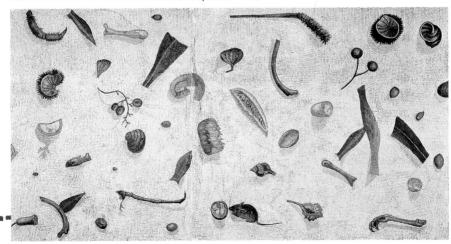

Römische Namen

HÜLYA: Mit den römischen Namen komme ich nicht zurecht. Mal heißt einer Cicero, mal Marcus, mal Marcus Tullius.

MAX: Mal heißt er auch Marcus Tullius Cicero. Gemeint ist anscheinend immer derselbe. Wie viele Namen hatten denn die Römer eigentlich?

LEHRERIN: Ein Römer hatte im Allgemeinen drei Namen, wie *Marcus Tullius Cicero* oder *Gaius Iulius Caesar*.

CHRISTIAN: Welcher davon ist denn nun sein Vorname?

ANNA: Ich glaube: Marcus, den gibt's doch auch bei uns als Vornamen.

LEHRERIN: Das stimmt. Marcus war ein Vorname, ein *praenomen*, wie auch Quintus, Titus, Lucius, Gaius, Publius oder Tiberius. Viel mehr Vornamen kannten die Römer nicht. Wenn die Vornamen geschrieben wurden, kürzte man sie ab, z. B. L für Lucius, T für Titus, Ti für Tiberius, C für Gaius.

CHRISTIAN: Wieso C anstatt G?

LEHRERIN: Im alten römischen Alphabet gab es für beide Laute nur ein C.

MAX: Wieso hatten die Römer im Allgemeinen drei Namen? Uns reichen doch auch zwei.

LEHRERIN: Der dritte Name ist das so genannte *cognomen,* der Beiname. Unser Herr Senator hieß mit Beinamen Cicero. So wurde er von Fremden angeredet und dieses *cognomen* wurde innerhalb eines Familienzweiges vererbt.

HÜLYA: Sagte man »Cicero« oder »Herr Cicero«?

LEHRERIN: Ein »Herr« als Anrede gab es in Rom nicht, übrigens auch kein »Sie«. Alle Römer redeten sich formlos mit »Du« an.

CHRISTIAN: Wie sagten denn die Kinder zum Vater? Auch »Cicero« oder »Caesar«?

LEHRERIN: Nein. Kinder redeten den Vater mit seinem Vornamen an.

CHRISTIAN: Finde ich nicht schlecht. Aber was soll nun das *Tullius* im Namen von Marcus Tullius Cicero?

LEHRERIN: Das ist der Name der *gens*, der Großfamilie, zu der Cicero gehörte. Jetzt könnt ihr auch den vollen Namen von Ciceros Bruder Quintus erschließen.

ANNA: Mal sehen – Vorname: Quintus. Cicero wird er als Bruder des Marcus auch geheißen haben. Tullius gehört dann in die Mitte. Also: Quintus Tullius Cicero.

LEHRERIN: Richtig. Und wie hieß unser hungriger Quintus?

MAX: Na klar! Auch Quintus Tullius Cicero. – Welche Namen hatten denn Sklaven? Der schlecht gelaunte Magister mit dem Namen Theophilus war doch wohl kein Römer, vielleicht sogar Sklave, wenn er nur einen Namen hatte.

LEHRERIN: Wahrscheinlich war er Sklave. Sklaven waren ja meist Ausländer und behielten ihren Namen bei, wenn nicht der Herr zu seiner eigenen Bequemlichkeit ihnen *einen* neuen Namen gab wie z. B. Syrus, »Syrer«, oder einen anderen Namen, der an ihre Herkunft erinnerte.

ANNA: Aber halt mal! Da ist doch noch eine Tullia. Wie hieß die denn mit vollem Namen?

LEHRERIN: Tullia.

HÜLYA: Sonst nichts?

LEHRERIN: Nein. Mädchen erhielten nur den Namen der *gens* ihres Vaters.

ANNA: Dann gab es also in den Familien der Tullier nur Tullias. Das ist lustig. Wenn die Mutter »Tullia« rief, kamen gleich drei oder mehr angelaufen.

LEHRERIN: Das konnte vorkommen. Aber meistens setzte man zur Unterscheidung einen weiteren Namen hinzu, wie z. B. Maxima, die Älteste, oder Secunda, die Zweite, oder Rutilia, »Blondchen«.

ANNA: Das finde ich gut! Wenn meine Schwester auch Anna hieße, würde ich mir einen tollen Beinamen ausdenken.

CHRISTIAN: Welchen denn?

ANNA: Sag' ich nicht.

Syrus in der Subura

Vesperī Mārcus senātor epistulam longam scrībit. **vesperī:** abends
Ad T. Pompōnium Atticum, amīcum suum, scrībit.
Tum Syrum vocat.
5 Syrus servus fidus est; itaque epistulam ad Pompōnium
apportāre dēbet.
Syrus nōn gaudet; timidus enim est, et nox eum terret. **eum:** ihn
Praetereā per Subūram, vīcum dubium et obscūrum, īre **praetereā:** außer-
dēbet.   dem

10 Sed Lūna plēna est.
Prīmum via est lāta, sed mox angusta.
Vīcus dormit. Syrus sōlus est.
Subitō post sē magnam umbram videt. **sē:** sich
Umbra appropinquat. Servus timet.
15 Itaque currere incipit. Etiam umbra currit.
Syrus magis magisque timet: Currit et currit …
Dēnique currere nōn iam potest. **potest:** er kann
Plāgam exspectat; exspectat fīnem suum, **plāga:** Schlag
… sed accidit nihil. – Subitō Syrus incipit rīdēre …

Kannst du dir denken, warum?

1 1. Sammle Informationen über Syrus.
   2. a) Wie deutest du den Namen Syrus?
      b) Warum hat er nur einen Namen?
   3. Welche Wörter zeigen, dass es Syrus unheimlich wird? (Du kannst vielleicht seine Angst
      verstehen, wenn du dir die Straße im Getto von Rom, S. 25, ansiehst.)
   4. An welchen sprachlichen Besonderheiten erkennt man, dass ab Zeile 13 etwas pas-
      siert?
   5. Versuche herauszubekommen, was die *Subūra* ist.

2 Suche aus dem Text alle als Attribut gebrauchten Adjektive und ihre Beziehungswörter
   heraus. Bilde zu diesen Wortpaaren jeweils lateinisch und deutsch den Nominativ bzw.
   Akkusativ Singular.

24

Gasse im heutigen Rom.

3 Schreibe ab, ergänze und übersetze dann.

magn~ clāmor – magnum clāmōr~ – post magn~ cēn~ – puer fīd~ – puerum fīd~ – tabulam plēn~ – ad for~ lāt~ – per Subūr~ dubi~ – discipulus su~ – epistulam long~ – amīc~ timidam – puer~ timidum

4 Bestimme in deinem Heft Wortarten, Formen und Satzglieder nach folgendem Beispiel:
Syrus timidus fīnem exspectat.

	Wortart	Wortform	Satzglied
Syrus	Substantiv	Nom. Sg. m.	Subjekt
timidus	Adjektiv	Nom. Sg. m.	Attribut
fīnem	Substantiv	Akk. Sg. m.	AObjekt
exspectat	Verb	3. Pers. Sg.	Prädikat

1. Magister Tulliam vituperat.
2. Syrus timidus est.
3. Nox obscūra est.
4. Syrum nox obscūra valdē terret.
5. Magna cēna Quīntum puerum dēlectat.
6. Cēna hodiē magna est.

5 Die Wörter *tum – itaque – nam – enim – sed – etiam – dēnique* verknüpfen Sätze miteinander (solche Wörter nennt man Konnektoren).
In folgende Sätze haben sich falsche Konnektoren eingeschlichen. Schreibe die Sätze mit passenden Satzverknüpfungen in dein Heft (manchmal sind mehrere Satzverknüpfungen möglich) und übersetze sie.

M. Tullius ad amīcum suum epistulam scrībit; sed Syrum, servum fīdum, vocat. Tum Syrus nōn gaudet; itaque timidus est, nam per Subūram īre dēbet. Syrus sōlus est; sed umbra eum terret. Currere enim incipit; dēnique plāgam exspectat. Itaque nihil accidit. Sed rīdēre incipit.

eum: ihn
plāga: Schlag

6 Frage lateinisch nach den schräg
gedruckten Wörtern.

    1. Mārcus *epistulam* legit.
    2. *Tullia* epistulam scrībit.
    3. *Clāmor* Tulliam terret.
    4. Syrus currit, *nam umbram videt.*
    5. *Nihil agere* dēlectat.
    6. *Lūna plēna* Syrum terret.

7 Welche Apposition passt (formal und inhaltlich) zu welchem Substantiv?
Schreibe die Substantive ab und setze zu jedem die passende Apposition.

Substantiv	Apposition
Tullia	vīcum angustum et obscūrum
magister	puer
in Subūram	senātōrem
Quīntus	amīca
Theophilum	servum fidum
ad M. Tullium	Theophilus
Syrum	magistrum suum

8 Folgende Adverbien oder präpositionale Ausdrücke füllen im Satz die Stelle adverbiale
Bestimmung. Ordne sie nach den inhaltlichen Gesichtspunkten Ort (wohin?), Ort (wo?),
Zeit, Art und Weise.

bene – magis – in forum – ad Mārcum Tullium (īre) – post cēnam – valdē – hodiē –
post cūriam – ad forum (esse) – per forum – domī – mox – saepe – semper

9 1. Von welchem lateinischen Wort lassen sich folgende Fremdwörter ableiten?
Was bedeuten sie?

    Epistel – Definition – Vokal – *eine* obskure *Sache* – Video – Solo – *eine* dubiose
Geschichte – Terror

    2. Du kannst schon die Bedeutung einiger französischer und italienischer Wörter erschlie-
ßen.

    ami (frz.) – amico (ital.) – fidèle (frz.) – notte (ital.) – dormir (frz.) – dormire (ital.) –
ombre (frz.) – ombra (ital.) – fin (frz.) – fine (ital.)

27

Stell dir vor, du würdest mit diesem Wagen auf einer römischen Straße von Köln nach Mainz fahren … Denk dir eine Geschichte aus.

Römischer Reisewagen. Römisch-Germanisches Museum Köln.

Römische Post, Briefe, Schreibmaterial

Der römische Staatsmann und Schriftsteller M. Tullius Cicero war ein eifriger Briefe-schreiber. Viele von ihm oder an ihn geschriebene Briefe sind uns erhalten; sein Privatsekretär Tiro, ein griechischer Sklave, hat sie gesammelt und so für die Nachwelt gerettet. Sehr oft klagt Cicero darin über Schwierigkeiten, Verzögerungen oder gar über Verluste bei der Beförderung von Briefen. Wir lesen einmal, dass ein Brief aus Gallien 28 Tage nach Rom unterwegs war. Wenn Marcus an seinen Bruder Quintus, den römischen Statthalter in Asia (etwa heutige Türkei), schrieb, konnte er manchmal seinen Brief einem amtlichen Boten mitgeben. Die Regierung in Rom war nämlich an schnellen und sicheren Nachrichtenverbindungen zu den weit entfernten Außenprovinzen des römischen Reiches interessiert. Auf den römischen Fernstraßen ritten oder fuhren Kuriere der Armee, schnelle Segel-schiffe der Flotte beförderten Staatspost über das Meer. Das geschah zu Ciceros Zeit noch unregelmäßig und nur bei Bedarf; später wurde ein regelmäßiger Post-dienst für den amtlichen Briefverkehr organisiert. Privat- oder Geschäftspost nah-men diese Boten jedoch nicht mit; für deren Beförderung mussten die Schreiber selber sorgen. Reiche Römer schickten Sklaven oft auf weite Reisen mit ihren eige-nen Briefen und denen von Freunden. Wenn jemand eine Reise unternahm, gehörte es sich, dass er vorher bei Bekannten anfragte, ob er Post mitnehmen könne.

Briefe und andere Schriftstücke wurden auf Papyrus geschrieben, einem »Papier«, das aus den Halmen einer im Nildelta wachsenden Pflanze gewonnen wurde. Das Innere dieser Halme wurde in Streifen geschnitten und in zwei Lagen über Kreuz aufeinander gelegt und gepresst. Der in der Pflanze enthaltene Leim verklebte die Streifen zu einem Papier, das noch geglättet werden musste. Man schrieb mit einem zugespitzten Pflanzenrohr und einer Tinte, die aus Ruß, Wasser und einem Klebemittel bestand. Ein Briefblatt wurde auf einer Seite beschrieben und dann mit den vier Ecken so zusammengefaltet wie etwa ein heutiger Briefumschlag. Wenn mehrere Seiten geschrieben wurden, rollte man sie zusammen und umwickelte sie mit einer Schnur. Ein Wachssiegel verklebte die Schnur oder die vier in der Mitte liegenden Spitzen des gefalteten Blattes. Ein Briefgeheimnis gab es nicht. Als Anschrift stand außen der Name des Absenders im Nominativ, dann folgte der Name des Empfängers im Dativ, also etwa »M.Tullius Cicero [sendet Grüße] an seinen Bruder Quintus«.

Bildnis eines Paares. Wandmalerei im so genannten Haus des Terentius Neo, Pompeji.

ūvae

olīvae

mālum

Auf dem Lande

Gnaeus Cornēlius hodiē vīllam vīsitat.
Fēlīciō vīlicus dominum salūtat.
Tum spectant hortum, vīneam, silvam agrōsque.   **vīnea:** Weinberg
5   Circumeunt et multōs servōs multāsque ancillās vident:

Cūnctī labōrant.
Aliī hortum fodiunt, aliī agrōs arant.   **fodiunt:** sie graben
Aliī arborēs caedunt, aliī *ūvās* aut *olīvās* colligunt.   um
Nōnnūllī viam mūniunt.
10 Ancillae cēnam parant.
Cūnctī, cum dominum vident, maximē sēdulī sunt.

Sed Dāvus servus nihil videt; dormit enim.
Nam senex aeger est, et labōrēs sunt magnī.   **senex** (Akk.:
Gnaeus valdē clāmat;   senem): alt; der alte
15 vīlicum vituperat, ferit servum.   Mann
Posteā Dāvus catēnīs vincītur.   **catēnīs vincītur:**
                                                     er wird in Ketten
Hodiē Gnaeus contentus nōn est.   gelegt

    Cn.:   Cūr servī tam pigrī sunt?
    Fēlīciō: Pigrī nōn sunt, sed nōnnūllī nōn valent.
20 Cn.:   Cūr et arborēs et *olīvae* et *ūvae* tam parvae
              sunt?   **mala tempestās:**
    Fēlīciō: Mala tempestās …   schlechtes Wetter
                                                     auctiō: Versteige-
Postrīdiē dominus et vīlicus auctiōnem faciunt: rung
Vendunt et *māla* et vīnum et *olīvās* et arborēs.
25 Vendunt etiam ancillam aegram – et Dāvum, servum senem.

So kannst du dir einen römischen Gutshof vorstellen.

1 1. Welche Wörter aus dem Text können dem Thema »Leben auf dem Land« zugeordnet
werden?
2. Suche zu jedem der fünf Abschnitte (Zeile 2–5; 6–11; 12–16; 17–22; 23–25) eine Überschrift.
3. Gib lateinisch jeweils die Tätigkeit der genannten Personen an.
4. Welche Rolle hat der *vīlicus* im Gutsbetrieb?
5. Wie wird der alte Sklave behandelt? Wie ergeht es heute oft älteren Arbeitskräften?
6. Wie könnten die Leute auf dem Gut den Besuch des Cn. Cornēlius empfunden haben?
Versetzt euch (Gruppenarbeit) in die Rollen des Verwalters, der Sklaven, der Sklavinnen und des Dāvus; schreibt auf Deutsch auf, was sie jeweils denken, wenn der Besitzer
kommt.
7. a) Welche Funktionen haben wohl die einzelnen Gebäude?
b) Beschreibe die verschiedenen Arbeiten, die die Sklaven ausführen.
c) Wie wurden Vorräte aufbewahrt?

2 Stelle alle Prädikate aus dem Text zusammen und verwandle sie lateinisch und deutsch in
den Singular bzw. in den Plural.

31

3 Zeichne nach folgendem Plan eine Tabelle in dein Heft und trage alle Substantivformen aus dem Text in die entsprechenden Kästen ein.

Nominativ	Singular			Plural		
	a-	o-	kons. Dekl.	a-	o-	kons. Dekl.
Akkusativ	Singular			Plural		
	a-	o-	kons. Dekl.	a-	o-	kons. Dekl.

4 Verwandle in den Plural.

viam obscūram – servus Graecus – prōvinciam Rōmānam – magna umbra – frātrem aegrum – dominus contentus – magnum forum – nox obscūra

5 Ein Wort passt nicht in die Zeile (aus sachlichen oder aus grammatischen Gründen). Suche die »schwarzen Schafe«. Begründe deine Antwort.

1. vīllam – ancillam – agrum – servum – arborēs – hortī – silvam

2. vīlicum – vīnum – servum – cēnam – hortōs – agrōs – puellam

3. discipulōs – magistrōs – servōs – filiōs – amīcōs – vīcōs

4. puerum – forum – studium – vīnum

5. hortus – arbor – ager – clāmor – servus – magister – puer

6 Schreibe ab, passe dabei das Substantiv bzw. das Adjektiv an und übersetze.

amīc ~ fidōs – puer sēdul ~ – magn ~ clāmōrem – frātrem aegr ~ – arbor ~ magnae – arbor ~ parvās – fora lāt ~ – magistr ~ contentum – puell ~ parvās

7 1. Stelle aus den Wörterverzeichnissen zu den Lektionen 1 bis 4 alle lateinischen Substantive zusammen, die für Personen stehen können.
2. Suche ebenso Verben, die eine Bewegung, und Verben, die einen Gemütszustand bezeichnen.

8 Fülle die freien Satzgliedstellen mit Wörtern aus dem Sack und schreibe die Sätze ins Heft.
Es bleiben keine Wörter übrig.

1. S   aB   AObj   P
    Mārcus senātor   scrībit.

2. S   P   AObj
    Syrus servus   fīnem suum.

3. S   P   AObj
    Syrus   per Subūram īre.

4. S   aB   P
                           contentus nōn est.

5. S   P   AObj
    Gnaeus   vendit

Zeichnung einer nachgebauten
römischen Getreidemühle. Saalburg-
Museum.

33

»Der Ackermann
von Arezzo«.

Römische Landwirtschaft

Im Altertum arbeiteten die meisten Menschen in der Landwirtschaft. Nur so
konnte die Ernährung sichergestellt werden, denn die Arbeit auf dem Acker
brachte im Vergleich zu heute nur sehr geringe Erträge. Kunstdünger war unbekannt, zur Bearbeitung des Bodens stand nur die Muskelkraft von Menschen und
Zugtieren zur Verfügung. Zum Pflügen benutzte man einen von Ochsen gezoge-
nen großen Haken, der den Boden nur auflockerte, nicht aber umwendete wie
die heutigen Pflüge. Die Möglichkeiten, im Herbst geerntete Lebensmittel über
die Winter- und Frühlingszeit frisch und genießbar zu halten, waren beschränkt,
sodass vieles verdarb oder Insekten und Nagetieren zum Opfer fiel.
In älterer Zeit, bis etwa 200 v. Chr., gab es in Italien vorwiegend Kleinbauern, die
im Familienbetrieb ihr Land zur eigenen Versorgung bewirtschafteten und die
meist nur geringen Überschüsse auf dem Markt verkauften. Nach dem Zweiten
Punischen Krieg, in dem der Karthager Hannibal mit seiner Armee 20 Jahre lang
Italien verwüstet hatte, änderte sich die römische Landwirtschaft von Grund auf.
An die Stelle von kleinen Bauernhöfen traten allmählich große Landgüter *(latifundia)*, auf denen Lohnarbeiter oder Sklaven arbeiteten, die aus vielen Eroberungs-
kriegen nach Italien gebracht worden waren. Die Eigentümer solcher Großgüter
waren meist Politiker oder Geschäftsleute, die in Rom lebten und nur gelegentlich, wie Gnaeus Cornelius in unserem Text, zur Kontrolle oder in den Ferien zur
Erholung »aufs Land« gingen.
Während bei den Kleinbauern der Anbau von Getreide und anderen Lebensmitteln zur Selbstversorgung im Vordergrund gestanden hatte, wurde auf den Groß-
gütern für den Markt und für den Export produziert. Olivenöl und Wein waren, im
Vergleich zum Getreide, durch Bearbeitung »veredelte« Güter, die auf den Märk-
ten begehrt waren und einen höheren Preis erzielten. Sie standen jetzt an erster
Stelle, dann folgte Viehzucht auf dem nun reichlich vorhandenen Weideland.
Denn das Getreide, das große Flächen zum Anbau benötigt hatte, konnte man
nun vernachlässigen, weil das Korn für die Ernährung der stark angewachsenen
Bevölkerung billig aus eroberten Ländern wie Sizilien und später aus Ägypten ein-
geführt wurde.

34

MAX: Was der Cn. Cornelius da mit seinem Sklaven macht, ist ja ein starkes Stück. War das überhaupt erlaubt?

ANNA: Anscheinend war es sogar üblich. Ich habe in der Schulbücherei ein Buch über die römische Landwirtschaft gefunden, eine Übersetzung von Catos Buch *De agricultura*, das er um 150 v. Chr. geschrieben hat. Da steht schwarz auf weiß, was ein Gutsbesitzer tun soll und darf, wenn er zur Kontrolle sein Gut besucht: *Sobald du auf deinem Gut angekommen bist, erweise am Altar den Hausgöttern deinen Gruß; dann mache noch am selben Tage einen Rundgang durch Hof und Felder und stelle fest, was in deiner Abwesenheit getan wurde und was liegen geblieben ist. Am nächsten Tag lass den Verwalter kommen und frage ihn, was er alles zur richtigen Zeit hat machen lassen und warum dies und jenes nicht gemacht wurde.*

MAX: Da bin ich auf die Ausreden gespannt. Gib mir mal das Buch, Anna. – Da haben wir es: *Wenn er sagt, er habe alles nach Kräften getan, aber Sklaven seien krank gewesen oder davongelaufen, das Wetter sei schlecht gewesen oder er habe Arbeiter für öffentliche Dienstleistungen wie Straßenbau abstellen müssen, und sich mit dergleichen herausreden will, dann mache ihm klar, dass er trotz dieser Behinderungen vieles hätte besser machen können; z. B. an Regentagen im Hause Geräte und Vorratsgefäße reparieren, Ställe reinigen und den Mist zur Grube bringen.*

HÜLYA: Gut, das lässt sich noch einsehen; aber wenn Sklaven krank sind, was kann er dann machen?

MAX: Da weiß der liebe alte Cato auch eine Medizin: *Wenn Sklaven krank werden, muss man ihnen weniger zu essen geben.*

HÜLYA: Was soll das denn bewirken?

CHRISTIAN: Klar doch: Dann melden sie sich schneller wieder gesund, wenn ihnen der Magen knurrt.

ANNA: Und dafür musste der Verwalter sorgen? Der war doch selber Sklave. – Im alten Rom hätte ich mich nicht wohl gefühlt.

MAX: Es kommt noch ärger: *Von Zeit zu Zeit mache eine Auktion und verkaufe alles, was überflüssig ist: überschüssiges Getreide, abgearbeitete Zugtiere, schadhaftes Vieh, verrostete Arbeitsgeräte, alte Sklaven, kranke Sklaven und was sonst unnütz ist.*

HÜLYA: Waren in Rom Sklaven denn keine Menschen, sondern nur »Arbeitsgeräte«?

CHRISTIAN: Es scheint so.

Ein Tag im Leben eines vornehmen Römers

Plīnius, cum in vīllā est, plērumque hōrā prīmā ēvigilat,   **ēvigilāre:** aufwachen
sed in lectō manet et multa cōgitat.
Mox notārium vocat.   **notārius:** Sekretär
5 Servus cum tabulā venit.
Plīnius dictat, servus magnā cūrā scrībit.

Hōrā quārtā vel quīntā Plīnius in hortō ambulat,
semper cōgitat, semper dictat.
Tum paulum dormit.
10 Posteā ōrātiōnem Graecam vel Latīnam magnā vōce legit.
Ambulat, sē exercet, aquā frīgidā lavātur.   **lavātur:** er wäscht sich

Saepe amīcī ē proximīs vīllīs veniunt.
Hōrā ūndecimā dominus cum uxōre amīcīsque cēnat.   **ūndecimus:** der elfte
Plīnius nārrat:
15 in animō habet bibliothēcam condere, plēbem magnā pecū-   **bibliothēcam condere:** eine (öffentliche) Bibliothek stiften
niā adiuvāre.
Cēna sermōnibus doctīs laetīsque extenditur.   **extenditur:** es zieht sich hin

Sed hodiē Plīnius līber ā cūrīs nōn est:
Zōsimus lībertus aeger est.
20 Plīnius lībertum valdē amat,   **cūrātiō** (Abl.: cūrātiōne): Kur
doctus enim et fīdus est.
Itaque dominus epistulam ad amīcum scrībit: **mūtātiō** (Abl.: mūtātiōne) **caelī:** Luftveränderung
»Zōsimus cūrātiōne et mūtātiōne caelī indiget.
Itaque lībertum in vīllam tuam mittere velim...«   **velim:** ich möchte

1 1. Stelle aus dem Text alle Zeitangaben zusammen und ordne ihnen zu, was Plinius zur jeweiligen Zeit tut.
2. Welche Schlüsse auf die gesellschaftliche Stellung des Plinius, seinen Beruf und seine persönliche Einstellung lässt der Text zu? Was für ein Mensch ist Plinius?
3. Vergleiche die Behandlung des Freigelassenen Zosimus mit der der Sklaven im Text der Lektion 4.
4. Wie könnte das alltägliche Leben der Sklavinnen, die du auf dem Bild S. 40 siehst, ausgesehen haben? Wie erging es wohl den kriegsgefangenen Germanen, die auf S. 41 abgebildet sind? Lies dazu auch den Text »Sklaven und Freigelassene«.

Rekonstruktionsversuch der laurentinischen Villa des Plinius, nicht weit von Rom gelegen.

2 Schreibe aus dem Text alle Ablative (mit oder ohne Präposition) in dein Heft und ordne ihnen die folgenden Fragen zu:

Frage	womit?	wo?	wann?	wovon? woher?	mit wem? mit was?	wie? auf welche Weise?
Semantische Funktion	Mittel Werkzeug	Ort	Zeit	Trennung	Begleitung	Art und Weise

3 Schreibe ab und ergänze die Ablativendungen (Sg. und falls sinnvoll auch Pl.).

in silv~ – ē silv~ – magn~ clāmōr~ – in hort~ – cum magistr~ – in arbor~ cum amīc~ – aqu~ – magn~ vōc~

4 Es geht um die Wurst! Wer kommt trocken über den Bach zum Grillplatz? Mein *amīcus fīdus* springt von Stein zu Stein.

Also:

amīcus fīdus – amīcum fīdum – amīcōs fīdōs – amīcī fīdī – (cum) amīcīs fīdīs – (cum) amīcō fīdō – amīcus fīdus

Verfahre ebenso mit:

magna cūra – hortus lātus – sermō doctus – hōra alia – arbor tua – magister sēdulus – forum plēnum – puer Rōmānus

5 Schreibe die Sätze in dein Heft und ergänze sie dabei um die jeweils passende adverbiale Bestimmung aus der Liste. Übersetze die Sätze. Es bleiben keine Ausdrücke übrig.

> hodiē – ad Quīntum – in vīllā – magnīs labōribus – in cūriam – saepe – cum uxōre – ē proximīs vīllīs

1. Mārcus ~ it.   2. Gnaeus ~ vīlicum vituperat.   3. Servī viam ~ mūniunt.
4. Mārcus epistulam ~ mittit.   5. Gnaeus ~ vīllam vīsitat.   6. Ancillae cum servīs ~ cēnam parant.   7. Dominus ~ cēnat.   8. Amīcī ~ veniunt.

6

Sicher kannst du andere präpositionale Ausdrücke besser in einer Zeichnung darstellen, z. B. solche mit *silva – hortus – forum – via*.

7 *Hōra prīma* entspricht etwa unserer Zeit 6 Uhr morgens und der römische Tag hat zwölf Stunden. Welche römische Stunde zeigt dann die Uhr jeweils an?

8 Ergänzt euer Satzgliederplakat (s. Lektion 1, 10, S. 14).

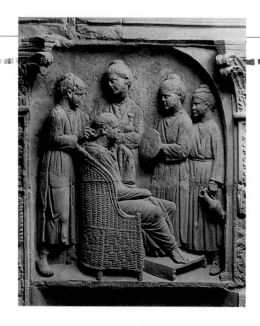

Frisierszene auf einem Grabpfeiler
aus Neumagen. 3. Jh. n. Chr.

Sklaven
und Freigelassene

Sklaven waren nach römischem Recht Eigentum ihres Herrn; er konnte sie wie
Sachen kaufen oder verkaufen, nach Belieben zur Arbeit einsetzen, bestrafen, ja
sogar sie misshandeln und töten. Im 1. Jh. n. Chr. wurden die Rechte der Herren
über ihre Sklaven etwas eingeschränkt: Die Todesstrafe über Sklaven durften nur
noch Gerichte aussprechen und ein misshandelter Sklave durfte bei den Behör-
den Schutz suchen, die dann anordnen konnten, dass er an einen anderen Herrn
verkauft werde. Sklave oder Sklavin wurde man durch Kriegsgefangenschaft
oder durch Menschenraub. In früherer Zeit konnten selbst römische Bürger, die
ihre Schulden nicht bezahlen konnten, mit ihrer Familie zu Sklaven des Gläubigers
werden. Kinder von Sklaven wurden Eigentum des Herrn ihrer Mutter.
Bei aller unmenschlichen Härte des römischen Sklavenrechts gab es dennoch
starke Unterschiede in der Lebensweise der verschiedenen Gruppen von Sklaven.
Am schlimmsten hatten es Sklaven als Arbeiter in Steinbrüchen und Bergwerken.
Sklaven konnten als Strafe zur Arbeit in Bergwerken verurteilt werden, was ein
elendes und meist kurzes Leben bedeutete. Bei Ausgrabungen in antiken Bergwerken fanden sich Skelette von Sklaven, die in ihren Fußketten unter Tage
gestorben waren. Nicht besser hatten es auch diejenigen, die – meist zur Strafe –
an die Gladiatorentrupps verkauft wurden. Sie bildeten oft den Kern von Sklaven-
aufständen, wie z. B. beim Spartakusaufstand um 73 v. Chr., der vom römischen
Militär grausam niedergeschlagen wurde.
Auch die Feldarbeit auf den Latifundien wurde von Sklaven oft als Strafe empfunden, wenigstens im Vergleich zum Leben in der Stadt. Reiche Familien hatten in
der Stadtvilla eine große Anzahl von Sklaven zur Haushaltsführung und Bedie-
nung. Im Hause eines reichen Mannes, von dessen Leben wir in einem römischen
Roman erfahren, wimmelte es von Köchen, Kammerdienern und Zofen, Friseuren,

Kellnern, Vorlesern, Musikern, Sänftenträgern, Botenläufern, Geldverwaltern, Türstehern und anderen gut gekleideten und gut ernährten Sklaven. Wer gar dank Bildung oder Tüchtigkeit zum Privatsekretär, Vermögensverwalter oder Hauslehrer der Kinder des Herrn aufstieg, hatte es als Sklave oft besser als mancher freie, aber arme römische Bürger. Das galt auch für Sklaven, die als ausgebildete Handwerker in der Fabrik oder im Geschäft ihres Herrn als »Manager«, wie wir heute sagen würden, arbeiteten. Der Herr überließ ihnen die Leitung des Betriebes und beteiligte sie am Gewinn. Ihren Anteil durften sie nach römischem Recht als Sklaveneigentum *(peculium)* behalten und sich damit die Freiheit erkaufen.

Die Freilassung eines Sklaven durch seinen Herrn war nach römischen Gesetzen möglich, und – erstaunlich genug – der Freigelassene *(libertus)* wurde dadurch sogar römischer Bürger, wenn auch mit eingeschränktem Bürgerrecht, und erhielt einen römischen Namen, der den Vornamen und den Namen der *gens* seines Herrn enthielt. So hieß der Sekretär Tiro, der von seinem Herrn M.Tullius Cicero freigelassen wurde, danach M.Tullius Tiro. Zwischen dem ehemaligen Herrn und seinem Freigelassenen bestanden jedoch weiterhin gewisse Bindungen: Der *libertus* war verpflichtet, dem Herrn bestimmte Dienste zu leisten, etwa ihn bei der Wahl zum Beamten zu unterstützen und Wahlpropaganda zu machen. Der Herr hatte dagegen seinem Freigelassenen in Notfällen beizustehen, wie z. B. Plinius dafür sorgt, dass der kranke Zosimus eine Kur machen kann. Da Freigelassene sich oft durch Kenntnisse und Geschäftstüchtigkeit auszeichneten, waren viele von ihnen im Handel und Bankwesen oder in der Kaiserzeit in der Staatsverwaltung am Kaiserhof tätig.

Gefesselte Germanen.
Relief aus dem 1. Jh. n. Chr.
Man hat es in Mainz
gefunden.

In der Großstadt Rom

Marcia unterhält sich mit dem Nachbarn Lucius von Fenster zu Fenster.

Mārcia: Ehem vīcīne! Salvē! **ehem!, heia!:** He!, Hallo!

Lūcius: Heia Mārcia, salvē et tū! Quid agis?

Mārcia: Egō? Nihil agō. – Fatīgāta sum etiam post noctem.

5 Lūcius: Etiam egō in istā īnsulā dormīre nōn possum. Semper clāmor … **iste** m., **ista** f.: dieser da, diese da

Mārcia: Nocte pistōrēs magnō cum clāmōre labōrant et nōs ā somnō prohibent. **pistor:** Bäcker

Lūcius: Nōn sōlum pistōrēs audīmus. Nōnne etiam carrōs
10 audīs, quī semper nocte māteriam per vīcum vehunt? **quī** (Nom. Pl.): die, welche

Mārcia: Audiō…

Lūcius: Vel fūr aliquem in viā obscūrā opprimit. – Miser clāmat. Egō adiuvāre nōn possum. – Num Herculēs
15 sum? **fūr:** Dieb, Gauner
aliquem (Akk.): irgendjemanden

Mārcia: Et iste Theophilus magister! Iam prīmā hōrā silentium verbīs saevīs rumpit, discipulōs virgā ferit. Audī: Iterum discipulī clāmant. **virga:** Rohrstock

Tiberius: (iūxtā Mārciam ē fenestrā spectat) Salvē, Lūcī! Iste
20 magister! Iste clāmor!
(magnā vōce clāmat) Heia tū, Theophile! Dīmitte discipulōs tuōs, tacē! Nōnne audīs?

Lūcius: (clāmat) Vōs magistrī! Cūr semper clāmātis? Īte aut tacēte! Molestī estis!

25 (Iam populus per viās properat.)

Mārcia: Ibi Titus it. – Sed spectā ibī Clōdium vīcīnum! Iste Clōdius matellam dē fenestrā in viam angustam effundit! Cavē, Tite! **matella:** Nachttopf

Lūcius: Iam fabrōs sēdulōs labōrāre audiō. Vidē: mercātō-
30 rēs circumeunt, vīna sua et piscēs suōs magnā vōce laudant. **piscēs** (Akk. Pl.): Fische

Kannst du dir vor-
stellen, wie die Straße
und die Häuser vor
2000 Jahren aus-
sahen?
Welche Leute wohn-
ten und arbeiteten
wohl hier? Vergleiche
mit der Zeichnung
im vorderen Um-
schlag.

Antike Straße in
Pompeji.

Tiberius:	Etiam nōs labōrāre dēbēmus, Lūcī. Ī mēcum!
Mārcia:	Etiam mē popīna mea ad labōrem vocat. Ecce! Iam
	Dāvus servus piscēs apportat. Vīsitāsne nōs post
35	labōrem, Lūcī? Tē invītāmus, nōbīscum cēnā!
Lūcius:	Libenter vōbīscum cēnō, Mārcia. Grātiās agō.
	Egō vīnum apportō. – Venī mēcum, Tiberī!
	Valē, Mārcia!

popīna mea: mein
Speiselokal
piscis, is m.: Fisch

1 1. In welchen Sätzen des Textes unterhalten sich Marcia, Lucius und Tiberius über andere,
   in welchen Sätzen reden sie von sich selber und in welchen Sätzen reden sie sich gegen-
   seitig an?
   2. Über welche Themen und Personen sprechen sie miteinander?
   3. Sammle alle Ausdrücke, die zur Überschrift »Großstadt Rom« passen. Welche Seite des
   Großstadtlebens betonen Marcia, Tiberius und Lucius besonders?
   4. Wie stellst du dir die drei vor? Beschreibe sie.
   5. Spielt diese Szene.

2 Nimm dein Heft quer, zeichne folgendes Schema vergrößert ab und trage alle Verbformen ein, die im Text vorkommen:

1. Pers. Sg.	2. Pers. Sg.	3. Pers. Sg.	1. Pers. Pl.	2. Pers. Pl.	3. Pers. Pl.
Imperativ Sg.		Imperativ Pl.		Infinitiv	

3 Wir marschieren (und konjugieren) mit den römischen Soldaten.

Im Gänsemarsch alle Personen hintereinander, also *legō, legis* und die anderen Personen hinterher (auch auf Deutsch).

1. legere 2. venīre 3. prōdesse
4. timēre

Jetzt kommandiert der Zenturio »Zu dritt nebeneinander im Gleichschritt!« also

5. parō 6. gaudeō 7. sum
   parās ~~~~   ~~~~
   ~~~~   ~~~~   ~~~~

Dem Zenturio fällt noch etwas ein: »Rückwärts marsch!« also
discunt,
discitis …
8. discere 9. vocāre

(Gemein, was? Die Soldaten wollen sich auch beim Senat beschweren.)

4 Bilde die Formenreihen.

1. docēmus   → Sg.   → 3. Pers. → Pl.   → 2. Pers. → Imp.   → Sg.   → Inf.
2. audiunt   → Sg.   → 1. Pers. → 2. Pers. → Imp.   → Pl.   → Inf.
3. facimus   → Sg.   → 2. Pers. → 3. Pers. → Pl.   → 2. Pers. → Imp.   → Inf.
4. agitis   → Sg.   → Imp.   → Pl.   → Inf.
5. estis   → Sg.   → 1. Pers. → Pl.   → 3. Pers. → Inf.
6. arās   → 1. Pers. → Pl.   → 3. Pers. → 2. Pers. → Inf.
7. possumus   → Sg.   → 2. Pers. → 3. Pers. → Pl.   → Inf.

44

5 Ich! Immer nur ich! Wie lautet die 1. Pers. Sg. Präsens Aktiv zu folgenden Formen?

vendit – administrant – rīdet – labōrā – manēte – mūnīmus – gaudēs – potestis – colligunt – cavē – vehunt – audīs – timēmus – nārrā

6 Bestimme und übersetze nach folgendem Beispiel:

manēmus: 1. Pers. Pl. Präsens Aktiv von manēre, bleiben: wir bleiben

  1. properant – vituperāte – vocāmus – salūtāte – salvē – mittimus – dormiunt – dīmittit – laudās – clāmātis – circumīmus – cēnant

  2. appropinquās – ambulātis – adiuvāte – audī – cōgitō – es – agunt – potest – dēbeō – nārrō – vidēs – spectātis – scrībunt – sum

7 Schreibe ab, ergänze passende Personalpronomen und übersetze.

  1. Mārcia vocat: »Lūcī, ~~~ ad cēnam invītō.«
  2. Tullia ad Quīntum: »~~~ ambulāre potes, sed ~~~ labōrāre dēbeō.»
  3. Mārcia et Lūcius: »~~~ nōn clāmāmus, sed aliī clāmōre ~~~ ā somnō prohibent.«
  4. Mārcia: »Nōn ~~~ matellam (*Nachttopf*) in viās effundō, sed Clōdius vīcīnus.«
  5. Vīcīnī ~~~ invītant: »~~~ cēnāte!«
  6. Fēlīciō cōgitat: »~~~ dominī nōn labōrātis, sed ~~~ vituperātis.«

8 Schreibe alle adverbialen Bestimmungen aus dem Text auf und gib jeweils ihre Bedeutung (semantische Funktion) an.

9 Welche Satzstellen kann ein Personalpronomen füllen? Ergänzt euer Satzgliederplakat (s. Lektion 1, 10, S. 14).

10 Antworte mit einem kurzen lateinischen Satz.

  1. Quid hodiē agere in animō habēs? – 2. Quid libenter agis? – 3. Quid discere amās? – 4. Cūr hodiē labōrāre nōn amās? – 5. Quem libenter invītās? – 6. Quid tē terret?

Die Großstadt Rom

Rom war das Zentrum des *imperium Romanum*, und das nicht nur, weil die Stadt ziemlich genau in der Mitte des Reiches lag. Nur in Rom wurden die politischen Entscheidungen gefällt: im Senat und in der Volksversammlung in den Zeiten der Republik; später entschieden der Kaiser und seine Reichsverwaltung am Kaiserhof in Rom. Die Anziehungskraft Roms war so groß, dass Adel und Reichtum, Wirtschaft, Handel und Banken, Dichter und Künstler danach strebten, Wohnsitz und Tätigkeit in Rom, in der »Stadt« schlechthin *(urbs)*, zu haben.

Rom wurde die größte Stadt der damals bekannten Welt. Man schätzt sie auf etwa 200 000 Einwohner schon im 1. Jh. v. Chr.; ein Jahrhundert später erreichte die Stadt bereits die Millionengrenze, wie man nach der damals bebauten Fläche errechnet hat. Die Masse der Bevölkerung musste auf engem Raum zusammengeballt leben. Die Mietskasernen *(insulae)*, in denen Marcia und Tiberius in unserem Text wohnen, waren bis zu sieben Stockwerke hoch, die Kammern so klein, dass sie nur als Schlafkammern zu benutzen waren. Küchen gab es darin nicht; die Brandgefahr verbot es. Warme Mahlzeiten nahm man in kleinen Speisegaststätten *(popinae)* oder an Straßenständen ein. Toiletten und fließendes Wasser gab es ebenfalls nur draußen an den öffentlichen Plätzen. Die meisten Gassen waren so eng, dass man sich von Fenster zu Fenster mit den gegenüber wohnenden Leuten unterhalten konnte. Die inneren Stadtteile waren deswegen tagsüber Fußgängerzone; die notwendige Versorgung der Stadt durch Transporte mit Wagen und Karren spielte sich nachts ab. Der Lärm und die Belästigungen, die dabei entstanden, machten Schlaf in einer *insula* fast unmöglich.

»Wer ruhig schlafen will, muss schon eine Menge Geld ausgeben«, klagte der Dichter Iuvenalis (gest. 140 n. Chr.). Er meinte damit die Minderheit der Reichen, die es sich leisten konnte, in einer Stadtvilla in den besseren Stadtvierteln zu leben. In deren Häusern gab es viele und große Schlaf- und Wohnräume sowie Küchen und Badezimmer mit eigener Wasserleitung (gegen Wassergebühr). Größere Hausgärten bewirkten, dass der Nachbar nicht zu nahe bauen und stören konnte.

Abb. rechts oben: *forum Romanum* mit Blick auf den Kapitolshügel, heute. Unten: *forum Romanum* mit Blick auf den Kapitolshügel, wie es in der Kaiserzeit ausgesehen haben dürfte. Von links nach rechts: *basilica Iulia; templum Saturni,* darüber *templum Iovis; templum Vespasiani; templum Concordiae; arcus Septimii Severi.* Im Vordergrund die *rostra,* im Hintergrund in der Mitte das *tabularium.*

Das Leben eines Römers spielte sich jedoch nicht vorwiegend im Wohnhaus ab. Die Stadt bot viele Möglichkeiten, sich in der Öffentlichkeit aufzuhalten, seinen Geschäften nachzugehen und zu arbeiten. In den Mietskasernen waren die Räume zu ebener Erde fast immer *tabernae*, Läden und Werkstätten, in denen Handwerker für den Bedarf der Bevölkerung arbeiteten. Oft stellten sie ihre Arbeitsgeräte vor die Tür auf die Straße, wobei sie den ohnehin schmalen Straßenraum noch weiter einengten. Aber die Fußgänger störten sich nicht daran; sie sahen ihnen bei der Arbeit zu. Auch berufstätige Frauen gab es nicht wenige in Rom. Marcia in unserem Text z. B. leitet, unterstützt von einigen Sklaven, ein kleines Speiselokal. Andere Frauen arbeiteten im Familienbetrieb, einem Laden oder Handwerksbetrieb, mit. Inschriften berichten auch davon, dass Frauen die Leitung eines solchen Unternehmens hatten. Rom war eine betriebsame Stadt.

Großes römisches Mietshaus (*insula*). Rekonstruktionszeichnung.

Trajansmärkte, Rom.

Natürlich konnte man sich in Rom auch amüsieren und sich die Zeit vertreiben. Die vielen Märkte *(fora)*, Hallen *(basilicae)*, Tempelbezirke, Parks *(horti)*, Theater, Amphitheater und Rennbahnen *(circi)* sorgten für Abwechslung und für die Möglichkeit, Bekannte und Fremde zu treffen und sich zu unterhalten. An Festtagen waren Zirkusrennen und Gladiatorenkämpfe große Ereignisse. Die Kaiser verwandten viel Mühe und Geld darauf, solche Spiele zu veranstalten und die Gebäude und Anlagen dafür zu errichten. Zum Komfort, den Rom und andere größere Städte boten, gehörten auch Wasserleitungen, die an allen Plätzen gutes Wasser in die immer sprudelnden Brunnen leiteten, und die Thermen *(balneae)*, welche allen Einwohnern prachtvoll ausgestattete Anlagen zum Baden, zur Körperpflege und zur Erholung boten. Unterirdische Abwasserkanäle sorgten für hinreichende Sauberkeit der Stadt.

So kam es, dass zwar viele Römer über die Belastungen eines Lebens in der Großstadt Rom klagten, aber kaum einer sich entschließen mochte, ihr auf Dauer den Rücken zu kehren. Denn die Pracht der öffentlichen Gebäude, die Schönheit der Plätze und Märkte, die vielen Möglichkeiten, sich zu vergnügen, das anregende Leben in der Stadt und der Stolz, im »ewigen Rom« *(Roma aeterna)* zu leben, trösteten sie über alle Nachteile hinweg.

Sport und Spiele

Publius, ein Verwandter vom Lande, besucht Quintus in Rom.

Quīntus:	Venīsne mēcum in Campum Mārtium, Pūblī?
Pūblius:	Libenter tēcum veniō, Quīnte. Sed Campus Mārtius, quid est?
5 Quīntus:	Est magnus campus, ubī adulēscentēs urbis sē exercent. Venī!
Pūblius:	Quid agis in istō Campō Mārtiō?
Quīntus:	Amīcōs meōs conveniō, filiōs aliōrum senātōrum. Currimus, in altum vel in longum salīmus, saepe etiam equitāmus, luctāmur.
Pūblius:	Egō neque currere neque salīre neque equitāre neque luctārī amō. Pūgnāre mē nōn dēlectat.
Quīntus:	(rīdet) Num clādem timēs?
Pūblius:	Timōrem clādis nōn habeō, sed ... piger sum.
15 Quīntus:	Nōn laudō. – Num nē pilā quidem lūdis? Cūnctī Rōmānī pilā lūdunt.
Pūblius:	Neque pilā lūdere mē dēlectat.
Quīntus:	Quid autem agis, cum vacās?
Pūblius:	Cum frātribus vel cum amīcīs lūdō. Āleā, nucibus lūdimus. Interdum etiam trochum agimus.
Quīntus:	Istī sunt lūdī puerōrum vel puellārum! Nōn sunt lūdī adulēscentium, nōn mīlitum futūrōrum, nōn filiī senātōris.
Pūblius:	Sunt lūdī iūcundī neque fatīgant.
25 Quīntus:	Vōs vērē pigrī estis, sī nihil aliud agitis, sī nē in palaestrā quidem vōs exercētis.
Pūblius:	Nōnne et virginēs sē in Campō Mārtiō exercent?
Quīntus:	Virginum nōn est sē exercēre. Puellae et virginis est vīllam cūrāre, mātrem adiuvāre, cēnam parāre, lānam facere.
Pūblius:	Lānam facere??
Quīntus:	Exemplī grātiā. – Sed tamen mēcum venī. Spectāre quidem potes. An etiam spectāre tē fatīgat?

istō: Abl. Sg. m. von iste: dieser da

luctāmur: wir machen Ringkämpfe; luctārī (Inf.): ringen

ālea: Würfel
nux, nucis f.: Nuss
trochum agere: den Reifen schlagen
istī: Nom. Pl. m. von iste: dieser da

palaestra: Ringplatz, Ringerschule

lānam facere: Wolle machen, spinnen

»Virginum nōn est sē exercēre«?? Ausschnitt aus einem Mosaik in Piazza Armerina (Sizilien).

1. »Campus Mārtius, quid est?« fragt Publius (Zeile 3/4). Beantworte diese Frage aus dem Text und untersuche dabei auch, wer sich auf dem Marsfeld einfand und welche Sportarten man dort betrieb.

2. Vergleiche die hier genannten Sportdisziplinen mit den heute üblichen.

3. Zu welchem Zweck betrieb man damals Sport, zu welchem heute?

4. Suche aus dem Text Informationen über Publius und Quintus. Worin unterscheiden sich die beiden?

2 Übertrage folgende Tabelle in dein Heft. Fülle die freien Felder aus (bis auf die Dativformen sind dir alle Endungen bekannt) und übersetze die Formen.

Singular			
Nom. deutsch	ancilla die Sklavin			
Gen. deutsch		virginis des Mädchens		
[Dat. ～～～～～～～～～～～～～～～～～～～～～～～～～]				
Akk. deutsch				
Abl. deutsch			(cum) amīcō mit dem Freund	
Plural			
Nom. deutsch				
Gen. deutsch				exemplōrum der Beispiele
[Dat. ～～～～～～～～～～～～～～～～～～～～～～～～～]				
Akk. deutsch				
Abl. deutsch				

3 Schreibe die Ausdrücke in dein Heft, indem du aus dem Kasten die passenden Genitivendungen ergänzt (wo sinnvoll Singular und Plural), und übersetze.

-is -ae
-ium -um
-ārum
-ōrum
-ī

discipulī magistr ～ Theophil ～
verbum uxōr ～ fīd ～
fīnis ōrātiōn ～ tu ～～
somnus mīlit ～ fatīgāt ～
sermō senātōr ～～
lūdus Rōmān ～

labor serv ～ miser ～
lūdus puell ～ vel puer ～
vōx popul ～ Rōmān ～
clāmor adulēscent ～ laet ～
exempl ～ grātiā
pecūnia mercātōr ～ Graec ～

4 Übersetze und gib jeweils an, ob ein genitivus subiectivus oder ein genitivus obiectivus vorliegt. Oft gibt es zwei Möglichkeiten, manchmal ist nur eine Übersetzung sinnvoll. Vergleiche die Begleitgrammatik zu dieser Lektion.

cūra aquae – cūra mātris – cūra frātrum – cūra vīnī – studium fīliī – studium pecūniae – studium magistrī – timor servōrum – timor dominī – timor clādis – timor umbrae

5 Du kennst jetzt drei verschiedene Arten des Attributs: adjektivisches Attribut, Genitiv-attribut, Apposition. Übersetze und gib an, welche Form des Attributs vorliegt.

1. Pūblius, amīcus meus, mēcum in Campum Mārtium venit.
2. Adulēscentēs urbis ibi magnō cum studiō sē exercent.
3. Lūdī puerōrum et puellārum Quīntum, amīcum Pūbliī, nōn dēlectant.
4. Lūdī adulēscentium et mīlitum futūrōrum Pūblium fatīgant.
5. Fīliī senātōrum cum amīcīs pilā lūdunt.
6. Pūblius amīcus neque currere neque equitāre amat; sōlum lūdōs amīcī spectat.

6 Was gehört wem? Ordne die Gegenstände ihrem Besitzer zu und übersetze.

Beispiel: epistula Plīniī – der Brief des Plinius

Gegenstände:	vīlla – viae – pila – tabula – pecūnia – vīnum
mögliche Besitzer:	adulēscēns – domina – mercātōrēs – urbs – discipulī – Cicerō senātor

7 Fast 250 Wörter hast du nun schon gelernt. Welche der folgenden Wörter konntest du dir leicht merken, welche nur sehr schwer? Woran liegt das?

valdē – longus – interdum – vidēre – exemplum – studium – mox – appropinquāre – mūnīre – ā – num – dēnique – an – ad – aut – nam – dominus – salūtāre – audīre – caedere – īre – quārtus – angustus

8 Wenn du die Anfangsbuchstaben der Substantive und Adjektive, die im Genitiv stehen, aneinander reihst, erhältst du das Urteil des besten Freundes dieses Herrn über die Römer. (Es stehen keine Längenstriche.)

virginibus – discipulorum – arboribus – lunam – epistulae – pueris – villas – libertorum – insulae – Romani – verba – voce – arboris – fidos – noctis – timidarum – futuris – iucundi – studii – cura – primum – plenam – timorum – mercatores – iucundorum – solis – Romanorum – aegrum – orationum – angustis – luna – horas – matrum – ancillarum – nonnullorum – cenis – insularum

Kannst du den Satz auch übersetzen? Hinweis: Das zweite Wort findest du in den Anmerkungen zum Text, das erste wirst du leicht erraten.

Welche Spiele kannst du erkennen?
Lies dazu auch den Text unten.

Spielende Kinder. Relief auf einem
Sarkophag aus dem 3. Jh. n. Chr.

Sport und Spiele der Römer

»Alle Römer spielen Ball«, sagt der junge Quintus. Ballspiele waren der Lieblings-sport der Römer, der Kinder wie der Erwachsenen. Ein Ball *(pila)* war aus Stoff oder Leder genäht und mit Tierhaaren gestopft. Es gab Bälle in vielen Größen bis zum Umfang unseres Medizinballs. Der große römische Ball war allerdings leichter als der Medizinball, da er mit Federn gefüllt war. In Gruppen spielte man Zuwerfen und Fangen, wobei zu Boden gefallene Bälle als Minuspunkte zählten. Der *pilicre-pus* spielte allein und schlug mit der Hand einen kleineren Ball gegen eine Wand, wobei er die Schläge zählte, bis der Ball zu Boden fiel. Aber auch ohne Wettbe-werb konnte man sich mit dem Ball sportlich bewegen. Der Arzt Galenus schrieb ein Buch über Gymnastik mit dem Ball.

Damit erschöpften sich allerdings, abgesehen vom Schwimmen in den Thermen, die sportlichen Aktivitäten der meisten Römer. Wenn der junge Publius seine Abneigung gegen Ringen, Sprinten, Hoch- oder Weitsprung bekennt, gibt er die Meinung der Mehrzahl seiner Landsleute wieder. Diese olympischen Sportarten waren Sache der Griechen. Was allerdings nicht ausschloss, dass sich junge Leute aus adligen Familien, die sich auf eine Laufbahn als Offiziere und Staatsbeamte vorbereiteten, auf dem Marsfeld in diesen oder ähnlichen Sportarten und in Rei-terkampfspielen übten. Kaiser Augustus und seine Nachfolger förderten vor-nehme Sportvereine *(collegia iuvenum)* und ernannten Prinzen aus dem Kaiser-haus zu Vorsitzenden.

Echte Kinderspiele waren dagegen die vom jungen Publius erwähnten Spiele wie Reifenschlagen, natürlich auch Ballspiele, wie oben, und das Spiel mit Nüssen.

54

Nüsse waren sowohl Spielsteine wie auch Gewinn bei dieser Art von Spielen. Man legte z. B. vier Nüsse zu einem Türmchen zusammen; wer mit einer fünften Nuss das Türmchen traf und die Nüsse auseinander trieb, gewann alle Nüsse. Oder man malte ein Dreieck auf den Boden mit mehreren Strichen parallel zur Basis. Wer seine Nuss so warf, dass sie

möglichst im letzten, spitzen und kleinsten Feld des Dreiecks liegen blieb, gewann alle bisher von den anderen geworfenen Nüsse.

Auch Brettspiele waren bekannt. Auf den Marmortreppen einer großen Halle auf dem Forum Romanum sehen wir Linien eines Brettspiels eingeritzt, die an unser Mühlespiel erinnern; mit ihm vertrieben sich vielleicht die Sklaven oder Begleiter vornehmer Herren, die in der Halle zu tun hatten, die Zeit. Würfelspiel war in Rom eine Leidenschaft von Jung und Alt. Selbst Kaiser Augustus berichtet in einem Brief, dass er die fünf Tage des Minervafestes im März fast nur mit Würfelspiel verbracht habe. Der römische Würfel (*alea* oder *tessera*) war derselbe, den auch wir kennen. Man spielte meist mit drei Würfeln, die Sechs zählte am meisten, drei Sechsen brachten den Höchstgewinn. Man spielte in der Regel um Geld, oft um viel Geld. Von Leuten, die ihr ganzes Vermögen beim Würfeln verspielten, wird berichtet. Deswegen überwachte die Polizei die Wirtshäuser und musste immer wieder dieses Glücksspiel verbieten.

Kinder im Archäologischen Park Xanten spielen römische Brettspiele.
Vorne: *ludus duodecim scriptorum* (Zwölfpunktespiel),
hinten: *ludus latrunculorum* (Soldatenspiel).

55

Ein Tag in den Thermen

Quīntus per viās urbis ambulāre amat. Viam angustam intrat. Subitō Titum videt. Quīntus amīcum dē fenestrā clāmāre audit: »Heia, tū, Quīnte! Cūr ambulās? Nōnne discere

5 dēbēs?« Quīntus: »Theophilus magister aeger est.« Titus: »Itane vērō? – Quid facere cōgitās? Quō īs?«
Quīntus: »Nihil cōgitō facere, sed sī placet, ī mēcum in *thermās*!«
Titus: »Bene est, Quīnte, nam puerōs hodiē grātīs intrāre

10 sciō.«
Quīntus: »Optimē! – Venī!«

Thermās intrant. In *apodytēriō* vestēs pōnunt. Servum vestēs suās bene cūstōdīre iubent. Prīmō *palaestram* intrant. *Palaestram* plēnam virōrum esse vident – et audiunt, nam clāmor

15 vōcum variārum aurēs complet.

Hīc turba virōrum magnō cum clāmōre pilā lūdit: virōs dē lūdō iūrgāre audiunt. Illīc adulēscentēs bracchia plumbō onerāta multō cum gemitū iactant. Illīc amīcī pilicrepum pilās numerāre audiunt. Ubīque venditōrēs circumīre vident et

20 strīdulā cum vōce crūstula, botulōs, vīna sua laudāre audiunt.

Quīntus ē *palaestrā* et ē clāmōre mox in *caldārium* fugit. Paucōs ibi virōs adesse videt; ubīque silentium esse gaudet; aqua calida dēlectat. Posteā Titus venit, in *piscīnā* amīcōs nōnnūllōs natāre nārrat. Titus Quīntusque amīcōs laetōs esse vident; in

25 aquam frīgidam saliunt, amīcōs salūtant, diū natant. Ūsque ad vesperum modo in *lacōnicō* sūdant, modo in *piscīnā* natant, modo in *palaestrā* cum amīcīs pilā lūdunt.

Subitō Quīntus M. Tullium cum aliīs senātōribus *thermās* intrāre videt.

30 In *apodytērium* fugit. Vestēs arripit. Domum currit.

---

heia!: Hallo!

itane vērō?: Wirklich??

Die schräg gedruckten Wörter findest du in der Legende zum Grundriss der Caracalla-Thermen auf Seite 57.

bracchia plumbō onerāta: mit Bleigewichten beschwerte Arme

cum gemitū: mit Gestöhne

pilicrepus: Ballspieler

venditor: Verkäufer

strīdulus, a, um: kreischend

crūstula (n. Pl.): Gebäck

botulus: Wurst

sūdāre: schwitzen

arripit: er schnappt

---

1 1. Welchen Raum der Thermen betreten die Freunde zuerst, welche Räume folgen?
2. Zähle die Geräusche auf, die im Text erwähnt werden.

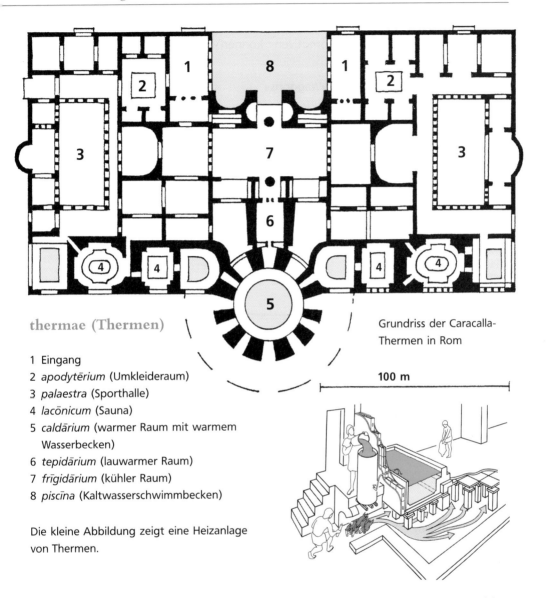

thermae (Thermen)

Grundriss der Caracalla-
Thermen in Rom

100 m

1 Eingang
2 *apodytērium* (Umkleideraum)
3 *palaestra* (Sporthalle)
4 *lacōnicum* (Sauna)
5 *caldārium* (warmer Raum mit warmem
  Wasserbecken)
6 *tepidārium* (lauwarmer Raum)
7 *frīgidārium* (kühler Raum)
8 *piscīna* (Kaltwasserschwimmbecken)

Die kleine Abbildung zeigt eine Heizanlage
von Thermen.

3. Welche Wörter in Zeile 16–20 weisen auf die Vielfalt der Eindrücke hin? An welcher
   Stelle stehen sie im Satz?
4. a) Warum verlässt Quintus so eilig die Thermen?
   b) Wie ist die Eile sprachlich ausgedrückt?
5. Vergleiche die im Text geschilderten Thermen mit einer dir bekannten Badeanstalt.
6. Schildere einen Badedurchgang durch die auf dem Bild S. 61 dargestellten Thermen,
   indem du die Reihenfolge beachtest, wie sie im Text »Thermen« beschrieben ist.
7. Was lässt sich aus der Tatsache schließen, dass auch Senatoren die Thermen besuchten?

2 Hänge aci-»Waggons« an die »Lokomotiven«. Viele »Lokomotiven« können verschiedene »Waggons« ziehen. Welche »Lokomotiven« können sicher keinen aci ziehen? Warum nicht?

»Lokomotiven«	»Waggons«
Quīntus intrat	Titum in aquam calidam salīre
Quīntus videt	puerōs puellāsque thermās grātīs intrāre
adulēscentēs iactant	Quīntum optimē discere et legere
ī mēcum	virōs iūrgāre
scīmus	tē pigrum esse
gaudent	aquam frīgidam esse
Gāius audit	Gāium per viās ambulāre
Tiberius sē exercet	amīcōs natāre
Tiberius nārrat	adulēscentēs in Campō Mārtiō lūdere
Mārcus scrībit	vōs libenter pilā lūdere

3 Unsinn oder nicht – darüber entscheidet oft nur die Stellung von Subjekts- und Objekts-akkusativ. Übersetze alle Sätze.

1. Theophilum discipulōs dīmittere iubēmus. – Discipulōs Theophilum dīmittere iubēmus.
2. Mārcus Quīntum frātrem prōvinciam administrāre nārrat. – Mārcus prōvinciam Quīntum frātrem administrāre nārrat.

In Satz 1 und 2 war der Sinn aus dem Zusammenhang klar. Aber die lateinische Worstellung ist nicht zwingend vorgeschrieben. Übersetze die folgenden Sätze; probiere verschiedene Möglichkeiten aus.

3. Mārcus cēnam servum apportāre iubet.
4. Plēbem Plīnium magnā pecūniā adiuvāre scīmus.

4

Was ist denn hier passiert? Hat der Zeichner einen lateinischen Satz, den er illustrieren sollte, falsch verstanden? Wie könnte der Satz, in dem Gnaeus den Sklaven etwas befiehlt, gelautet haben? »Iubeō...«

5 Ein griechischer König wollte mit den Römern Krieg führen. Er fragte das Orakel von Delphi, welche Chancen er habe zu siegen. Das Orakel antwortete:

DICO TE ROMANOS VINCERE POSSE   **dīcere:** sagen   **vincere:** besiegen

Im Vertrauen auf das Orakel begann der König den Krieg – und verlor. Er beschwerte sich, das Orakel hätte ihn getäuscht. Beschwerte er sich mit Recht?

6 Jetzt einmal umgekehrt: Bilde sinnvolle Sätze, indem du die Akkusative in der Klammer richtig anordnest, und übersetze.

    1. Audīmus ~ ad frātrem mittere (servum, Mārcum).
    2. Mārcia ~ dē fenestrā in viam effundere clāmat (matellam [*Nachttopf*], Clōdium).
    3. Lūcius ~ magnā vōce laudāre audit (vīna sua, mercātōrēs).
    4. Legimus ~ terrēre (Syrum, umbram).
    5. Legimus ~ timēre (umbram, Syrum).

59

7 Ordne die Wörter und Ausdrücke nach möglichen Funktionen im Satz. Einige Wörter müssen mehrfach eingeordnet werden.

Subjekt	AObj	Attribut	aB	Prädikat

vesper – uxōris – pigrī sunt – illīc – ūsque ad vesperum – quīntā hōrā – ubīque – potest – vāriōs – nocte – in lectō – prīma – aquam calidam esse – cūrō – cūria – maximē – virōs pilā lūdere – frīgida est – pōnunt – posteā – labōrēs – caeditis – labōrās – aquā – administrāmus – sermōnem iūcundum esse – virginēs – tacētis – fīnis – hortus – ōrātiōne – pecūnia – silentium – sermō

8 Welches Wort passt nicht in die Reihe?

1. aqua – calida – pila – cūria – lūdus – natāre – salīre – frīgidus
2. pūgnāre – equitāre – scrībere – clādēs – campus – mīles – currere – exercēre – salīre

9 Welche lateinischen Vokabeln erkennst du in folgenden Wörtern?

Weste – Videorekorder – Vokal – exerzieren – Vesper – nummerieren – Filiale – Campingplatz

10 Ein Silbenrätsel (Es bleiben keine Silben übrig.)

1. Adulēscentēs ibi sē exercent.
2. Iam prīmā hōrā silentium rumpit.
3. Quid carrī nocte per vīcōs vehunt?
4. Quid mercātōrēs magnā vōce laudant?
5. Quid Pūblius facit, cum Quīntus in Campō Mārtiō sē exercet?

A – AM – CAM – LUS – MA – MAR – NA – O – PHI – PUS – RI – SPEC – SU – TAT – TE – THE – TI – US – VI

11 Auch der aci füllt eine Satzstelle. Ergänzt euer Satzgliederplakat (s. Lektion 1, 10, Seite 14).

Die Stabianer Thermen in Pompeji. Rekonstruktionszeichnung.

Thermen

In jeder größeren Stadt des *imperium Romanum* gab es Badeanstalten *(thermae* oder *balneae)*, die nicht nur über Schwimmbecken verfügten, sondern den Besuchern auch eine Vielfalt von Anlagen zur Erholung und Körperpflege, zum Sport und zum Zeitvertreib boten. Da die meisten Römer weder Badezimmer noch fließendes Wasser in der Wohnung hatten, waren sie zur Körperpflege auf die Thermen angewiesen. Kaiser, reiche Bürger und Gemeinden wetteiferten darin, großzügig angelegte Thermen mit hervorragender technischer Ausrüstung zu errichten. Die Pracht der Hallen und Marmorwände, die Gemälde, die Kunstwerke sollten jeden beeindrucken.
Die Besucher zahlten Eintrittsgeld *(balneaticum)*; an manchen Tagen wurde es erlassen, wenn ein reicher Bürger als »Sponsor« die Kosten übernommen hatte.

Im Umkleideraum *(apodyterium)* legte man seine Kleider in kleine Fächer und ließ sie, wenn möglich, von einem Sklaven bewachen. Männer und Frauen badeten getrennt; in den Thermen bewegte man sich ohne Kleidung oder nur mit einem kleinen Schurz bekleidet. Nach dem Aufwärmen durch Ballspiel oder andere Sportarten in der Sporthalle *(palaestra)* konnte man zwischen einem kühlen Raum *(frigidarium)*, einem lauwarmen *(tepidarium)* und einem warmen Raum *(caldarium)* mit entsprechend geheiztem Wasserbecken wählen. Das große Kaltwasserschwimmbecken *(piscina)* reizte dazu, sich mit kräftig klatschendem Sprung hineinzuwerfen. Auch die Sauna *(laconicum)* war bei den Römern beliebt. Im Massageraum *(unctuarium)* konnte man sich mit Hautöl einreiben und massieren lassen. Wer den lärmenden Menschenmassen entgehen wollte, konnte sich in Ruheräumen, oft sogar in einer Bibliothek, aufhalten. Verkäufer, die mit Speisen und Getränken umhergingen, sorgten für Verpflegung. Die Thermen waren für jedermann interessant und zugänglich. Auch Angehörige der Oberschicht verschmähten es nicht, mit Geschäfts- oder Parteifreunden die Thermen zu besuchen, wie das Auftreten des Senators M. Tullius Cicero zum Schrecken seines Neffen Quintus zeigt.

Die gesamte »Technik« war für den Besucher unsichtbar. Holzfeuer im Keller heizten Wasserkessel (s. Abb. S. 57). Ihre heißen Abgase leitete man in Steinröhren unter den Wasserbecken und unter dem Steinfußboden entlang; erst nachdem sie durch Hohlräume hinter der Wandverkleidung aus Marmorplatten emporgestiegen waren und dadurch zusätzlich die Hallen erwärmt hatten, entwichen sie nach draußen. So wurde die Wärme vollständig genutzt. Mit dem Wasser ging man weniger sparsam um. Da man den Wasserzufluss nicht stoppen konnte, weil man keine druckfesten Röhren mit großem Durchmesser kannte, lief das Wasser Tag und Nacht. Das Badewasser war deswegen zwar immer sauber, aber oft brauchte man für die Thermen eine eigene große Wasserleitung *(aquaeductus)*, die das Wasser aus oft weit entfernten Gebirgen heranleitete und Tausende von Kubikmetern Frischwasser am Tag lieferte.

Pont du Gard. Teil einer römischen Wasserleitung aus dem 1. Jh. v. Chr. Sie versorgte jahrhundertelang die Stadt Nîmes mit Trinkwasser. Das Wasser floss im oberen Teil des Bauwerks. Provinz *Gallia Narbonensis* (heute: Provence).

Am *limes Germanicus*

MAX: Sagt mal, ist das hier ein Spaziergang zum Limes oder ein Konditionstraining? Wie hoch müssen wir denn noch steigen?

CHRISTIAN: Die Römer bauten den Limes am Nordhang des Taunus in einer Höhe von über 600 m. Wer verteidigen und überwachen will, kann das von oben her am besten. Aber sei unbesorgt um deinen Puls, wir sind bald oben. Hier bei Bad Homburg verläuft der Limes nur in etwa 400 m Höhe.

MAX: »Nur«!

ANNA: Wir können ja mal Rast machen und Christian sein Referat halten lassen.

CHRISTIAN: Ich halte aber keinen Vortrag, sondern erkläre an Ort und Stelle oder beantworte Fragen.

ANNA: Noch besser. Da liegen ein paar Baumstämme zum Hinsetzen. – Kannst du zu diesen Bildern hier aus Asterix und dem Geschichtsbuch etwas sagen?

Christian: Das Bild aus Asterix ist zwar als Scherz gemeint, enthält aber doch etwas Wahrheit. Viel mehr als ein Weg, ein Trampelpfad durch die Wildnis, auf dem Grenzposten patroullierten, war der Limes am Anfang wohl nicht. Als die Römer seit Mitte des 1. Jh. n. Chr. das Gebiet zwischen Rhein und Donau besetzten, sicherten sie es zunächst vom Rhein

bis zum Main und weiter bis zur Donau bei Regensburg mit einer Reihe von ständigen Lagern, so genannten *castella.*

Hülya: Auf den beiden anderen Bildern ist aber schon allerhand zu sehen: Wall, Graben, Holzpfähle, Mauer und Türme.

Christian: Die zeigen den Endzustand, etwa 100 Jahre später. Das Bild mit der Steinmauer zeigt den *limes Raeticus,* der auf der letzten Strecke bis zur Donau führte und die Provinz *Raetia* mit der Hauptstadt Augsburg sicherte. Den *limes Germanicus,* den wir gleich oben sehen werden, zeigt das andere Bild: Vom Rhein über den Taunuskamm bis zum Main und weiter südlich: Holzpalisaden, Graben und Wall.

Grenzkontrolle am *limes Raeticus.* Schaukasten mit Zinnfiguren im Limesmuseum Aalen.

64

CHRISTIAN: Jetzt sind wir am Limes. Der Buckel, der hier gradlinig im Wald verläuft, ist der Rest des alten Walls. Auch die Fundamente der Steintürme hat man manchmal wieder freigelegt. Da drüben haben die Leute vom Geschichtsverein einen Wachtturm und ein Stück Limes mit Pfählen, Graben und Wall an der alten Stelle wieder aufgebaut. Bäume vor und hinter dem Limes müssen wir uns wegdenken, die wurden damals von den Römern gefällt, um freie Sicht zu haben.

Obergermanischer Limes zur Zeit Hadrians (um 130 n. Chr.).

ANNA: Der Turm hat drei Stockwerke und einen umlaufenden Balkon. Wie groß war die Besatzung?

CHRISTIAN: Jeweils fünf Mann aus dem nächsten Kastell hielten Wache im Turm und wurden von Zeit zu Zeit abgelöst. Sie waren in erster Linie Beobachter, die Meldungen zum nächsten Turm, der in Sichtweite stand, oder zum Kastell weitergaben; tagsüber mit Flaggen, nachts mit Fackeln, sodass alarmbereite Soldaten und Reiter aus dem Kastell sofort eingreifen konnten.

HÜLYA: Hier neben dem Turm sind Pfähle und Graben unterbrochen, der Weg durch den Limes hat sogar ein Geländer. War das damals auch so?

CHRISTIAN: Ja. In friedlichen Zeiten gab es Grenzverkehr und Handel zwischen dem römischen Hinterland und den germanischen Stämmen vor dem Limes; das kann man auf dem Bild mit dem Gedränge vor dem Limes auch sehen.

Text 1   Wachdienst am Limes

Sibbaeus: Num statiō tibi molesta est, Licaī?

Licaius: (dē turrī) Est, Sibbaee. Dēsīderō Mogontiācum meum. Illīc vīta iūcunda est...! Hīc diem noctemque cam-
5 pōs silvāsque ē turrī spectāmus, nūlla rēs accidit.

turris (Abl. turrī): Turm

Sibbaeus: Statiō etiam mē fatīgat. Ad vesperum dēnique aliī nōbīs in statiōnem succēdunt. Sed crās diēs fēstus est. Ita-que hodiē ad līmitem mercātum habēmus. Quārtā hōrā diēī mīlitēs mulierēsque ē vīcō hūc veniunt. Mercātōrēs
10 Germānī cum carrīs adsunt, multās rēs mīlitibus et mulieri-bus mōnstrant et vendunt.

mercātus: Markt
hūc: hierher

Licaius: Bene est. Exspectō quārtam hōram Germānōsque.

Posteā turba Germānōrum cum carrīs līmitī portaeque līmitis appropinquat. Etiam mīlitēs mulierēsque ē castellō
15 vīcōque adsunt.

Sibbaeus: Sistite, Germānī! Vōbīs Germānīs imperium Rōmā-num intrāre nōn licet.

sistite!: Halt!

Blussus Germānus: (rīdet) Quid timēs, Rōmāne? Vōbīs īnfēstī nōn sumus. Ecce ānserēs bonī aliaeque rēs bonae. Spectā!
20 Nōnne tibi placent? – (Sibbaeus ānserēs spectat.)

ānser, ānseris m.: Gans

Licaius: (dē turrī clāmat) Audī, Sibbaee! Rem tibi iūcundam nūntiō: Rusufulam tuam cum Iūstīnō fīliolō venīre videō.

fīliolus: Söhnchen

Sibbaeus: Salvē, mī Iūstīne! Salvē Rusufula! Vidē! Puer rīdet. Magnam turbam Iūstīnō meō placēre putō. – Estne tibi
25 pecūnia, Rusufula?

mī: mein

Rusufula: Pecūnia mihi nōn est, mī Sibbaee.

Sibbaeus: Ecce dēnārius. Eme magnum ānserem! Nam diē-bus fēstīs semper bene cēnāmus. Diē fēstō etiam vīnum ad Mosellam cultum gūstābimus.

cultus: angebaut
gūstābimus: wir werden probieren

Die Karte auf der rechten Seite zeigt Germanien in römischer Zeit.

66

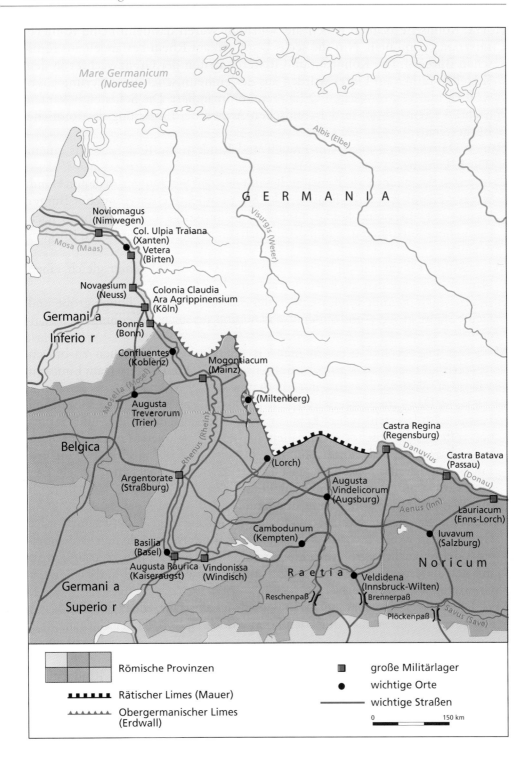

Mare Germanicum
(Nordsee)

Albis (Elbe)

G E R M A N I A

Visurgis (Weser)

Mosa (Maas)

Noviomagus
(Nimwegen)

Col. Ulpia Traiana
(Xanten)
Vetera
(Birten)

Novaesium
(Neuss)

Colonia Claudia
Ara Agrippinensium
(Köln)

Germania
Inferior

Bonna
(Bonn)

Confluentes
(Koblenz)

Mogontiacum
(Mainz)

(Miltenberg)

Mosella (Mosel)

Augusta
Treverorum
(Trier)

Rhenus (Rhein)

Belgica

Castra Regina
(Regensburg)

Danuvius

Castra Batava
(Passau)

(Donau)

(Lorch)

Argentorate
(Straßburg)

Augusta
Vindelicorum
(Augsburg)

Aenus (Inn)

Lauriacum
(Enns-Lorch)

Cambodunum
(Kempten)

Iuvavum
(Salzburg)

Basilia
(Basel)

N o r i c u m

Augusta Raurica
(Kaiseraugst)

Vindonissa
(Windisch)

R a e t i a

Veldidena
(Innsbruck-Wilten)

Germania
Superior

Reschenpaß

Brennerpaß

Plöckenpaß

Savus (Save)

Römische Provinzen

Rätischer Limes (Mauer)

Obergermanischer Limes
(Erdwall)

große Militärlager

wichtige Orte

wichtige Straßen

0   150 km

67

HÜLYA: Komische Namen haben die Soldaten! Waren das denn keine Römer?

CHRISTIAN: Ja und nein. Nur die sechs Legionen am Rhein bestanden aus römischen Bürgern. Die Kohorten und Reitereinheiten der Grenzwächter in den Kastellen direkt am Limes wurden aus der einheimischen Bevölkerung angeworben und von römischen Offizieren kommandiert. Die Soldaten bekamen nach 25 Dienstjahren in der römischen Armee bei Entlassung das römische Bürgerrecht.

HÜLYA: Da war doch noch von Frauen und Kindern die Rede, die aus einem »Dorf« kamen.

CHRISTIAN: Bei jedem Kastell entstanden mit der Zeit Siedlungen, in denen Handwerker, Händler und die Familien der Soldaten lebten. Als römischer Bürger konnte der entlassene Soldat endlich seine bisherige Lebensgefährtin nach römischem Recht heiraten und damit auch seine Kinder zu römischen Bürgern machen.

MAX: Wohl deshalb hat Sibbaeus vorsorglich seinem Söhnchen gleich einen Namen gegeben, den auch Römer aussprechen konnten.

CHRISTIAN: Die Familie blieb meist in der Siedlung wohnen. Einige große und kleine Städte in West- und Süddeutschland sind aus solchen Siedlungen entstanden.

MAX: Gut ausgedacht. So macht man die querköpfigen Germanen zu braven Römern. – Aber sag mal, ging das immer so friedlich und idyllisch am Limes zu wie oben? Wenn ja, wozu dann überhaupt so viel Militär?

CHRISTIAN: Der Limes war schon eine Trennlinie zwischen unversöhnlichen Feinden. Andererseits war er kein »Eiserner Vorhang«, der Römer und Germanen voneinander abschottete. Er allein hätte auch nicht jeden Angriff aus dem freien Germanien abwehren können. Dazu waren die Streitkräfte, die am Limes vom Rhein bis nach Regensburg verteilt standen, viel zu schwach. Der Limes war immerhin über 500 Kilometer lang.

ANNA: Was sollte der Limes dann überhaupt?

CHRISTIAN: Er diente hauptsächlich zur Kontrolle und Überwachung der Grenze; man wollte nicht alles dichtmachen, sondern nur sehen, wer sich herein- oder hinausbewegte. Auch kleinere Überfälle und Raubzüge konnte man mit den Befestigungsanlagen, Wachttürmen und den schnell herbeieilenden Grenztruppen verhindern.

MAX: Die Anlagen sind aber nicht sehr beeindruckend. Über die Pfahlreihe da vor uns oder über die Mauer in Rätien konnte doch ein sportlicher Germane mit einem Klimmzug herüberkommen und der nächste Turm war vielleicht einen halben Kilometer weit weg.

CHRISTIAN: Schon; aber mit Beute beladen oder mit gestohlenen Rindern am Strick war der Rückzug über Graben und Pfähle schon schwieriger. Und die römischen Reiter und Soldaten waren schnell da, denn das Alarmsystem funktionierte gut.

Text 2 Eine unruhige Nachtwache

Sibbaeus cum nōnnūllīs mīlitibus in statiōne vigilat. Cūnctī ē turrī campōs et silvam spectant.

5 Subitō Sibbaeus: »Audīsne strepitum, Licaī?« – Licaius nihil audit. Tum lūna plēna inter nūbēs appāret. Lūna Rōmānīs salūtī, latrōnibus autem perni-
10 ciēī est, nam mīlitēs ē turrī virōs pālōs trānscendere vident.

Licaius: »Virīne Germānī sunt, Sibbaee?« Sibbaeus: »Egō quidem virōs latrōnēs esse putō.«

15 Sibbaeus Licaium facēs accendere iubet. Etiam in proximīs turribus Sibbaeus mīlitēs facēs accendere et sīgna ūsque ad castellum dare videt. Mox mīli-
20 tēs ē castellō adsunt. Sibbaeus mīlitēs latrōnibus īnsidiās parāre iubet.

Ita faciunt, virōs cum praedā revertentēs opprimunt. Latrō-
25 nēs praedam relinquunt, aliī pālōs trānscendunt, aliī fugiunt, aliōs mīlitēs capiunt. Sibbaeus: »Dūcite latrōnēs ad praefectum! Male latrōnibus ēveniet.«

turris (Abl. Sg.: turrī, Abl. Pl.: turribus): Turm

strepitus: Geräusch

inter nūbēs: zwischen den Wolken

pālī (Nom. Pl.): die Pfahlreihe

facēs accendere: Fackeln anzünden

īnsidiae (Nom. Pl.): Falle, Hinterhalt

revertentēs: die zurückkehrenden

praefectus: Präfekt, Kommandant eines Kastells

male ēveniet: es wird (ihnen) übel ergehen

Grabstein des Kohortensoldaten Licaius, der mit der Bewaffnung des Infanteristen dargestellt ist.

1 Zu Text 1

1. Suche nach Hinweisen darauf, dass die beiden Soldaten ihren Dienst in Friedenszeiten tun. Was erfährst du über sie?
2. Vergleiche die Namen der Personen mit denen, die dir in den bisherigen Lektionen begegnet sind, und erkläre die Unterschiede.
3. Wie lebten offenbar die Römer mit den Germanen im Gebiet zwischen Rhein und Donau im Alltag zusammen? Verwende auch die Informationen aus dem Dialog »Am limes Germanicus« zu deiner Beschreibung.

2 Zu Text 2

1. In der Überschrift ist von einer »unruhigen« Nachtwache die Rede. An welcher Stelle des Textes wird es »unruhig«? (Lateinisches Signalwort?)
2. Wie deuten die Wachen ihre Wahrnehmungen?
3. Welche Gegenmaßnahmen werden eingeleitet? Woran erkennt man, wer der »Chef« ist?
4. Was hilft den Römern, die Situation zu bewältigen?
5. Beschreibe mit drei lateinischen Wörtern, wie die Aktion für die Angreifer endet.

3 Was fällt dir am Satz Text 2, Zeile 24–27 (*Latrones . . . capiunt*) auf? Versuche, eine Erklärung für die besondere Form dieses Satzes zu geben.

4 Treppauf – Treppab! Verwandle

1. parva porta   Plural → Ablativ → Singular → Dativ
→ Plural → Nominativ → Akkusativ
→ Singular
2. latrō saevus   Ablativ → Akkusativ → Dativ → Genitiv
→ Plural → Ablativ → Akkusativ → Dativ
→ Genitiv → Nominativ → Singular
3. rēs obscūra   Plural → Akkusativ → Ablativ → Dativ
→ Singular → Genitiv → Ablativ

5 Achtung, Verwechslungsgefahr! Schreibe die Formen in dein Heft und gib dahinter mit einer Zahl in Klammern an, wie viele Bedeutungen die Form jeweils haben kann. (Es stehen keine Längenstriche.)

villa – vinum – res – latrones – mulieribus – ancillae – verba – diebus – uxore – diei – nos – vobis – pigri – amica – fatigato – fratres

6 Hier ist eine Verwechslung ausgeschlossen. Bestimme die schräg gedruckten Formen aus dem Zusammenhang und übersetze den Satz.

1. Multae *rēs* Germānōrum mīlitibus *mulieribus*que placent.
2. Diē fēstō *Sibbaeō* semper *vīnum bonum* est.
3. *Nōs mīlitēs* Rōmānī etiam *diēbus* fēstīs in statiōne vigilāmus.
4. *Clāmōre mīlitēs latrōnēs* terrent.
5. Latrōnibus magna *praeda* nōn est.
6. *Verba Sibbaeī* mīlitēs nōn semper dēlectant.
7. Iam prīmā *hōrā* diēī *mīlitēs* in statiōne esse dēbent.

7 Dekliniere gegen die Stoppuhr. Wer unterbietet die angegebene Sekundenzahl?

rēs (4 Sek.) – diēs (5 Sek.) – miles (5 Sek.) – puer laetus (13 Sek.) – via angusta (12 Sek.) – forum lātum (12 Sek.).

8 *Est / sunt.* Klein, aber vielfältig einsetzbar. Übersetze.

1. Statiō molesta est.
2. Pecūnia nōbīs nōn est.
3. Mīlitibus, cum in statiōne sunt, somnus perniciēī est.
4. Multae rēs mercātōribus Germānīs sunt.
5. Vīnume bonum est? – Est! Est!
6. Castella līmesque imperiō Rōmānō salūtī sunt.
7. Salūs Zōsimī Plīniō cūrae est.

9 Zu welchen Sätzen aus Text 1 passen die folgenden Satzbilder?

Schreibe das jeweilige Schema in dein Heft und ergänze die lateinischen Wörter.

1.

2.

3.

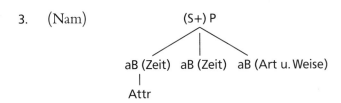

10 Schreibe aus Text 2 alle Sätze in dein Heft, die einen aci enthalten. Unterstreiche jeweils Subjektsakkusativ und Infinitiv(e).

Thrāx (gladiātor) — amphitheātrum — fuscina — rētiārius (gladiātor) — rēte — arēna

Text 1 Gladiatorenkämpfe

Lūcius: Salvēte, Sexte et Aule! Quō ītis?
Sextus: Salvē, Lūcī! In *amphitheātrum* īmus. Venī nōbiscum.
Hodiē aedīlēs mūnus gladiātōrium dant.
5 Lūcius: Mūnus gladiātōrium mihi valdē placet, sed doleō,
nōn vacō.

Itaque Sextus et Aulus sine Lūciō in amphitheātrum eunt.

In amphitheātrō iam multī hominēs adsunt, rīdent, clāmant.
Nam Rōmānī mūnera gladiātōria valdē amant.

10 Prīmō *gladiātor* cum leōne pūgnat.
Vir leōnī cautē appropinquat. – Bēstia recēdit, tum magnā
cum īrā rūgit.
Subitō virum adit, vulnerat, occīdit.

Turba gaudet. Servī corpus lacerātum ex *arēnā* trahunt.

aedīlis: Ädil (röm. Beamter)
mūnus gladiātōrium: Gladiatorenkampf

cautē: vorsichtig
rūgīre: brüllen

lacerātus: zerfleischt

15 Tum duo gladiātōrēs arēnam ineunt.   **duo** (Nom.): zwei
   Rētiārius rēte et *fuscinā, Thrāx* ferrō armātus est.

   Rētiārius Thrācem rēte involvere incipit.   **rēte involvere:** ins
   Sed Thrāx sē līberat et rētiārium ferrō ferit.   Netz einwickeln
   Sextus et Aulus multum sanguinem ē vulneribus manāre   **manāre:** fließen
20 vident.

   Tamen turba contenta nōn est:
   »Adī! Adīte! Occīde! Occīdite! – Cūr tam timidī estis? –
   Cūr nōn libenter mortem obītis?«

   Gladiātōrēs diū pūgnant. – Dēnique rētiārius Thrācem occī-
25 dit.

   Turba valdē gaudet, rētiārium iterum atque iterum nōmine
   clāmat – et pūgnās novās postulat.
   Aulus: Abeō. Valē, Sexte!
   Sextus: Cūr abīs?
30 Aulus: A tantā caede abhorreō.   **scelestus:** Verbre-
   Sextus: Stultus es. Nōnne gladiātōrēs hominēs malōs esse   cher
           scīs?   **parricīdae** (Nom.
           Sunt latrōnēs, scelestī, parricīdae. Morte sunt dīgnī. Pl. m.): Mörder

   O tempora, ō mōrēs!

Ausschnitt aus dem
Gladiatorenmosaik von Nennig.

Text 2   Alypius und die Gladiatorenkämpfe

Der junge Alypius wird in Karthago – wider Willen – von seinen Freunden zu einem Gladiatorenkampf geschleppt. Sein Freund Augustinus, später Christ und Bischof in Nordafrika, berichtet von
diesem Erlebnis in seinen Erinnerungen.

Nōnnūllī amīcī Alypium iterum atque iterum invītant:
»Nōbīscum venī in amphitheātrum et spectā mūnus gladiātōrium!« Sed Alypius ā crūdēlitāte atque caede abhorret. Amīcī
5 Alypium ad lūdōs dūcunt; tamen sēcum cōgitat: »Etiamsī in   **etiamsī:** auch
amphitheātrum trahunt corpus meum, animum et oculōs   wenn
meōs in lūdōs dūcere nōn possunt.«   **oculus:** Auge
Dēnique amphitheātrum ineunt. Alypius claudit oculōs,
aurēs claudere nōn potest: Subitō clāmor populī per aurēs   **claudere:** schlie-
10 Alypiī intrat. Alypius oculōs aperit, videt sanguinem gladiātō- ßen
ris. Subitō sē ā crūdēlitāte lūdōrum līberāre nōn iam potest.   **aperīre:** öffnen
Dēnique cum turbā clāmat, caedem postulat.
Postrīdiē nōn sōlum cum amīcīs redit, sed etiam aliōs sēcum
trahit.

1 1. Welche verschiedenen Formen von Gladiatorenkämpfen sehen Sextus und Aulus im
   Amphitheater? Lies dazu Text 1 und außerdem den Text »Gladiatoren«.
2. In welcher Zeile erreicht der erste Kampf seinen Höhepunkt? Durch welche sprachlichen und stilistischen Mittel wird die Dramatik des Geschehens betont?
3. Wie entwickelt sich die Stimmung des Volkes im Laufe der Kämpfe? Achte auch hier
   auf sprachliche und stilistische Besonderheiten, die die inhaltliche Aussage unterstrei-
   chen.
4. Was könnte Aulus auf die Äußerungen des Sextus am Ende der Geschichte (Zeile
   31–33) geantwortet haben?
5. Nehmt an, Aulus und Sextus hätten später Lucius wieder getroffen. Erfindet ein
   Gespräch zwischen den dreien über die Gladiatorenkämpfe. Spielt die Szene.
6. Welche Kämpfe sind auf den Abbildungen S. 73 und S. 76 dargestellt? Auf welche Einstellung zu den Gladiatorenkämpfen lässt die Tatsache schließen, dass man den Fuß-
   boden einer Villa mit einem großen Mosaik, das solche Kampfszenen darstellte, aus-
   legte?

2 1. In Text 2 kommt *ā crūdēlitāte* zweimal vor. Wie wirkt jeweils die *crūdēlitās* auf
   Alypius?
2. Deute den letzten Satz von Text 2.

3 Antworte lateinisch mit einem ganzen Satz.

1. Quō Sextus et Aulus eunt?
2. Quis mūnus gladiātōrium dat?
3. Quid turba in amphitheātrō clāmat?
4. Cūr turba valdē gaudet?
5. Cūr Sextus Aulum stultum esse dīcit?

4 Schreibe die Tabelle in dein Heft und fülle die freien Stellen so aus, dass in einer Zeile die gleichen Kasus und Numeri stehen. Nimm die erste Zeile als Beispiel.

rērum	dominōrum	vīllārum	mūnerum	hominum	nōminum
	dominōs				
		vīllīs			
		(in) vīllīs			
			mūnera (Nom. Pl.)		
				hominī	
					nōmen
					nōmen

5 Verfahre ähnlich wie in Aufgabe 4, sodass in einer Zeile die gleichen Verben und in einer Spalte die gleichen Personen und Numeri stehen.

eunt	ītis						
iubent	iubētis						
		dormiō					
			cūrāmus				
				mūnīte			
					legis		
						videt	
							dā

6 Ordne die Komposita von *īre (adīre, inīre, circumīre, obīre, abīre, exīre)* den Pfeilen in der Zeichnung zu.

7 Ordne jedem Substantiv in dem linken Kasten ein (formal und inhaltlich) passendes Attribut aus dem rechten Kasten zu und schreibe die Wortpaare in dein Heft. (Es stehen keine Längenstriche.)

campum	re
mercatoribus	urbis
arbores	virorum
fratri	nomine
vulnus	

doctorum	latum
malum	magnas
Graecis	misero
parvae	dubia
tuo	

8 Bestimme die »a-Ender«. (Es stehen keine Längenstriche.)

porta (2) – pugna (3) – labora – corpora (2) –
vina (2) – da – tempora (2) – cena (3) – a – mea (4)

9 Wie lautet der kürzeste lateinische Satz?

Ausschnitt aus dem Gladiatorenmosaik von Nennig.

76

Amphitheater im Archäologischen Park Xanten.

Gladiatoren

Überall, wo Römer lebten, gab es Amphitheater *(amphitheatra)*. Von der Römerstadt Xanten am Niederrhein bis zu den römischen Siedlungen in Syrien oder
Nordafrika finden sich solche, oft noch gut erhaltenen, ovalen Freilichttheater, die
in aufsteigenden steinernen Sitzreihen Tausenden von Zuschauern Platz boten.
Auf dem Sandplatz *(arena)* in der Mitte fanden Gladiatorenkämpfe *(munera gla-
diatoria)* statt, bei denen Paare von Schwertkämpfern *(gladiatores)* auf Leben
und Tod gegeneinander oder einzelne Gladiatoren gegen wilde Tiere wie Löwen
oder Bären kämpften. Veranstalter der Spiele waren in der Stadt Rom die Aedilen
(aediles), römische Beamte, später die Kaiser.
Gladiatoren waren meist Sklaven oder Kriegsgefangene, die vom Eigentümer
einer Gladiatorentruppe gekauft und in Kasernen für ihren Auftritt trainiert wurden. Von Gerichten zum Tode verurteilte Verbrecher wurden oft in die Arena
geschickt, um dort zur Unterhaltung der Zuschauer den Tod zu finden. Als im 2.
und 3. Jh. n. Chr. die Christen als Staatsfeinde verfolgt wurden, starben viele von
ihnen als Märtyrer bei solchen Gladiatorenkämpfen oder Tierkämpfen. In den Gla-

77

diatorentrupps befanden sich aber auch freie Römer, Abenteurer, die ihr Leben riskierten, um reich und berühmt zu werden; denn siegreiche Gladiatoren wurden belohnt und ihre Namen waren in aller Munde, wie heute die Namen von Sportgrößen oder Fernsehstars.

Um den Zuschauern noch größere Sensationen zu bieten, ließ man gern Gladiatoren unterschiedlicher Bewaffnung gegeneinander antreten. So stellte man z.B. den »Thraker« *(Thrax)*, einen mit Helm, Schild, Arm- und Beinschienen geschützten Schwertkämpfer, einem »Netzkämpfer« *(retiarius)* gegenüber, der wenig geschützt, aber beweglich mit einem Fangnetz *(rete)* und einem langen dreigezackten Spieß *(fuscina)* den Gegner zu fesseln und zu töten suchte. Der Kampf endete im Allgemeinen mit dem Tod eines der beiden Gegner. War ein Kämpfer schwer verwundet und kampfunfähig, entschied der leitende Beamte auf Zuruf des Publikums durch ein Zeichen mit dem Daumen, ob dem Unterlegenen Gnade gewährt werden oder ob der Sieger ihm den Todesstoß versetzen sollte.

Nur wenige nahmen, wie der Römer Aulus in unserem Text, Anstoß an diesem öffentlichen Abschlachten von Menschen und Tieren. Der Philosoph Seneca schreibt in einem Brief beunruhigt, dass er selber das Gefühl habe, grausamer und unmenschlicher das Amphitheater zu verlassen. Dem Einwand eines Freundes, dass es sich doch um Leute handele, die wegen ihrer Verbrechen den Tod verdient hätten, entgegnet er: »Und womit hast du es verdient, dass du bei ihrem Tod auch noch zuschauen musst?« – Die Christen verabscheuten Gladiatorenkämpfe, und das nicht nur, weil sie selber oft die Opfer waren. Der erste christliche Kaiser, Konstantin der Große, verbot sie im Jahr 325 n. Chr. im östlichen Teil des *imperium Romanum*; Kaiser Theodosius setzte ihnen am Ende des 4. Jh. n. Chr. im ganzen Reich ein Ende.

Bronzener Gladiatorenhelm mit Szenen von der Plünderung Trojas.

MAX: Seht mal, da im Fenster des Reise-
büros – das Poster!

CHRISTIAN: Was soll die Inschrift SPQR?

HÜLYA: Das ist Werbung für eine Reise
nach Rom. SPQR ist doch die Abkür-
zung für *Senatus PopulusQue Romanus*,
Senat und Volk von Rom. Und das ist
eine Wölfin und die Kleinen sind
Romulus und Remus und …

MAX: Stopp, Hülya! Wenn du das alles so
genau weißt, dann erzähl doch der
Reihe nach.

HÜLYA: Ja, du hast Recht, eigentlich
müsste man bei diesen alten Sagen viel
früher beginnen, nämlich damit, dass
Aeneas mit anderen Flüchtlingen aus
dem zerstörten Troja nach Italien kam.
Einer von Aeneas' Nachkommen, die
später in Latium lebten, war Numitor.

Text 1   Ein Familienkrimi

Antiquis temporibus Numitor rex Albae Longae, urbis Latinorum, fuit. Sed Amulius frater Numitorem in exilium expu-
lit. Filios fratris necavit; filiam nomine Ream Silviam sacerdo-
5 tem Vestae esse iussit. Ita enim mulierem nubere prohibuit.
Tamen Rea Silvia paulo post mater Romuli et Remi geminorum fuit.
Patrem puerorum Martem deum esse dixit.
Amulius, quod eos futuros ultores scelerum suorum timuit,
10 servum pueros in aquam Tiberis mittere iussit. Sed magna
lupa pueros in ripa Tiberis invenit et nutrivit. Postea Faustulus pastor geminos servavit. Pueros domum portavit et cum
Larentia uxore educavit.

**in exilium expu-
lit:** er trieb (ihn) in
die Verbannung

nūbere: heiraten

**quod eōs … ultō-
rēs … timuit:**
weil er sie als …
Rächer … fürchtete

invēnit: sie fand

nūtrīre: nähren

CHRISTIAN: Dass solch ein Krimi hinter diesem lustigen Bild steckt, hätte ich
nicht gedacht.

Die »Kapitolinische
Wölfin«.

HÜLYA: Außer Faustulus und seiner Frau wusste niemand, ob die Kinder noch lebten oder umgekommen waren. Auch der Sklave, der sie eigentlich hätte umbringen sollen, sie aber nur am Ufer hingelegt hatte, schwieg.
Die Zwillinge wuchsen heran. Die Sage berichtet, dass sie mit anderen jungen Leuten eine Truppe bildeten, die die Hirten am Tiber vor Räubern schützte. Erst zwanzig Jahre später erfuhren Romulus und Remus von Faustulus die Wahrheit über ihre Herkunft.

Wie Numitor, der als Gutsherr im Exil lebte, seine Enkel wiedertraf, erzählt er selbst.

Text 2 Numitor erzählt

Olim servi mei adulescentem ad me duxerunt dixeruntque:
»Iste adulescens cum aliis armatis agros tuos invasit, domine.
Nos eum et nonnullos alios cepimus.« Interrogavi: »Cur tu
5 agros meos invasisti? Estne verum vos cum servis meis pugnavisse?« – Ille: »Non tibi, Numitor, infesti sumus; servi tui errant; nam ego et frater geminus numquam cum servis tuis, sed semper cum latronibus pugnamus.« Spectavi adulescentem fortem, stupui, comparavi aetatem, interrogavi: »Vosne
10 fratres geminos esse dixisti?« Interrogavi de patre et matre geminorum. Subito alius adulescens cum viris armatis villam invasit. Magno timore me compleverunt; sed ille magna voce clamavit: »Salve, Numitor rex! Salve, ave! Ego Romulus sum, hic vides Remum, fratrem geminum. Putavi Remum in peri-
15 culo esse. Itaque adsum.«

iste (Nom. Sg. m.):
dieser
eum ... cēpimus:
wir haben ihn ...
gefangen genommen
ille: jener
fortem (Akk. Sg.):
tapfer
**comparāvī aetā-
tem:** ich verglich
das Alter (des jungen Mannes mit
den Jahren, die seit
der Geburt der
Zwillinge vergangen waren)
avus: Großvater

80

Text 3   Eine Stadtgründung unter schlechten Vorzeichen

Paulo post fratres urbem novam condere cupiverunt. Sed statim controversia fuit: Quis dominus et rex urbis erit? Romulus: »Augurio rem disceptemus, Reme! Aves observemus, ego
5 cum amicis meis in Palatio, tu cum turba tua in Aventino! Qui plures aves viderit, rex erit!«
Remo sex aves apparuerunt. Itaque amici Remi clamaverunt: »Nunc dei rem disceptaverunt: Salve, Reme rex!«
Sed paulo post Romulus cum turba sua advolavit: »Mihi duo-
10 decim aves apparuerunt. Ego rex sum!« Tum fratres et amici fratrum verbis armisque certaverunt. Denique Romulus fratrem necavit.
Romulus urbem novam condidit et Romam appellavit.

condere (Perf.: condidī): gründen

erit: er wird sein

disceptēmus: wir wollen entscheiden

observēmus: wir wollen beobachten

quī plūrēs ... viderit: wer mehr ... sieht

1 1. Suche aus den Texten alle Namen sowie Informationen über diese Personen. Bringe Ordnung in die Familienverhältnisse, indem du einen Stammbaum zeichnest.
   2. Die Gründungsgeschichte Roms ist mit Gewalt verbunden. Erstelle ein Sachfeld zum Thema »Gewalt«, indem du in den Texten passende Wörter und Ausdrücke suchst.
   3. Verändere die Überschriften der Texte so, dass sie angeben, was jeweils mit Romulus und Remus geschieht bzw. was sie tun.
   4. In den Zeilen 8/9 von Text 2 wird die Geschichte, die Numitor erzählt, spannend. Inwiefern zeigt sich diese Spannung auch an der äußeren Form des Satzes?

2 1. Übertrage die Tabelle in dein Heft und ordne alle Perfektformen, die in den Texten vorkommen, ein.

Person Singular	Person Plural	Infinitiv Perfekt
1.	1.	
2.	2.	
3.	3.	

   2. Weshalb überwiegen in Text 1 und Text 3 Verbformen der dritten Person? Weshalb kommen in Text 2 häufiger auch Formen der ersten und zweiten Person vor?
   3. Auf welche Konstruktion weist das Vorkommen eines Inf. Perf. hin?

3 Untersuche die Perfektformen in Aufgabe 2. 1. Wo liegt v-, wo u-, wo s-Perfekt vor?

4 Wir zählen ab!

Bilde jeweils vom 1. Wort der Reihe die 1. Pers.
Sg. Perfekt; vom 2. Wort die 2. Pers., vom
3. Wort die 3. Pers., vom 4. Wort die 1. Pers. Pl.
usw. und vom 7. Wort den Infinitiv Perfekt.

a) 1. putare   2. narrare 3. complere 4. equitare   5. scire   6. audire 7. amare
b) 1. debere   2. docere 3. dolere   4. prohibere 5. placere   6. habere 7. licere
c) 1. invadere 2. dicere   3. iubere   4. mittere   5. ducere   6. iubere 7. dicere

5 Schreibe aus Text 1 und Text 2 alle aci (»Waggons«) sowie die Prädikate, von denen sie
abhängen (»Lokomotiven«), heraus und unterstreiche im Heft Subjektsakkusativ und Infinitiv.

6 Ihr – mich?   Ich – euch?   Wer – wen?

1. Übersetze.

a) Vos me visitare iubeo.   e) Nos vos visitare gaudeo.
b) Me vos visitare gaudeo.   f) Me te visitare gaudeo.
c) Vos nos visitare iubemus.   g) Te nos visitare iubeo.
d) Te me visitare iubeo.

2. Spiele ebenso alle sinnvollen Möglichkeiten durch mit *me/te/nos/vos*. Kombiniere
jeweils zwei Pronomina.

a) … amare scio.   b) … adiuvare gaudes.

Etrusker beim Gastmahl. Grabmalerei aus dem 5. Jh. v. Chr.

augurium und Opferschau bei den Römern

Die Römer glaubten, dass die Götter auf das Leben der einzelnen Menschen und auf das Schicksal ihres Staates einwirkten. In ihrer Staatsreligion gab es daher feierliche Handlungen (Riten, Zeremonien), die entweder den Zweck hatten, die Götter wohlwollend zu stimmen oder deren Willen und Absichten, und damit die Zukunft, zu erforschen. Ein solcher Ritus, die Vogelschau *(augurium)*, findet sich bereits in der Sage von der Gründung Roms.

Das *augurium* haben die Römer neben vielen anderen Bräuchen in Staat und Religion von den Etruskern, ihrem nördlichen Nachbarvolk, übernommen. Lange waren die Römer von diesem Volk abhängig, bis sie um 510 v. Chr. den etruskischen Stadtkönig aus Rom vertreiben konnten. Vor jeder für den Staat wichtigen Handlung, etwa vor einer Wahl oder vor dem Ausmarsch des Heeres in den Krieg, beauftragte der leitende Beamte einen Priester aus dem Kollegium der Auguren, den Himmel so lange zu beobachten, bis er ein Zeichen sah, das als Zustimmung oder Ablehnung der Götter für das Vorhaben gedeutet werden konnte. Für das

83

augurium gab es Regeln: Der Augur bestieg einen Hügel Roms mit freiem Ausblick und setzte sich auf einen Klappsessel, nachdem er vorher mit seinem Augurenstab *(lituus)* einen Beobachtungsabschnitt *(templum)* für den Himmel abgesteckt hatte. Nur die in diesem Abschnitt auftretenden Zeichen galten. Blitz und Donner wurden für schlechte Zeichen gehalten. Die Deutung des Vogelflugs unterlag jedoch komplizierteren Regeln. Wichtig waren Anzahl, Flugrichtung und Stimmen der Vögel. Auch die Art der Tiere war von Bedeutung. Ein Adler war als Iuppiters Vogel günstig, Geier galten als ungünstig. Manches bei der Deutung des Vogelfluges war auch für die römischen Bürger kaum durchschaubar und unterlag der willkürlichen Auslegung durch die Priester. Kein Wunder, dass bereits das erste *augurium* bei der sagenhaften Gründung der Stadt in blutigem Streit um die richtige Deutung der Zeichen endete.

Ebenfalls aus Etrurien, dem Land der Etrusker, stammte die Kunst der *haruspices*, der »Leberbeschauer«. Aus dem Zustand und der Form der Leber eines geschlachteten Opfertieres wurde nach komplizierten Regeln auf Zorn oder Wohlwollen eines Gottes geschlossen. Das Bronzemodell einer Tierleber, auf dem die für die Deutung wichtigen Zonen mit dem Namen der zuständigen Gottheit eingraviert sind, wurde in Etrurien gefunden.

Die Römer waren sich bewusst, dass die Deutung der Götterzeichen durch Auguren und *haruspices* schwer zu überprüfen war und daher oft zu politischen Zwecken missbraucht wurde. Gebildete Römer begegneten den Auguren und den *haruspices* mit Misstrauen.

Bronzemodell einer Leber, das bei der Eingeweideschau benutzt wurde.

Etruskische Flügelpferde.

85

Einst und jetzt

Quintus dicit:

Nunc in Campo Martio me exerceo.	Olim cum amicis trochum agebam.
5 … virgines mihi placent.	… a puellis abhorrebam.
… multas res scio.	… nihil sciebam.
… adulescens sum.	… puer stultus eram.

trochus: Reifen

Tullia narrat:

Nunc Lucium saepe visito.	Olim semper domi manebam.
10	
… cum amicis in foro ambulamus.	… non nisi cum ancilla vel servo per vias urbis ibamus.
… in villa laboro et matrem	… in villa hortoque
15 adiuvo.	ludebam.
… vita interdum mihi molesta est.	… vita saepe mihi placebat.

nōn nisī: nur

Magister:

Roma urbs magna est.	Roma diu parva erat.
20 Nunc multi homines in urbe habitant.	Olim multi ruri habitabant.
Ehem, Quinte et Marce!	
Cur verba magistri non auditis?	Olim discipuli boni eratis; bene discebatis, bene legebatis, bene
25	scribebatis, bene audiebatis.
Sed hodie …	

habitāre: wohnen
rūrī: auf dem Land

ehem!: He!

86

Quintus cogitat:

30 Et tu, Theophile, cur semper
nos vituperas,

cur semper nos vitupera-
bas, quamquam
bene discebamus,
bene legebamus,
35 bene audiebamus?

quamquam:
obwohl

Cur numquam contentus es?

1. Woran kann man (außer bei *esse*) das Imperfekt erkennen?
2. a) Wie lauten die Personalendungen des Imperfekts? In welcher Form unterscheiden
sie sich von denen des Präsens?
b) Konjugiere das Imperfekt von *amare, timere, legere, scire* und *esse.*
3. Beschreibe: Welche Bilder hast du bei den einzelnen Sätzen der rechten Spalte vor
Augen? Was wird durch das Imperfekt ausgedrückt?

Text 1   Die Hochzeit von Peleus und Thetis

Peleus cum Thetide dea nuptias faciebat.
Cuncti fere dei deaeque aderant.
Discordia dea sola ab Iove invitata non erat,
5 ceteri enim hanc deam non amabant,
quod semper concordiam pacemque turbabat.
Dei cenabant, vinum bibebant,
sermones laetos habebant, magna voce cantabant,
cum Discordia intravit, pomum aureum medios inter deos
10 iactavit, statim effugit.

Dei deaeque pomum spectaverunt; in quo inscriptum erat
PULCHERRIMAE.

Statim et Iuno, uxor Iovis, et Minerva, filia Iovis, et Venus,
dea amoris, dixerunt: »Ego sum pulcherrima!«

15 Iuppiter controversiam disceptabat: »Cunctae deae pulchrae
sunt; cunctae etiam pulcherrimae sunt.«
Sed deae non audiebant, iterum atque iterum clamabant:
»Ego pulcherrima sum!«

Iuppiter denique enervatus »Paris«, inquit, »vir pulcherrimus
20 orbis terrarum est. Itaque arbiter esto!«

nūptiās facere:
Hochzeit feiern

invītāta nōn erat:
sie war nicht einge-
laden worden

hanc: diese

pōmum aureum:
einen goldenen
Apfel

**in quō īnscrīptum
erat:** auf ihm war
eingraviert

arbiter estō: er
soll Schiedsrichter
sein

87

Iuno, Iuppiter und Minerva. Die drei Bronze-
stammen dem Schatzfund von Weißen-
statuetten aus dem 3. Jh. n.Chr. ent-
burg in Bayern.

Text 2   Paris erzählt

In colle prope Troiam sito sedebam, spectabam campos, nihil
cogitabam, cum Mercurius, nuntius deorum, cum tribus deis
pulchris apparuit.

5   Mercurius dixit: »Salve, Paris! Iuppiter me misit. Nam Iunoni,
Minervae, Veneri controversia est: Quae dea est pulcherrima?
Nos dei controversiam disceptare non poteramus, itaque ad
te venimus. Tu arbiter esto!« Et dedit mihi pomum aureum,
10 quod deae pulcherrimae darem.

Tacebam, deas spectabam. Cunctae pulchrae erant, cunctae
mihi placebant.
Sed dubitabam: Cur dei me adierunt, Paridem pastorem?
Num me derident?

15 Subito Iuno, uxor Iovis, dixit: »Nonne potestatem amas?
Nonne tu, pastor, te regem esse somnias?
Mihi pomum da, Paris, et tibi erit regnum orbis terrarum!«

Et Minerva, dea belli, »Regnare«, inquit, »molestum est; rex
semper hostes timere debes. Pomum da mihi, mi Paris, et
20 cunctis in bellis periculisque semper tibi erit victoria! Gloria
aeterna tibi erit.«

Mecum cogitabam: Et potestatem et victoriam et gloriam
valde amo. Sed quid mihi magis placet?

Tum Venus: »Regnum, victoria gloriaque«, inquit, »te non
25 beatum, sed solum reddent. Itaque audi, Paris carissime:
Pomum da mihi. Ego dea amoris sum. Ego, dea pulcherrima,
viro pulcherrimo orbis terrarum promitto mulierem orbis
terrarum pulcherrimam.«

Statim Veneri pomum aureum dedi.

quae?: welche?

arbiter estō: du
sollst Schiedsrichter
sein

pōmum aureum:
ein goldener Apfel

quod … darem:
den ich geben sollte

dērīdēre: verspot-
ten

somniāre: träu-
men

erit: es wird sein

tē … reddent: sie
werden dich …
machen

cārissime (Voka-
tiv): liebster

1 1. Beschreibe die Situation, die in Text 1, Zeile 2–8 geschildert ist, mit eigenen Worten.
2. Warum wechselt in Text 1, Zeile 9 plötzlich das Tempus?
3. Wann steht also im Lateinischen Perfekt, wann Imperfekt?

2 Zeichne folgende Tabelle in dein Heft und ordne die Imperfektformen aus Text 1 und 2 ein:

Dauer	Wiederholung	Versuch

3 Jetzt sind Künstlerinnen und Künstler gefragt! Wer zeichnet für die Klasse ein Bild, das die Situation in Text 1 treffend wiedergibt? Hängt es im Klassenzimmer auf. Ein Blick wird genügen, um an den Unterschied zwischen Perfekt und Imperfekt zu erinnern.

4 Verschaffe dir, bevor du Text 2 übersetzt, einen Überblick über die Erzählung:

Welche Personen treten auf? – Wer spricht zu wem? – In welchen Abschnitten schildert Paris seine Situation, in welchen geschieht etwas? (Hierbei hilft dir die Beachtung der Tempora.)

5 Wie werden die Göttinnen und Götter in Text 1 und Text 2 dargestellt? Welche Eigenschaften haben sie? Welche Unterschiede zur christlichen Religion kannst du feststellen?

6 Auf welche Weise versuchen die Göttinnen, Paris von ihrem »Angebot« zu überzeugen? Mit welchen stilistischen Mitteln verleihen sie ihren Reden Nachdruck?

7 Verwandlungskünstlerinnen und -künstler ans Werk:
Aus Perfekt wird Imperfekt; aus Imperfekt wird Perfekt:

Zum Beispiel:

dedit → *dabat;*
cogitabamus → *cogitavimus*

turbabamus – cenaverunt – cantavisti – dicebas – relinquebatis – abiit – incipiebam – apparuerunt – fuit – iubebat – prohibuimus – debuistis – amaverunt

90

8 Ergänze Prädikativa aus der Liste und übersetze.

senatori – docti – laeti – puer – miseri – miles – beatos

1. Magister ~ multas res stultas faciebat, sed nunc pueros vituperat.
2. Romani ~ bellum inierunt, ~ domum redierunt.
3. Discipuli non semper ~ e schola veniunt.
4. Homo beatus alios ~ reddere potest.
5. Ciceroni ~ magna gloria fuit, sed Cicero ~ hostes terrere non potuit.

schola: Schule
reddere: machen

9 1. Reihe die Anfangsbuchstaben aller Perfektformen aneinander. Du erhältst einen lateinischen Spruch, der aus vier Wörtern besteht. Das erste Wort bedeutet »niemand«, der Infinitiv des letzten Wortes hat die Bedeutung »klug sein«.

prohibet – necavit – habebamus – dicimus – educavit – monstravi – obiit – placebant – spectaverunt – obierunt – ceno – laboravisse – tacemus – clamamus – ululavisti – ambulabamus – salutavi – scivistis – adfuerunt – tacuisti – interrogavisse – monstras – relinquis – salutaverunt – scivisse – agebamus – amaverunt – trahebatis – vehis – prohibuisti – invitavistis – terruimus

ululāre: heulen

2. Erkläre den Spruch. Welches Wort hat die entscheidende Bedeutung?

So ähnlich könnte Helena ausgesehen haben: Beschreibe die Kleidung, die Frisur und den Schmuck der jungen Frau.

Wandfreskofragment aus Mykene, um 1300 v. Chr.

Prachtschale aus dem
Hildesheimer Silberfund.
Dargestellt ist Minerva mit
einem Steuerruder (?). 1. Jh. v. Chr.

Der Götterhimmel der Römer und Griechen

Die Römer verehrten nicht, wie die Christen, Juden oder Mohammedaner, einen einzigen Gott, sondern eine große Zahl von Göttinnen und Göttern. Während das religiöse Denken der römischen Bauern und Hirten seit alter Zeit vorwiegend von Haus- und Feldgöttern, wie den *Lares*, den Hütern des Hauses und der Vorrats-kammer, bestimmt war, standen in der römischen Staatsreligion der Göttervater Iuppiter, seine Gattin Iuno und Iuppiters Tochter Minerva als die drei wichtigsten Staatsgottheiten im Mittelpunkt. Der starke Einfluss der griechischen Kultur und Religion auf die Römer bewirkte, dass sich schon früh die römische Götterfamilie den griechischen Vorstellungen anpasste. Die römische Religion übernahm Göt-tinnen und Götter der Griechen oder glich eigene Gottheiten den griechischen Göttern an. So wurde der Himmelsgott Iuppiter mit dem griechischen Götterva-ter Zeus gleichgesetzt. Seine Gattin Iuno war wie die griechische Hera Schützerin der Ehe und der Frauen. Minerva war, gleich der griechischen Zeustochter Athene, Göttin der Künste und des Handwerks, aber auch – immer mit Helm und Speer bewaffnet – kriegerische Schutzherrin der Städte. Iuppiters Sohn Mercurius (grie-chisch Hermes) war Götterbote und als Schützer der Straßen und Wege Gott der Reisenden und Kaufleute. Mars (griechisch Ares) wurde als Gott des Krieges gefürchtet. Neptunus (Poseidon) war ein mächtiger Bruder des Iuppiter und Gott der Meere. Nicht zuletzt wurde die Göttin Venus (Aphrodite) als Göttin der Schön-heit und der Liebe immer wieder wie ihr Sohn, der Liebesgott Amor, in Marmor-statuen abgebildet und von Dichtern besungen. Dem griechischen Apollo, Gott der Musik, der schönen Künste und der Weissagung, entsprach keine römische Göttergestalt. Aber auch er erhielt schon früh einen Tempel auf dem Marsfeld.

Uns sind diese Göttergestalten und ihr Tun und Treiben aus vielen Sagen und Geschichten bekannt, welche griechische und römische Dichter immer wieder in Versen erzählten, Bildhauer in Stein meißelten und Maler in Vasenbildern oder Wandgemälden darstellten. Es fällt uns dabei auf, wie unbefangen die antiken Künstler und Dichter oft mit ihren Göttern umgehen. Die Götter, deren Macht und Zorn einerseits wie übermächtige Naturgewalten gefürchtet wurden, erscheinen andererseits in diesen Mythen oft als Wesen, die mit allen menschlichen Schwächen und Torheiten behaftet sind. Bosheit, Habgier, Neid, Eifersucht, Zank und Betrug scheinen, wie z. B. in der Geschichte vom goldenen Apfel und dem Parisurteil, ihr Fühlen und Denken stärker zu bestimmen als etwa der Wille, den Menschen, die an sie glauben, als Vorbilder zu dienen. Venus stiftet Helena und Paris bedenkenlos zum Ehebruch an, ohne sich um die Folgen zu kümmern. Zweifellos hatten die Römer, nicht anders als wir, ihre Freude an den Geschichten aus dieser bunten Götterwelt; doch die Christen fanden später in den antiken Göttersagen viele Argumente zugunsten ihrer Religion, wenn sie den Ernst ihrer Gottesvorstellung dem unmoralischen Verhalten der römischen Götter gegenüberstellten.

Kannst du dir vorstellen, wie dieser Tempel vollständig aussah?

Aphaia-Tempel auf Aegina.

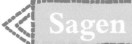

Helena Paridi salutem dicit

Te me amare scripsisti.
Te amorem tuum non iam dissimulare posse scripsisti.
Me secreto convenire, me etiam Sparta Troiam abducere
5 cupis.
O te miserum!
Fidem uxoris Menelai sollicitare audes!
Nonne iram regis Lacedaemoniorum times?
Is quidem te hospitem accepit,
10 tibi regnum monstravit cunctaque explicavit.
Tu cum eo et uxore eius cenavisti, hospitio eorum usus es.
Nunc Menelaus Spartam negotiorum causa reliquit
et statim tu, infide, eum decipere in animo habes?
Nonne te pudet perfidiae tuae?

15 Me mulierem pulcherrimam orbis terrarum esse scripsisti.
Num feminas pulchras leves esse putas?
Num eas infidas impudicasque esse censes?
O me miseram!
Tamen irata non sum.
20 Quis enim eis, qui amant, suscenset
– si amor verus est?
Sed tuum amorem verum esse non credo.
Amor hospitum numquam firmus est.

Vitam futuram mihi exposuisti:
25 Troiam urbem magnam et opulentam esse;
vitam iucundam esse, liberam a curis, beatam.
Viri semper montes auri promittunt,
sed memoria eis mala est,
saepe verba eorum vana sunt.
30 Sed crede mihi:
Neque divitias neque vitam iucundam curo,
quamquam Spartae vita saepe dura est.
Si tecum Troiam irem, id facerem, quod tu mihi places:
Pulcher es.
35 O me miseram!
O te miserum!
Cur non prius Spartam venire potuisti?

explicāre: erklären
ūsus es m. Abl.: du hast … genossen

levēs (Akk. Pl. f.): leichtfertig
impudīcus: schamlos

quī amant: (die,) welche lieben

montēs aurī: Berge von Gold = »das Blaue vom Himmel«

sī … īrem, id facerem: wenn ich … ginge, würde ich es tun

Paris (der auch
Alexandros genannt
wurde) und Eros;
links Helena und
Aphrodite.
Römisches Relief
nach griechi-
schem Vorbild.

Te secreto convenire nondum possum, sed fortasse …

Epistulam tibi per Aethram ancillam misi;
40 si respondere cupis, ei epistulam tuam manda.
Fides eius firma est.

1 Lies den Text. Woran erkennst du, dass es sich um einen Brief handelt?
  Zitiere die entsprechenden Stellen.

2 O te miserum! (Zeile 6)
  O me miseram! (Zeile 18)
  O me miseram! O te miserum! (Zeile 35/36)

  1. Erkläre jeweils die Klage der Helena aus dem Zusammenhang.
     Warum beklagt sie zuerst Paris, dann sich, dann sich und Paris?
  2. Wie erklärt sich der Wandel ihrer Stimmung?
  3. Was meinst du: Liebt Helena Paris oder nicht?

95

3 Was könnte Paris auf die Vorwürfe, Bedenken und Andeutungen der Helena erwidert haben? Schreibe auf Deutsch einen Antwortbrief.

4 Wie passt das Bild S. 95 zum Lektionstext?

5 1. Gehe im Text auf »Stilmitteljagd«. Informiere dich vorher in der Begleitgrammatik über die rhetorische Frage.
   2. Ein Stilmittel dient oft dazu, eine Aussage zu betonen: Was soll durch die stilistischen Besonderheiten im Text jeweils hervorgehoben werden? Welche Wirkung ist jeweils beabsichtigt?

6 Im Text finden sich viele Pronomina. Pronomina stehen für Substantive. Ersetze das Pronomen jeweils durch die richtige Form des passenden Substantivs.

Zeile 9	*Is* quidem te hospitem accepit.
Zeile 11	Tu cum *eo* et uxore *eius* cenavisti, hospitio *eorum* usus es.
Zeile 13	... et statim tu, infide, *eum* decipere in animo habes?
Zeile 17	Num *eas* infidas impudicasque esse censes?
Zeile 28/29	... sed memoria *eis* mala est, saepe verba *eorum* vana sunt.
Zeile 40	... *ei* epistulam tuam manda.
Zeile 41	Fides *eius* firma est.

ūsus es m. Abl.: du hast ... genossen

impudīcus: schamlos

7 *Suus, a, um* oder *eius/eorum/earum/eorum*?

Setze die richtigen Pronomina ein und übersetze.

1. Plinius in villa ~ est; libertus ~ aeger est.
2. In thermis Quintus et Titus servum vestes ~ custodire iubent.
3. Quintus amicos ~ in Campo Martio convenit. Ludi ~ Publium non delectant.
4. Theophilus magister discipulos ~ virga ferit. Discipuli ~ clamant.
5. Cunctae deae pulchrae sunt; sed Paris controversiam ~ disceptare debet.

thermae, ārum f.: Badeanstalt

virga: Rute

6. Marcus ad T. Pomponium Atticum, amicum ~, scribit. Syrus, servus ~, epistulam ad Pomponium apportare debet. Syrus umbram ~ post se videt et timet.

8 Welche Satzstellen kann das Pronomen *is, ea, id* füllen? Ergänzt euer Satzgliederplakat (s. Lektion 1, 10, S. 14)

9 Wohin führen die Straßen? Suche die Orte im Eigennamenverzeichnis und auf einer Landkarte und nenne die heutigen Städtenamen.

In welcher Gegend könnte eine solche Straßenkreuzung gelegen haben?

Troja und Homer

Troja auf dem Hügel von Hissarlik im Nordwesten der Türkei ist heute eine von Touristen viel besuchte Ruinenstätte. Man steigt durch Geröll, das bei den Ausgrabungen den Abhang heruntergeschüttet wurde, zu Resten von starken und hohen Mauerringen empor. Ein riesiges, aus Holzlatten zusammengebautes Pferd steht bei den freigelegten Ruinen von Mauern und Gebäuden. Der Besucher hat von oben die Aussicht auf die wenige Kilometer entfernten Dardanellen (früher Hellespont genannt), die enge Durchfahrt zwischen Mittelmeer und Schwarzem Meer. Er steht auf dem Boden einer Handelsstadt und Festung aus uralter Zeit, die den schon immer viel befahrenen See- und Handelsweg vom und zum Schwarzen Meer kontrollierte. Troja war bereits im 3. Jahrtausend v. Chr. besiedelt. Zeiten von Macht und Wohlstand wechselten ab mit Perioden der Armut; Erdbeben und Großbrände zerstörten mehrmals Paläste, Wohnungen und Mauern. Die Bürger bauten die Stadt immer wieder auf. Nach 1100 v. Chr. finden sich jedoch keine menschlichen Spuren mehr in Troja. Warum die Stadt verlassen wurde, ist unbekannt. Von Krieg und Zerstörung durch Menschenhand finden sich aus dieser Zeit keine eindeutigen Anzeichen. Erst viel später siedelten Griechen und Römer wieder auf dem Hügel von Troja.

Troja wäre wohl eine Burg neben vielen anderen im Mittelmeerraum geblieben, vielleicht bis heute unentdeckt, wenn die Griechen nicht den Dichter Homer und seine beiden großen Epen (»Romane« in Versform) gehabt hätten: Die *Odyssee*, die von dem Krieger, Seefahrer und Abenteurer Odysseus erzählt, und die *Ilias*, die in über 12 000 Versen von einem »Kampf um Troja« berichtet. Der Eindruck von Homers *Ilias* bewegte im vorigen Jahrhundert den deutschen Kaufmann Heinrich Schliemann, auf eigene Kosten in der Gegend des vermuteten Troja mit Ausgrabungen zu beginnen. Er fand auf dem Hügel von Hissarlik starke Mauern und einen Goldschatz, den er etwas voreilig als »Schatz des Priamos« dem König Priamos von Troja zuordnete, der bei Homer eine Rolle spielt. Andere, mit genaueren wissenschaftlichen Methoden arbeitende Ausgräber folgten. Die überwiegende Meinung heutiger Gelehrter ist, dass der Kampf um Troja Homers dichterischer Phantasie entsprungen ist. Das tut jedoch dem Wert und der Wirkung von Homers Epen keinen Abbruch. Sie sind die ältesten und mit die schönsten Werke der europäischen Literatur, geschrieben in einer ausdrucksvollen Sprache, reich an Ideen, Bildern und Gestalten. Sie wirken in der gesamten europäischen Literatur bis heute nach.

Wie kam es nun zum Krieg um Troja nach der Darstellung Homers und anderer Dichter? Venus hatte ihr Versprechen gehalten und Helena veranlasst, mit Paris nach Troja zu fliehen. Der betrogene Ehemann Menelaus organisierte einen

Rachefeldzug gegen die Trojaner, zu dem er mit seinem Bruder Agamemnon, dem mächtigen Herrscher von Mykene, dem Kriegshelden Achilles, dem klugen Odysseus und vielen anderen Sagenhelden aufbrach. Da die Trojaner Helenas Auslieferung ablehnten, begann die Belagerung und Bestürmung der Festung Troja. Sie dauerte zehn Jahre und endete mit der Zerstörung Trojas, nachdem Odysseus' Kriegslist Erfolg gehabt hatte: Mit anderen griechischen Kriegern hatte er sich in einem riesigen hölzernen Pferd verborgen. Die Trojaner waren veranlasst worden, das Pferd für ein Geschenk an die Götter zu halten und es in die Stadt zu ziehen.

Gewiss, es ist viel von Krieg, Zweikämpfen, Wunden und Tod die Rede in der *Ilias*. Die adligen Ritter, die sich später auf ihren Herrensitzen in Griechenland die Erzählungen Homers von fahrenden Sängern (Rhapsoden) vortragen ließen, wollten sich an den Heldensagen und -taten ihrer kriegerischen Vorfahren erfreuen. Heute lesen wir nicht mehr gern von Krieg und Gewalt. Doch Homer war kein simpler »Kriegsreporter«. Sein Blick richtet sich auch auf die Gefühle und Leiden, die dieser von einigen seiner Helden selbst als »sinnlos« bezeichnete Krieg für Kämpfer, Frauen und Kinder bedeutete. – »Und die Tränen flossen in Strömen von den Wangen« ist einer der letzten Verse der *Ilias*.

Warum gab es wohl immer wieder Kämpfe um die Stadt Troja?

Die Welt der griechischen Sagen.

Das trojanische Pferd, modern. Aufgestellt beim Ausgrabungsgelände von Troja.

Früher und noch früher

Paris Veneri pomum aureum dedit, quamquam Iuno et Minerva ei potestatem et gloriam promiserant.

pōmum aureum: den goldenen Apfel

Graeci irati erant, quod Paris Helenam Troiam abduxerat.

1. Vergleiche die Tempora der Hauptsätze und der Gliedsätze.
2. Beschreibe das Zeitverhältnis der Gliedsätze zu den Hauptsätzen.
3. Woraus setzen sich die Formen des Plusquamperfekts zusammen?

Im Bauch des Pferdes

Idomeneus: Audite! Troiani cantant! – Eos decepimus. Dolus
    bene successit. Cantant, clamant, »victoriam« celebrant.
Ulixes: Tace! Tua magna voce nos prodis! Nondum vicimus!
5 Idomeneus: (*leise*) Nonne gaudere licet? Nos nunc in foro
    Troiae esse puto. – Sed verum dicis; cauti esse debemus.
    Magno in periculo fuimus. Ista Cassandra!
Menelaus: Cassandra!! – Troiani equum in urbem traxerunt,
    quamquam Cassandra iterum iterumque postulaverat:

ista (Nom. Sg. f.): diese (verfluchte)

100

10 »Equum in mare iacite, iacite in mare!« Tum tu, Ulixes, | **mare** (Akk. Sg. n.): Meer
mihi odio fuisti. – Tu et tua prudentia! Te numquam vidisse
cupivi.
Ulixes: Nonne dolus meus vicit? Sed vos, praecipue Achilles
vester, solum armis et robore corporis pugnare in animo
15 habetis.
Idomeneus: Achilles mortuus est, desine ei maledicere,
impie!
Menelaus: Desinite iurgare! Nondum Sino signum dedit,
nondum Troiam expugnavimus …
20 Ulixes: Troiam expugnabimus. Troiani stulti sunt, quod | **expūgnābimus:** wir werden erobern
Sinoni crediderunt. Narravit enim eis nos Graecos Troiam
reliquisse et equum Minervae deae dono dedisse. Addidit
etiam: »Trahite equum Minervae sacrum in urbem
vestram!« Nonne eos optime decepit?
25 Idomeneus: Sinonem audivi, sed cur Troiani nos non audive-
runt? Nonne dolum metuerunt? Equum in urbem trahere
non desierunt, quamquam nos in itinere magno cum
strepitu armorum concideramus doloribusque gemuera- | **strepitū** (Abl.): Lärm
mus…
30 Ulixes: Dei nos adiuverunt! Sed … audio aliquem venire, | **aliquem** (Akk.): jemanden
tacete!
Helena: (*kommt und klopft an das Pferd*) Menelae carissime … | **cārissime:** liebster
Menelaus: Hel… (*Odysseus hält ihm mit der Hand den Mund zu*)
Helena: Nonne me audis, mi Menelae? Mecum veni! Spar-
35 tam, domum nostram, redeamus! Nonne satis caedis et | **redeāmus:** wir wollen zurückkeh-ren
doloris Graecis et Troianis intuli? Desinite pugnare! Nam | **intulī:** ich habe bereitet
ego domum redire parata sum. Paris me dolo rapuit, saepe
dolebam, quod cum eo Troiam abieram. – Cur non respon-
des?
40 Menelaus: Hmmm…
Helena: Num me solam Troiae relinquere vis? – O me mise- | **vīs:** du willst
ram! (*geht weg*) –
Ulixes: Ecce: Sino signum dedit! Portam equi aperite! Venite,
descendite! Is dies Troiae ultimus est!

1 1. Welche Personen und Ereignisse aus dem trojanischen Sagenkreis werden erwähnt?
Ordne diese mit lateinischen Stichworten folgenden Themen zu:

a) Ursache des Trojanischen Krieges   b) Belagerung Trojas   c) Zerstörung Trojas

Kennst du noch weitere Geschichten aus dem trojanischen Sagenkreis, auf die im Text
nicht angespielt wird?

101

2. Welche Charaktereigenschaften des Odysseus zeigen sich im Text? (Für Kenner der Odyssee: Wo zeigt Odysseus diese Eigenschaften auch bei der Heimfahrt?)
3. Welche Rolle spielt Helena in den Texten der Lektionen 13 und 14? Beschreibe ihren Charakter.
4. In welcher Stimmung befindet sich Idomeneus zu Beginn des Textes? Mit welchen sprachlichen Mitteln wird diese Stimmung zum Ausdruck gebracht?

2 Welches Zeitverhältnis besteht jeweils zwischen der Aussage 1 und der Aussage 2? Setze passende Verben im richtigen Tempus ein.

1. (Helena:) Saepe ~ (1), quod cum eo Troiam abieram (2).
2. Iuppiter Discordiam numquam invitavit (1), deam enim non ~ (2).
3. Paris controversiam disceptare ~ (1); nam Iuppiter disceptare non potuerat (2).
4. Paris Helenae montes auri promiserat (1);   **montēs aurī:** Berge von Gold
   Helena ei credere non ~ (2).   = »das Blaue vom Himmel«

3 Schreibe die Tabelle in dein Heft und ergänze die fehlenden Verbformen. In einer Zeile müssen die Verben in derselben Person und demselben Numerus stehen.

Präsens	Imperfekt	Perfekt	Plusquamperfekt
		decepimus	
cantant			
licet			
		fuimus	
		vicit	
			credideramus
		traxerunt	
	audiebam		
initis			
	descendebas		

4 Welche Antwort erwartet der Sprecher auf seine Frage? Antworte auf Lateinisch.

1. Idomeneus: »Nonne gaudere licet?«
2. Ulixes: »Nonne bene eos decepi?«
3. Helena: »Num me solam relinquitis?«
4. Ulixes: »Audivistisne Sinonem Troianos decepisse?«
5. Helena: »Nonne me audis, Menelae?«

5 Welche Satzstellen füllen die schräg gedruckten Wörter jeweils? Gib, wo es möglich ist, auch die semantische Funktion an.

1. *Tua magna voce* nos prodis!
2. Nonne *iram* regis times?
3. Idomeneus *cum Ulixe aliisque* in equo sedebat.
4. In urbem equum traxerunt, *quamquam nos concideramus et doloribus gemueramus.*
5. *Tuum amorem verum esse* non credo.
6. Helena: Paris me *dolo* rapuit.

6 Welche Wörter, die Gliedsätze einleiten, hast du bisher gelernt? Welche semantische Funktion (Sinnrichtung) haben die mit diesen Wörtern eingeleiteten Gliedsätze jeweils?

7 1. Was versteht man unter »Kassandrarufen«?
 2. Die Griechen vor Troja nannten sich »Danaer«. Um was für ein Geschenk handelt es sich wohl, wenn man von einem »Danaergeschenk« spricht?

8 Wie könnten sich die Helden im Bauch des Pferdes die bange Zeit vertrieben haben? Der schlaue Odysseus hatte an alles gedacht und ein (Silben-)Rätsel vorbereitet.

1. Aut nihil aut de feminis pulchris cogitat.
2. Gloriam aeternam promittit.
3. Fides eius firma non est.
4. Achilli in pugnis deest.   **dēesse:** fehlen
5. Equos non amat.
6. Cum intrat, sermones laeti esse desinunt.

> A – A – CAS – COR –
> DEN – DI – DIS – DRA –
> HE – LE – MI – NA –
> NER – PA – PRU – RIS –
> SAN – TI – VA

Odysseus und die Odyssee

Auch das zweite große Epos, das den Namen des Dichters Homer trägt, ist etwa im 8. Jh. v. Chr. entstanden und nach langer mündlicher Überlieferung im 6. Jh. v. Chr. aufgezeichnet worden. Anders als die *Ilias* erzählt die *Odyssee* nicht von den großen Helden einer ritterlichen Zeit und von ihren Kämpfen, sondern von den Abenteuern und Irrfahrten des Odysseus, des Königs von Ithaca, einer Insel im Westen Griechenlands. Überhaupt finden wir in der *Odyssee* eine erweiterte geographische Kenntnis des Mittelmeergebietes: Die Zeit kündigt sich an, in der die Griechen Kolonien vor allem auf Sizilien und in Süditalien gründeten.

Auf der Heimfahrt von Troja, das durch die List des Odysseus erobert worden ist, muss der Held 10 Jahre umherirren – die Götter wollen es so –, besteht viele gefährliche Abenteuer und verliert alle Gefährten. Im Schicksal des Menschen Odysseus erkannten die Griechen viel von ihrem eigenen Dasein: Stets in Gefahr, von stärkeren Gewalten vernichtet zu werden, und doch mit trotzigem Mut - so ist Odysseus der schlaue, immer Rat wissende Mensch, der alle Nöte und Gefahren mit Verstand und Klugheit besteht und sich selbst treu bleibt. Der Lohn ist die Heimkehr des Helden zu seiner treuen Frau Penelope und zu seinem inzwischen erwachsenen Sohn Telemachus. Bei dieser Heimkehr werden auch einfache Menschen mit viel Liebe geschildert, so der treue Hirte Eumaios oder Eurykleia, die alte Amme des Odysseus; ja sogar dem alten Jagdhund des Helden widmet der Dichter eine rührende Szene des Wiedersehens.

Kunstvoll knüpft Homer die einzelnen Fäden der Erzählung, liebevoll schildert er die Einzelheiten. Die Suche des Sohnes nach dem Vater und die Darstellung der beiden letzten Stationen auf der Irrfahrt des Odysseus münden schließlich in das Zusammentreffen der beiden in der Heimat, wo Odysseus sein Haus angefüllt findet mit jungen Adligen, die seine Frau zu neuer Heirat drängen und es sich derweil auf Kosten des tot geglaubten Hausherrn gut gehen lassen. Als Bettler kommt der Held, zunächst unerkannt, heim und wird wieder zum Herrscher – furchtbar ist seine Rache!

Mitten in diesen Fäden der fortschreitenden Handlung berichtet der Held selbst von seinen Abenteuern: Am Königshof der Phäaken, die den Schiffbrüchigen gastlich aufgenommen haben, gibt sich Odysseus zu erkennen; gespannt lauschen alle seinen Worten. Da findet sich viel »Seemannsgarn«, wie man es in den Hafenkneipen rund um das Mittelmeer erzählte, und auch viel Märchenhaftes: Auf Sizilien hat der einäugige Riese, der Kyklop, die Verirrten tödlich bedroht; Odysseus blendet ihn und nun verfolgt ihn der Zorn des Meeresgottes Poseidon, des Vaters des Riesen, aber die Göttin Athene steht dem Odysseus bei. Beim Volk der Lotosesser sammeln die Seefahrer Erfahrungen mit Drogen, die die Heimat vergessen machen. Die Sirenen locken mit ihrem Gesang die Seeleute an, um sie dann zu verderben. Skylla, ein hundsköpfiges Ungeheuer, und Charybdis, ein Strudel in der Meerenge von Messina, spiegeln reale Erfahrungen auf gefährlichen Reisen. Ganz zauberhaft ist die Begegnung mit der Hexe Kirke (Circe) auf einer fernen Insel. Die Gefährten gehen an Land, um die Insel zu erkunden, aber sie kommen nicht zurück; Odysseus sucht sie und findet eine phantastische Höhle, in der die schöne Hexe lebt und seine Männer in Schweine verwandelt hat. Aber der Götterbote Hermes hatte dem Odysseus ein Kraut als Gegengift geschenkt. Als Kirke auch Odysseus verzaubern will, kann er sich retten; Kirke schwört, ihm nichts zu tun, und verwandelt die Gefährten zurück in Menschen. Ein Jahr lang bleibt Odysseus bei der »zauberhaften« Kirke.

Odysseus bietet Polyphemus Wein an. Fußbodenmosaik, um 310 n. Chr. Piazza Armerina (Sizilien), Kaiservilla.

Aeneas und Dido

Graeci Troiam expugnaverant et incenderant.
Aeneas, filius Anchisae Troiani et Veneris deae,
ubi primum urbem ardere vidit, cum Anchisa patre, Iulo filio
5 paucisque sociis Troia effugit.
Dei autem Troianis in Italia patriam novam dare constituerant. Aeneas sociique eius, postquam longos errores et
multa pericula magna virtute superaverunt, denique orae Italiae appropinquaverunt.
10 Iam finem errorum ante oculos habebant, iam gaudebant,
cum subito magna tempestas coorta est
et multas naves delevit.

Aegre Troiani naves ad Africam appulerunt,
ubi Dido regina regnabat.
15 Ea Troianos naufragos amicissime accepit.
Postquam audivit Troiam deletam esse,
»Urbem novam, hospites«, inquit, »aedificare coepi.
Si Carthago, urbs nova, vobis placet,
nobiscum in Africa manere vobis licet.«

20 Troiani aliquamdiu Carthagine vivebant et
nova patria valde contenti erant.
Dido Aeneam amabat, Aeneas Didonem amabat.
Urbi novae consulebant, erant laeti beatique.

Aliquando autem Mercurius, nuntius deorum, Aeneam adiit:
25 »Dei irati sunt, Aenea!
Cur tam diu in Africa manes?
Cur non in Italia patriam novam quaesivisti,
ut dei iusserant?
An ignoras Iovem genti tuae regnum Italiae
30 – quin etiam regnum orbis terrarum – promisisse?
Relinque Carthaginem, relinque Didonem!«

Aeneas, quamquam maestus erat,
quod ei Carthagine manere non licebat,
tamen paruit et Africam reliquit.
35 Ne Dido quidem eum retinere potuerat.

Dido, postquam Troianos altum petivisse vidit,
magna voce clamavit:

coorta est: erhob sich

appulērunt: sie lenkten

naufragus: schiffbrüchig; der Schiffbrüchige

amīcissimē: sehr freundlich

dēlētus: zerstört

coepī: ich habe angefangen

aliquamdiū: eine Zeit lang

altum petere: in See stechen

Dido und Aeneas in Karthago. Gemälde von Claude Lorrain (1600–1682).

»Nonne ego te, Aenea, et tuos,
cum naufragi ad oram nostram appulsi eratis,   **appulsī erātis:** ihr
40 amicissime accepi?   wart gestrandet
Nonne vos hospitio meo usi estis?   **ūsī estis** m. Abl.:
Nonne te me amare iterum atque iterum dicebas?   ihr habt… genossen
Nonne ego te ex animo amabam?
Cur, infide, me reliquisti?
45 Ingratus es et falsus!«   **sibi mortem cōn-**
Tum Dido sibi mortem conscivit.   **scīvit:** sie nahm
Troiani autem in Italia novam patriam invenerunt.   sich das Leben

1 1. Lies den Text und achte dabei auf die Namen. Welche Informationen findest du im Text
über die Personen? Welche Ortsangaben enthält der Text? Beschreibe die »Reise-
route«.
2. Beachte die Satzanfänge und die Konjunktionen, die die Gliedsätze einleiten: An welchen Stellen im Text beginnt etwas Neues, an welchen geschieht etwas Unerwartetes?
Warum wechselt nach Zeile 23 das Tempus?
3. Gliedere den Text in einzelne Abschnitte und gib jedem eine Überschrift.

4. »Dei autem Troianis in Italia patriam novam dare constituerant.« (Zeile 6/7)
   Verfolge im weiteren Verlauf des Textes, wie sich dieser Beschluss der Götter auswirkt.
5. Zeige am Text, wie sich das Gefühl des Zorns in der sprachlichen Form widerspiegelt.
6. Dido begeht am Ende Selbstmord. Wer ist »schuld« an ihrem Tod? Begründe deine Meinung.
7. Betrachte das Bild S. 107: Wie setzt der Maler die Erzählung um? Beschreibe den Palast der Dido, die Personen, Karthago …

2 Lege in deinem Heft eine Tabelle nach folgendem Muster an.
   Untersuche alle Gliedsätze des Textes und trage deine Ergebnisse in die Tabelle ein.

Zeile	Einleitende Konjunktion	Satzstelle, syntaktische Funktion des Gliedsatzes	Semantische Funktion (Sinnrichtung) des Gliedsatzes

3 Ergänzt euer Satzgliederplakat (s. Lektion 1, 10, S. 14).

4 Paris Helenam amat, *quamquam* mulier pulcherrima est. ??

Der Satz ergibt doch keinen Sinn – !

Schreibe die folgenden Sätze in dein Heft; ergänze eine passende Konjunktion (oft gibt es mehrere Möglichkeiten) und übersetze.

1. Troiani, ~ Graecos domum redisse credunt, »victoriam« celebrant.
2. Ulixes, ~ Troiani cantabant et clamabant, dolum suum vicisse dixit.
3. Graeci equum reliquerunt, ~ Sino signum dedit.

4. Troiani portam urbis equo aperuerunt, ~ Cassandra postulaverat: »Equum in mare iacite!«
5. Graeci diu in equo sedebant, ~ Helena venit.
6. ~ Vergilius narrat, Aeneas Troiam cum patre filioque reliquit.
7. ~ Helena Paridem amat, eum convenire non potest.
8. Paris Helenam amat, ~ mulier pulcherrima est.

5 Sammle aus dem Text Wörter, die zum Sachfeld »Gefühle« gehören. Fallen dir außerdem noch weitere lateinische Wörter aus diesem Sachfeld ein?

6 Du hast jetzt schon über 500 Wörter gelernt; mit wenigen Steinchen (Präfixen und Suffixen) aus dem Baukasten kannst du diesen Wortschatz schnell erweitern.

1. fidus – treu	*in*fidus – *un*treu, treu*los*	2. vincere – siegen	vic*tor* – Sieger
Du kennst:	*Was heißt dann:*	*Du kennst:*	*Was heißt dann:*
cautus	incautus	administrare	administrator
dignus	indignus	arare	arator
doctus	indoctus	emere	emptor
amicus	inimicus	legere	lector
firmus	infirmus	prodere	proditor
impius	pius	rapere	raptor
prudentia	imprudentia	spectare	spectator
ingratus	gratus		

3. Von welchen lateinischen Verben lassen sich folgende Fremdwörter ableiten und was bedeuten sie?
   Traktor, (Sonnen)kollektor, Doktor, Faktor, Invasor

Aeneas und Vergil

Unter den Kriegern, die in Homers *Ilias* die Stadt Troja verteidigten, war auch Aeneas. Besonders zeichnete ihn nach Homers Bericht seine göttliche Abstammung aus: Sein Vater war der Trojaner Anchises, seine Mutter die Göttin Venus. Wie die Sage weiter erzählt, gelang es ihm, nach dem Fall Trojas mit seinem Sohn Iulus aus der Stadt zu entkommen. Er rettete das hölzerne Standbild der Schutzgöttin Athene *(palladion)* und trug auf der Flucht seinen alten, gelähmten Vater auf den Schultern. Einen solchen vorbildlichen Einsatz für die Heiligtümer und für die Eltern bezeichneten die Römer später mit dem Wort *pius* (etwa: pflichtgetreu, gottesfürchtig). Und so, *pius Aeneas*, nennt ihn auch der römische Dichter Vergil (71–19 v. Chr.) in seinem großen Aeneas-Epos, der *Aenëis*.

Schon früh gab es nämlich bei den Römern eine Sage, durch die sie mit den Flüchtlingen aus Troja in Verbindung gebracht wurden. Der Held Aeneas sei mit seinen Gefährten nach langen Irrfahrten und nach vergeblichen Versuchen, in einem Land an der Küste des Mittelmeeres sesshaft zu werden, schließlich in Latium gelandet, um dort mit Hilfe der Götter eine endgültige Heimat zu finden. Zu seinen späteren Nachkommen habe auch Romulus, der erste »Römer«, gezählt. In Rom war es das Adelsgeschlecht der Iulier, das über die Namensähnlichkeit mit Aeneas' Sohn Iulus eine Verbindung zum trojanischen Helden Aeneas und zu dessen göttlicher Mutter Venus suchte. Der Diktator C. Iulius Caesar wies in Münzprägungen auf seine göttliche Urahne hin; sein Adoptivsohn, der Kaiser Augustus, benutzte die Aeneasgeschichte, um seine Macht auch aus der Sagenüberlieferung zu begründen und um den Römern nach langen Bürgerkriegen und Zerstörungen wieder Mut und Vertrauen in die alte Kraft Roms einzuflößen.

Augustus sammelte begabte Künstler und Dichter um sich, förderte sie und ermunterte sie, ihre Kunst für seine politischen Ziele einzusetzen. Vergils *Aenëis* berichtet nach Homers Vorbild von den Irrfahrten und dem Schicksal des Aeneas bis zur glücklichen Landung und Staatsgründung in Latium. Immer wieder lässt Vergil durchklingen, dass es die Götter und Iuppiter selbst sind, die Aeneas und seine römischen Nachkommen beschützen und anleiten, für die zukünftige Größe Roms zu arbeiten und zu leiden. Das *imperium Romanum*, zwar durch Kriege und unter großen menschlichen Leiden entstanden, habe nun unter Augustus' Herrschaft den Auftrag, der Menschheit Frieden, Gerechtigkeit und Glück zu bringen und dadurch seine Macht zu sichern. Iuppiter verheißt im Epos: »Einst wird ein Caesar Augustus aus edlem trojanischen Geschlecht geboren werden; ich habe ihm ein Reich ohne Grenzen versprochen; dann werden die Tore des Krieges geschlossen werden.«

Seine Erzählkunst, die Schönheit und Ausdruckskraft seiner Sprache und die Menschlichkeit seiner Gesinnung machten Vergil sowohl im Altertum als auch im Mittelalter zu einem der beliebtesten lateinischen Dichter. Man nennt ihn den »Vater des Abendlandes«.

Aeneas trägt seinen gelähmten Vater Anchises aus dem brennenden Troja. Der Junge ist Iulus, Aeneas' Sohn. Statuengruppe von G. L. Bernini, entstanden um 1620.

Welche Eigenschaft des Aeneas wird hier hervorgehoben?

Text 1 Eine böse Verletzung des Gastrechts

Urbs Roma a Romulo muro firmo munita erat.
Mox etiam alii a Romulo in civitatem novam vocati sunt.
Multi venerunt, quod in urbe et liberis et servis,
5 quin etiam in ius vocatis, asylum a Romulo apertum erat.

Iam urbs crescebat, sed penuria mulierum spes diuturnitatis
novo populo non erat. Nam finitimi conubium, quamquam
Romulus id saepe petebat, negabant.

Itaque Romulus dolum paravit:
10 Finitimos ad ludos equestres, Neptuno sacros, invitavit.
Multi e populo Sabinorum cum liberis atque uxoribus
Romam convenerunt et, postquam a Romanis salutati sunt,
per novam urbem ducti sunt.

Ubi ludorum tempus venit et cuncti ad spectaculum conve-
15 nerunt, signum a Romulo datum est: A viris Romanis raptae
sunt virgines Sabinorum. –

Sabini irati domum fugerunt bellumque Romanis paraverunt.

in iūs vocātī:
gerichtlich Ver-
folgte
asȳlum: Asyl
pēnūriā: aus Man-
gel
diūturnitās, tātis
f.: hier: Überleben
cōnūbium: Heirat
lūdī equestrēs:
Pferderennen

Text 2 Wird das gut ausgehen?

Romulus Sabinas iustum in matrimonium duci iussit curavit-
que. Romani uxoribus suis vitam iucundam praebebant.
Ita et ira Sabinarum et desiderium parentum paulatim minue-
5 batur. Sed iterum atque iterum Sabini a parentibus virginum
Sabinarum ad bellum incitabantur.
Denique Romae inter Palatium et Capitolium acies instruun-
tur. Dum Romani cum Sabinis pugnant, una e Sabinis, nunc
uxor Romana, aliis mulieribus Sabinis:

10   „Valde ego terreor", inquit, „vano eo bello.
      Nonne etiam vos curis vexamini?
      Nos raptas esse verum est, sed amamur a maritis.
      Sollicitatur animus meus et desiderio parentum et amore mariti.
      Ea caedes, id bellum a nobis feminis finiri debet!" –

**iūstum in mātri-
mōnium dūcere:**
nach römischem
Recht heiraten

Raub der Sabinerinnen. Gemälde von Pietro da Cortona, 1629.

15 Vincitur timor, mulieres inter viros armatos currere audent.
Dirimuntur acies, dirimuntur arma, dirimuntur irae.
Mulieres hinc patres, hinc maritos orant,
nonnullae etiam liberos modo natos monstrant clamantque:

 „Si conubii piget, parentes, in nos vertite iras!
20 Nam nos causa belli sumus.
 Si movebaris, pater, quod rapta tibi erat filia,
 nonne nunc moveris lacrimis nepotis,
 nonne moveris lacrimis matris?"

Et movetur turba saeva verbis mulierum. Pugna finitur. –
25 Postea non solum pacem, sed etiam unam civitatem fecerunt
Romani Sabinique.

hinc ... hinc: einerseits ... andererseits

modo nātus: neugeboren

cōnūbiī piget: die Heirat gefällt nicht

nepōs, nepōtis: Enkelkind

1 1. Lies Text 1, Zeile 1–8, und suche nach Ausdrücken, die etwas über die Entwicklung Roms aussagen.
2. Auf welche inhaltlichen Zusammenhänge weisen dabei die Satzverknüpfungen (Konnektoren) hin?
3. Weshalb verwendet der Erzähler in Text 1 ab Zeile 9 nur das Perfekt?
4. »A viris Romanis raptae sunt virgines Sabinorum« (Text 1, Zeile 15/16): Was drückt die Satzstellung aus?

113

2 1. Welche Gründe führen dazu, dass nach der groben Verletzung des Gastrechts dennoch ein versöhnliches Ende zustande kommt? Zitiere lateinisch die Motive, die die Frauen bewegen.

2. a) Welche Wirkung hat die Rede der Sabinerin (Text 2, Zeile 10–14)?
   b) Durch welche stilistischen Mittel wird diese Wirkung noch unterstrichen?

3. Stell dir vor, du müsstest ein Geschichtsbuch schreiben. Welche der oben geschilderten Ereignisse würdest du als geschichtliche Fakten in das Buch aufnehmen, welche eher dem Bereich der Sage zuordnen? Welche Aussagen über die Anfänge Roms enthält dein Geschichtsbuch?

3 Erkläre die Wahl der Tempora im ersten Abschnitt von Text 2: Weshalb steht im ersten Satz das Perfekt, weshalb folgt in den nächsten Sätzen das Imperfekt, weshalb wechselt der Erzähler in Zeile 7/8 plötzlich ins Präsens?

4 Zeichne eine Tabelle nach folgendem Muster in dein Heft und ordne alle passivischen Formen aus Text 1 ein. Verwandle sie auch in die anderen Tempora; behalte Person und Numerus bei. Bilde auch die Infinitive Präsens und Perfekt Passiv.

Präsens	Imperfekt	Perfekt	Plusquam-perfekt	Inf. Präs. Pass.	Inf. Perf. Pass
munitur	muniebatur	munita est	*munita erat*	muniri	munitum esse

5 Vergleiche die folgenden Übersetzungen der Zeilen 21–23 des Textes 2 *(Si movebaris… matris)* mit dem lateinischen Original. Wie werden die passivischen Formen übersetzt? Wie werden in der Übersetzung die stilistischen Besonderheiten berücksichtigt?

– Wenn du, Vater, erschreckt wurdest, weil dir deine Tochter geraubt worden war, wirst du etwa jetzt nicht durch die Tränen deines Enkelkindes gerührt, wirst du nicht durch die Tränen der Mutter gerührt?

– Wenn du, Vater, aufgebracht warst, weil dir die Tochter geraubt worden war, lässt du dich etwa jetzt nicht von den Tränen deines Enkelkindes, nicht von den Tränen der Mutter rühren?

– Wenn du, Vater, dich hast erschrecken lassen, weil man dir die Tochter geraubt hatte, rühren dich jetzt gewiss die Tränen deines Enkelkindes, gewiss die Tränen der Mutter.

6 Suche mehrere Übersetzungsmöglichkeiten für folgende passivische Sätze.

1. Pugna finitur.
2. Bellum a feminis finiri debet.
3. Non finiebatur bellum.
4. Sabini a parentibus ad bellum incitabantur.
5. Turba verbis mulierum movetur.
6. Animus meus sollicitatur.

114

7 Wir lassen die Geschichte aus Text 1 den Historiker Livius erzählen. Schreibe ab, ergänze die fehlenden Endungen und Wörter und übersetze.

1. Livius narrat urb~ Rom~ a Romulo firmo muro munit~ esse.
2. Livius narrat mox etiam ali~ in civitatem novam vocat~ esse.
3. Livius narrat mult~ homines ven~.
4. Livius narrat asyl~ et liberis et servis a Romulo apert~~.
5. Livius narrat iam civitat~ Roman~ magn~~, sed penuria mulierum spe~ diuturnitatis novo populo non~.
6. Livius narrat Romul~ conubium saepe a finitimis pet~, sed id negat~~.

asȳlum: Asyl

pēnūriā: aus Mangel

diūturnitās, tātis f.: hier: Überleben

cōnūbium: Heirat

8 Die Sätze in den Lektionstexten werden länger; manchmal kann es helfen, sich vor der Übersetzung anhand eines Schemas einen Überblick über den Aufbau eines langen Satzes zu verschaffen. Z. B. folgendermaßen (Beispiel Text 2, Zeile 21–23):

Hauptsatz	Gliedsatz 1. Ordnung	Gliedsatz 2. Ordnung
	Si movebaris, pater,	
nonne nunc moveris lacrimis nepotis, nonne moveris lacrimis matris?		quod rapta tibi erat filia,

Fertige für alle Sätze aus Text 1 und Text 2, die Gliedsätze enthalten, ein solches Schema an.

Mädchen mit Wachstafel und Griffel. Wandgemälde aus Pompeji, Mitte 1. Jh. n. Chr.

115

Ehe und Stellung der Ehefrau in Rom

Auch in Rom war die Ehe gesetzlich geregelt. Bereits bei der Familiengründung durch den sagenhaften »Raub der Sabinerinnen« spielen rechtliche Begriffe, wie *conubium* und *iustum matrimonium*, eine Rolle. *Conubium* bedeutet das Recht, überhaupt eine Ehe miteinander eingehen zu dürfen. Zwischen römischen Bürgern oder Bürgerinnen und Ausländern bestand es zunächst nicht. Es musste, wie die Sabinerinnengeschichte zeigt, erst vertraglich mit den Nachbarvölkern vereinbart werden. Ursprünglich bestanden sogar Eheschranken zwischen den verschiedenen Schichten der römischen Bürger. Die reichen Patrizier wollten »unter sich« bleiben und verweigerten den Plebejern anfangs das *conubium* (s. Text »Ständekämpfe«, S. 123/124). Der Grund für dieses Verhalten lag unter anderem darin, dass eine römische Ehe viel mit Eigentum und Vermögen, also mit Sachwerten, zu tun hatte und weniger mit den Gefühlen der Eheleute zueinander.

Zu einem *iustum matrimonium* gehörte in der Regel ein Ehevertrag, der die Mitgift (Geld oder Sachwerte wie Grundbesitz, die die Braut mit in die Ehe einbrachte) regelte. Die Mitgift blieb Eigentum der Frau, das heißt ihrer Familie; der Ehemann verwaltete sie nur und musste sie im Falle einer Scheidung wieder herausgeben, was einen gewissen Schutz der Ehefrau gegen leichtfertige Trennung bedeutete. Eine Ehescheidung war jedoch jederzeit möglich, im gegenseitigen Einverständnis oder nach einseitiger Willenserklärung des Mannes. In älterer Zeit war sie jedoch selten.

Das gesetzliche Mindestalter für die Ehe war zwölf Jahre für die Braut und die Volljährigkeit (etwa 16 Jahre) für den Bräutigam. Dass Mädchen noch als halbe Kinder und ungefragt von ihren Eltern verheiratet wurden, war nicht selten. Die römische Hausfrau *(matrona)* hatte trotz ihrer rechtlichen Abhängigkeit vom Ehemann eine angesehene Stellung im Hause. Schon Romulus hatte, wie die Sage berichtet, den in die Ehe gezwungenen Sabinerinnen ihre Lage schmackhaft zu machen versucht, indem er sie von allen »sklavischen« Hausarbeiten, wie Getreide mahlen und Essen kochen, befreite. Nur die Arbeit am Spinnrad und Webstuhl, die Erziehung der Kinder und die Beaufsichtigung des Hauspersonals im oft recht großen häuslichen Wirtschaftsbetrieb waren angemessene Tätigkeiten für die *domina*; so wurde sie nämlich auch von den Kindern und vom Ehemann angeredet. Der 1. März war in Rom »Muttertag«; an ihm wurde die Mutter von ihrer Familie beglückwünscht und beschenkt. Ihr Leben war nicht wie in Griechenland auf das Haus beschränkt. Sie durfte – in anständiger Begleitung, etwa durch eine ältere Sklavin – ausgehen, zum Gottesdienst, zum Theater, zum Besuch von Freundinnen. Wein zu trinken galt jedoch als unschicklich – für Frauen.

Teilansicht eines Sarkophags, Mitte 2. Jh. n. Chr. Louvre. © Photo RMN-Chuzeville.

Beschreibe die hier dargestellten Personen und charakterisiere sie.

117

Seit dem 1. Jh. v. Chr. lockerten sich in Rom die alten strengen Familiensitten. Klagen über leichtfertige Ehescheidungen, häufige Wiederverheiratungen und Vernachlässigung der Kindererziehung gehörten jetzt zu den Standardthemen der Geschichtsschreiber und Dichter. Kaiser Augustus suchte durch Ehegesetze, wie Bestrafung von Ehebruch, Geldbußen für unverheiratete oder kinderlose Erwachsene und Belohnungen für Kinderreichtum, die Männer und Frauen der römischen Oberschicht wieder zum Leben nach den guten alten Sitten zu zwingen. Der einfache Bürger, vor allem in den Provinzen des Reiches, scheint jedoch von dem »Sittenverfall« wenig betroffen gewesen zu sein. Auf Grabsteinen dort finden sich auch Zeugnisse von lebenslanger herzlicher Zuneigung der Eheleute.

Vergleiche dieses Bild mit dem auf S. 115. Versuche, dir das Leben der beiden Frauen vorzustellen.

Frauenstatue aus Pompeji.

Sage
oder Wirklichkeit?

Den Inhalt der folgenden Geschichte kennt ihr längst; ihr werdet sie leicht übersetzen können. Dennoch wird euch die Verwendung des Partizips Perfekt Passiv auffallen.

Urbs Roma a Romulo muro firmo munita paulatim crescebat. Mox etiam multi alii a Romulo vocati in urbem novam venerunt. Sed solum viri venerant; mulieres a Romulo saepe
5 invitatae Romam venire nolebant.
Tandem Romulus penuria mulierum coactus dolum paravit. Sabini finitimi a Romanis invitati cum liberis atque uxoribus Romam ad ludos convenerunt et a Romanis salutati per urbem ducti sunt. Ubi ludorum tempus venit, Romani
10 signum constitutum exspectabant. Tum a viris Romanis raptae sunt virgines Sabinorum.

[handschriftliche Randnotizen:]
pc
etiam → auch
nōlēbant: sie wollten nicht
pēnūriā: aus Mangel
cogere → zwingen
tandem → schließlich
paravit → bereitete
ubi → sobald
Tum → damals, darauf

MAX: Was ist denn eigentlich dran an all den Geschichten von Romulus, den Sabinerinnen und Tarquinius? Die sind doch alle erfunden – oder?
LEHRERIN: Sie sind wohl nicht in dem Sinne »wahr«, dass man glauben kann, sie seien wirklich so geschehen. Aber etwas Wahres ist sicher dran: Nämlich, dass die Königszeit um 510 v. Chr. durch die Republik abgelöst wurde.
MAX: Haben die Römer in der alten Zeit nichts aufgeschrieben, auf Steintafeln oder so? Die Schrift war doch längst erfunden.
LEHRERIN: Die ältesten schriftlichen Zeugnisse, die wir kennen, sind Grabsteine und die so genannten *Zwölftafelgesetze* um 450 v. Chr. Diese regelten das Zusammenleben der Bürger untereinander, z. B. wenn sich Nachbarn über Ackerwege oder Grenzen ihrer Grundstücke stritten, wenn Straftaten wie Diebstahl und Mord vor Gericht verhandelt wurden. Auf der Tafel III der Zwölftafelgesetze wurde festgelegt, wie mit Schuldnern, die ihren Verpflichtungen nicht nachkamen, zu verfahren sei. Was dieses Gesetz bestimmte und welche Folgen es für einen Schuldner haben konnte, zeigt folgende Geschichte, die sich auf einem kleinen Bauernhof in der Nähe Roms um 440 v. Chr. ereignet haben könnte.

Ein unerbittlicher Gläubiger

Lucius: (*intrat*) Camilla! Bovem in foro vendidi.

Camilla: (*territa*) Esne vesanus? Quo modo agrum aremus?

Lucius: Id nescio. – Sed pecuniam Aulo reddere debeo.
5   Timore Auli commotus bovem vendidi. An
Aulum mihi manum inicere et me in ius ducere
mavis? Quis me in ius ductum a compedibus vindicare potest?

Camilla: (*ira incensa*) Aulus patricius homo improbus est.
10   Patricii nos perdunt.

Lucius: Non solum patricii, sed etiam bellum nos perdit.

Camilla: Verum dicis. Id bellum est causa miseriae nostrae.
Nonne beati fueramus? Sed subito bellum fuit.
Tu miles eras, ego sola domi relicta cum liberis
15   totum diem laborabam, sola agrum bove arabam,
rem nostram me sine auxilio tuo servare posse
putabam. At tempestas cuncta delevit. (*flet*)

Lucius: Quamquam vita mea magno in periculo fuerat,
quamquam id bellum non ab equitibus, sed a
20   peditibus, a nobis, feliciter finitum erat, in patria
a nobis servata nos non bene accepti sumus. – Frumentum, non gloria, nobis deest.

Camilla: Et nunc …

Aulus: (*subito intrat*) Salvete! Habetisne pecuniam a me
25   mutuam datam?

               (*Lucius ei pecuniam dat*)

Aulus: Num solum partem pecuniae mihi das?

Lucius: Cuncta, quae habeo, tibi dedi. Mox reliquam partem reddam.

30 Aulus: (*clamat*) Mox? – Finita est clementia mea! Cras te
in ius ducam! (*abit*)

               (*Lucius domo exit*)

Camilla: (*vocat*) Quo is, Luci?

Lucius: Ad patrem tuum eo. Non mea sponte, sed miseria
35   nostra et crudelitate Auli coactus auxilium a
patre tuo petam. Eum me non diligere scio. Sed
fortasse tuae salutis causa nos adiuvabit.

arēmus: wir sollen pflügen

manum inicere (m. Dat.): (jdn.) verhaften

māvīs: du willst lieber

compēs, compedis f.: Fußfessel

mūtuum dare: leihen

quae: hier: was

reddam: 1. Pers. Sg. Fut. 1 von reddere

dūcam: 1. Pers. Sg. Fut. 1 von dūcere

petam: 1. Pers. Sg. Fut. 1 von petere

adiuvābit: 3. Pers. Sg. Fut. 1 von adiuvāre

120

Dies droht dem Lucius, falls er seine Schulden nicht bezahlen kann.

Bronzeplakette, wie sie manche Sklaven ständig um den Hals trugen. Die Inschrift lautet: »Ich, Asellus, Sklave des Praeiectus, eines Beamten im Amt für Getreideversorgung, habe mich aus dem Bezirk innerhalb der Mauern entfernt. Halte mich fest, da ich entflohen bin. Führe mich zurück zum Tempel der Flora bei den Friseuren.«
3.–4. Jh. n. Chr.

1 1. Welche Ausdrücke im Text sagen etwas über die Situation der Familie aus?
  2. Welche Ursachen für die schwierige Lage werden genannt?
  3. Was droht der Familie?
  4. Versetze dich in die Lage der *liberi* und erzähle die Geschichte aus deren Sicht.

2 1. Stelle aus dem Text ein Sachfeld zum Thema »Landleben« zusammen.
  2. Welche Formulierungen entstammen der Gerichtssprache und könnten in den Zwölf-tafelgesetzen gestanden haben?

3 Übersetze. Gib jeweils an, wie der Sachverhalt lateinisch ausgedrückt ist.

  1. a) Lucius bovem vendidit, quod Aulum timebat.
    b) Lucius timore Auli commotus bovem vendidit.
    c) Lucius bovem vendidit; nam Aulum timebat.

  2. a) In patria non bene accepti sumus, quamquam a nobis servata est.
    b) Patria a nobis servata est. Tamen non bene accepti sumus.
    c) In patria a nobis servata non bene accepti sumus.

  3. a) Urbs Roma muro firmo munita paulatim crescebat.
    b) Urbs Roma muro firmo munita est; tum paulatim crescebat.
    c) Urbs Roma, postquam muro firmo munita est, paulatim crescebat.

4 Überlege, welche Wörter als Einleitung für den Haupt- bzw. Gliedsatz am besten passen. Welche Sinnrichtung (Semantik) hat also jeweils das Partizip in a)?

1. a) Sabini a Romanis salutati per urbem novam ducti sunt.
   b) Sabini, ~ a Romanis salutati sunt, per urbem novam ducti sunt.
   c) Sabini a Romanis salutati sunt; ~ per urbem ducti sunt.

2. a) Troiani dolo Graecorum victi portam urbis aperuerunt.
   b) Troiani portam urbis aperuerunt, ~ dolo Graecorum victi sunt.
   c) Troiani dolo Graecorum victi sunt. ~ portam urbis aperuerunt.

3. (*im Bauch des Pferdes*)
   a) Menelaus amore incitatus verbis Helenae non respondit, quod Troianos timebat.
   b) Menelaus, ~ amore incitatus erat, verbis Helenae non respondit, quod Troianos timebat.
   c) Menelaus amore Helenae incitatus est; ~ verbis eius non respondit, quod Troianos timebat.

5 Versuche, die Partizipien in Aufgabe 3 und Aufgabe 4 auch jeweils mit einem Substantiv mit Präposition zu übersetzen.

6 Fertige für den langen Satz *Quamquam ... sumus* (Zeile 18–21) ein Satzbild an nach dem Schema, das du in Lektion 16, Aufgabe 8 kennen gelernt hast. Inwiefern zeigen der Aufbau des Satzes und die verwendeten Stilmittel die Empörung und Verzweiflung des Lucius?

7 Zorn – Liebe – Hass – Hoffnung – Angst – Freude: Welches Gefühl treibt die Menschen zu welchen Handlungen? Bilde sinnvolle Sätze aus den linken und rechten Satzhälften.

odio incitatus	Aeneas Carthaginem reliquit	
miseria coactus	Sabini bellum paraverunt	
ira incensi	Helena Menelaum vocabat	
amore inflammata	Lucius a patre Camillae pecuniam petivit	**inflammāta:**
ira Iovis commotus	Amulius filios fratris necavit	entflammt
spe pacis incitati	Troiani victoriam celebrant	

8 Von welchen lateinischen Wörtern lassen sich folgende Fremd- oder Lehnwörter ableiten?

total – spontan – manuell – negativ – Justiz – minus – Motivation – Exil – sozial – Sozialismus – ignorieren – parieren – falsch

Silbermünze aus der Zeit um 100 v. Chr. Sie bezieht sich auf das Recht des römischen Bürgers, vor der Volksversammlung gegen ein Todesurteil Berufung einzulegen (*provocare*: Berufung einlegen).

Ständekämpfe

Die Römer selbst nannten 753 v. Chr. als Gründungsjahr ihrer Stadt. Romulus und seine Nachfolger aus etruskischem Adel herrschten als Könige in dem Bauernstaat der Latiner am Tiberfluss. Viele Einflüsse aus dem Etruskervolk, das nördlich von Latium in der heutigen Toskana wohnte, sind in der römischen Religion und in den Staatsämtern erkennbar.

Das Leben im ältesten Rom wurde nach einem Gewohnheitsrecht gestaltet, das von den Land besitzenden Patriziern ausgeübt wurde. Nach dem Sturz des letzten römischen Königs Tarquinius (510 v. Chr.) bildete sich allmählich eine freiheitliche Verfassung heraus. Das verlief nicht immer friedlich, denn alte Vorrechte aufzugeben fällt nicht leicht. Schließlich aber galt die neue Ordnung sowohl für die Angehörigen der alten Familien, die Patrizier, als auch für die Masse der von ihnen abhängigen Kleinbauern, Handwerker und Lohnarbeiter, die Plebejer. Römische Bürger waren sie ja alle. In den Kämpfen, die die junge Republik nach 510 v. Chr. mit ihren Nachbarn austragen musste, standen auch die Plebejer treu zu ihrem Staat, aber sie erkannten dabei auch ihren Wert und verlangten ihre Rechte. Die allgemeine Wehrpflicht scheint sehr zur Herausbildung eines Staatsbewusstseins beigetragen zu haben. Die Plebejer schufen sich in eigenen Versammlungen eigene plebejische Beamte als Vertreter ihrer Sache, die Volkstribunen. Nach heftigen Auseinandersetzungen wurden diese Sprecher der *plebs* von den patrizischen Spitzenbeamten (zuerst hießen sie *praetores*, dann *consules*) und vom Senat, der patrizischen Standesvertretung, anerkannt und galten als unverletzlich.

Die Plebejer strebten vor allem danach, dass Gesetz und Recht persönlicher Willkür entzogen wurden. Feste Regeln des Rechts sollten in geschriebenen Gesetzen niedergelegt werden. Eine Kommission von zehn Männern wurde eingesetzt. Um 450 v. Chr. wurden die Rechtssatzungen auf zwölf bronzenen Tafeln veröffentlicht (Zwölftafelgesetze). Auf sie konnte sich nun jeder Römer berufen. Damit war die zivil- und strafrechtliche Gleichstellung der Plebejer mit den Patriziern erreicht.

Auch die soziale Gleichstellung bahnte sich an: Die Ehegemeinschaft *(ius conubii)* zwischen Plebejern und Patriziern wurde möglich. Im 4. Jh. v. Chr. errichtete man der *Concordia*, der Eintracht, einen Tempel, um auf die Aussöhnung zwischen den Ständen hinzuweisen. Die Wertschätzung eines Bürgers richtete sich nun nicht mehr nur nach Besitz und Familientradition. Die Leistungen eines *civis Romanus* eröffneten etwa ab 350 v. Chr. auch tüchtigen Männern aus plebejischen Familien den Zugang zu hohen Staatsämtern; ab 300 v. Chr. konnten Plebejer Priester werden, die ja auch gesellschaftlichen Einfluss hatten und nach ihrer Amtszeit in den Senat aufgenommen wurden. Natürlich erreichte das nicht die große Masse der Plebejer. Die meisten blieben als *clientes* von patrizischen *patroni* abhängig, die für ihr Wohl zu sorgen hatten. Aber wer zu Amt und Würden gekommen war, bildete nun zusammen mit dem alten Adel einen neuen Amtsadel *(nobilitas)*, der die römische Politik trug. In der vorsichtigen Öffnung der Ämter für fähige Plebejer lag wohl einer der Gründe für den politischen Erfolg der Römer, die am Ende des 2. Jh. v. Chr. die einzige Großmacht am Mittelmeer waren.

Die Zwölftafelgesetze. Eine der rekonstruierten Bronzetafeln mit Bestimmungen zum Schuldrecht. Nachzeichnung.

Übersetzung:
Wenn jemand seine Schulden eingestanden hat und wenn die Sache vor Gericht ordnungsgemäß entschieden wurde, hat der Schuldner 30 Tage Zahlungsfrist. Dann soll der Gläubiger ihn festnehmen und noch einmal vor Gericht führen.

Wenn er dann nicht das bezahlt, wozu er verurteilt wurde, und wenn niemand vor Gericht für ihn bürgt, soll der Gläubiger ihn mit sich (nach Hause) führen. Er soll ihn mit einem Strick fesseln oder mit Fußgewichten von 15 Pfund (anketten), nicht mehr oder wenn der Gläubiger will, soll er weniger Gewicht nehmen.

Wenn der Schuldner will, kann er auf eigene Kosten verpflegt werden. Wenn er nicht auf eigene Kosten verpflegt wird, soll der, der ihn gefangen hält, ihm ein Pfund Getreide jeden Tag geben. Wenn der Gläubiger will, kann er ihm mehr geben. Am dritten Markttag (d. h. nach 27 Tagen) sollen die Gläubiger ihre Anteile schneiden. Wenn jemand mehr oder weniger abschneidet (als sein Anteil ist), soll das kein Rechtsverstoß sein.

AERIS · CONFESSI · REBVSQVE · IVRE · IV
DICATIS · XXX · DIES · IVSTI · SVNTO
POST · DEINDE · MANVS · INIECTIO · ESTO
IN · IVS · DVCITO
NI · IVDICATVM · FACIT · AVT · QVIS · ENDO
EO · IN · IVRE · VINDICIT · SECVM · DVCITO
VINCITO · AVT · NERVO · AVT · COMPEDIBVS
XV · PONDO · NE · MAIORE · AVT · SI · VOLET
MINORE · VINCITO

SI · VOLET · SVO · VIVITO · NI · SVO · VIVIT
QVI · EVM · VINCTVM · HABEBIT · LIBRAS
FARRIS · ENDO · DIES · DATO · SI · VOLET · PLVS
DATO

TERTIIS · NVNDINIS · PARTIS · SECANTO · SI
PLVS · MINVSVE · SECVERVNT · SE · FRAV
DE · ESTO

124

Pachtzahlung. Grabrelief aus Neumagen, 3. Jh. n. Chr.

Pachtzahlung. Relief vom Zirkusdenkmal in Neumagen, 2.–3. Jh. n. Chr.

Beschreibe die Bilder. Vergleiche sie mit dem Lektionstext.

125

Die römische Republik und ihre Führungsschicht

ANNA: Republik und Führungsschicht – passt das überhaupt zusammen?

CHRISTIAN: In Rom wohl schon, nachdem die Ständekämpfe ja mit einem Kompromiss geendet hatten: Mehr Freiheitsrechte für das Volk und Mitbestimmung in Gesetzgebung und Wahlen, aber die alte Adelsschicht bestimmte weiterhin den Kurs in der Politik.

LEHRERIN: Diese Inschrift hat man auf einem Steinsarg gefunden. Der früher darin beigesetzte Mann war 298 v. Chr. Konsul. Versucht herauszubekommen, wie sich die Leute, die die Inschrift verfasst haben, einen vorbildlichen Staatsmann vorstellten.

MAX: Komisches Latein. Aber stellenweise kommt man dahinter, was gemeint ist. *Barbatus* heißt doch »bärtig« – hatten die Römer Bärte?

LEHRERIN: In älterer Zeit trugen Römer wie Griechen Bärte. Erst seit Alexander dem Großen rasierten sich viele Griechen; die Römer machten es ihnen später nach.

HÜLYA: Der Mann muss Cornelius Lucius Scipio geheißen haben – nein: Lucius Cornelius Scipio, weil ja Lucius der Vorname ist.

CHRISTIAN: Was heißt *gnaivod* und *prognatus*?

LEHRERIN: Nimm nur *natus* – geboren / Sohn von.

ANNA: Dann gehört wahrscheinlich *gnaivod* zu *patre* – und muss wie *patre* Ablativ sein. – Schrieb man damals vielleicht *Gnaeo* so?

LEHRERIN: Ja.

HÜLYA: Dann also: Sohn des Gnaeus, ein tapferer und kluger Mann.

CHRISTIAN: Also wohl kein kopfloser Draufgänger; eher ein General, der die meisten seiner Leute heil aus dem Krieg wieder heimbrachte. – Recht ungewöhnlich.

ANNA: Mit dem *quoius* und dem *parisuma* komme ich nicht zurecht.

LEHRERIN: *quoius* heißt »dessen«, *parisuma* »sehr gleich«.

HÜLYA: Dessen Gestalt war der männlichen Tüchtigkeit sehr gleich – also: Gestalt und männliche Tüchtigkeit beide erstklassig. Dein Traumbild von Mann, nicht wahr, Anna?

ANNA: Ganz sicher, Hülya.

CHRISTIAN: Und außerdem war er Konsul, Zensor, Aedil »bei euch Römern«. Er hat Städte in Samnium und Lucania erobert. Ganz schön weit weg von Rom – fast am Fuß des Stiefels.

ANNA: Und dann steht da noch *opsides abdoucit* – er hat also Geiseln genommen und weggeschleppt.

MAX: Dafür kriegt man heute Gefängnis. Scipio wird dafür noch gerühmt.

LEHRERIN: Damals bedeutete »Geiseln nehmen« nicht ganz dasselbe wie heute. Bei einem Friedensschluss ließen sich die Römer Angehörige der Oberschicht des Gegners ausliefern. Diese mussten sozusagen als Pfand für die Vertragstreue ihres Volkes in Obhut ihrer römischen Standesgenossen in Rom bleiben. Dass man sie misshandelte oder gar umbrachte, davon wird nichts berichtet.

Welche Vorstellung hatte man in der Oberschicht von einem »idealen Römer«?

Im Zweiten Punischen Krieg, den die Römer gegen die Großmacht Karthago führten, standen römische Truppen in Spanien, dem Einflussbereich der Karthager, dem Feind gegenüber. Im Jahre 212 v. Chr. erlitten die Römer dort zwei Niederlagen, in denen die Feldherrn Cn. Cornelius Scipio und sein Bruder P. Cornelius Scipio fielen.

Ein so junger Heerführer?

Non desperaverunt senatores, sed novum ducem in Hispaniam mitti eis placuit. Itaque comitia indicta sunt, in quibus populus virum tanto imperio dignum eligere debebat.

5 Civitas morte Scipionum territa maesta in Campum Martium convenit. Diu exspectabantur nomina candidatorum. Sed nemo principum periculosum id imperium petere audebat, cum subito P. Cornelius Scipio, Publii filius, eius, qui in Hispania ceciderat, quattuor et viginti annos natus se id impe-
10 rium petere dixit.

Ex silentio, quod verba eius sequitur, audiuntur voces variae civium, qui rem disputant.

Calvus: Publius Cornelius, is cui imperium mandare vultis, admodum iuvenis est. Virum eligere debemus, quocum
15 milites nostri cuncta pericula, quae imminent, superare possunt.

Lucius: Certe Scipio iuvenis est, sed e gente Cornelia ortus est, ex ea gente, cuius viri boni et strenui rem Romanam multis iam e periculis servaverunt.

20 Calvus: Num e gente Cornelia dicis? – Nonne audivisti eos Scipiones, qui tam diu civitati nostrae ut domini imperant, more Graeco vitam agere amicitiasque cum Graeculis quibusdam colere? An putas eos viros mores maiorum, quibus stat res Romana, servare posse? Fidem non habeo iis homi-
25 nibus, quorum mores alieni sunt a nostris.

Lucius: Artes scientiamque aliorum populorum, etiam Graecorum, cognoscere semper prodest. Ego quidem fidem habeo genti Corneliae. Ii Cornelii rei publicae non modo victorias paraverunt, quae iis honori sunt, sed etiam glo-
30 riam, quam tu quoque amas, Calve.

Calvus: Sed Scipiones in Hispania magnas clades acceperunt et occisi sunt, Luci.

Lucius: Qui imperium petit periculosum, quamquam pater et patruus ceciderunt, veram virtutem Romanam praestat.

candidātus: Kandidat

sequitur (m. Akk.): (er, sie, es) folgt (m. Dat.)

vultis: ihr wollt

admodum (Adv.): allzu

gens Cornelia: eine berühmte röm. Adelsfamilie

ortus est: er entstammt

Graeculus: »Griechlein« (verächtliche Bezeichnung der nach Ansicht mancher Römer verweichlichten Griechen)

patruus: Onkel

35 Publium Cornelium iuvenem mox eas clades, quas nunc
deploramus, virtute expiaturum esse scio.
Dei populo Romano favent.
Publius Cornelius Carthaginem vincet.

expiātūrum esse: *übersetze*: dass ... wieder gutmachen wird

vincet: er wird besiegen

Nachdem die Volksversammlung 211 v. Chr. Scipio das Kommando übertragen hatte, verdrängte er die Karthager aus Spanien. 205 v. Chr. wird er zum Konsul gewählt und setzt 204 nach Nordafrika über. Dadurch zwingt er Hannibal, der noch mit seinem Heer in Italien steht, zum Schutz der Stadt Karthago nach Afrika zurückzukehren. Scipio siegt 202 v. Chr. über Hannibal in der Schlacht bei Zama in Afrika. Man nennt ihn deshalb »Scipio Africanus«.

1 1. Welche Argumente für und welche gegen die Wahl Scipios werden genannt? Zitiere die lateinischen Begriffe.

für *(pro)*	gegen *(contra)*

2. Beide Sprecher gebrauchen das gleiche Argument, der eine, um für die Wahl, der andere, um dagegen zu sprechen. Nenne dieses Argument und erläutere die unterschiedlichen Sichtweisen des Calvus und des Lucius.
3. Beschreibe anhand des Textes die Lebensweise derjenigen Römer, von denen man sagte, sie würden *more Graeco* leben. Was versteht dagegen Calvus wohl unter der Lebensweise der Römer, die ihr Leben nach den *mores maiorum* ausrichten?
4. Mit welchen rhetorischen Mitteln versuchen Calvus und Lucius jeweils den anderen zu überzeugen?

2 Suche im Text alle Relativpronomina und ihre Beziehungswörter. Welche Satzstelle füllt der Relativsatz in Zeile 33?

3 Übersetze (aus dem Brief Helenas an Paris, Lektion 13).

1. Nonne iram regis Lacedaemoniorum times,
qui te hospitem accepit,
qui tibi regnum monstravit,
quocum cenavisti,
cuius hospitio usus es?

ūsus es m. Abl.: du hast ... genossen

2. Nunc Menelaum, qui Spartam negotiorum causa reliquit, decipere in animo habes?

129

3. Qui hospites decipit, eius verba vana sunt.

4. Viri, quibus memoria mala est, semper montes auri promittunt.

montēs aurī: Berge von Gold = »das Blaue vom Himmel«

5. Epistulam tibi per Aethram, cuius fides firma est, misi.

4 Ergänze ein passendes Relativpronomen und übersetze. Ob du das richtige Pronomen eingesetzt hast, kannst du selbst überprüfen: Nimm von den gewählten Pronomina folgende Buchstaben und schreibe sie hintereinander:

1. Satz: vierter Buchstabe
2. Satz: dritter Buchstabe
3. Satz: letzter Buchstabe
4. Satz: zweiter Buchstabe
5. Satz: zweiter Buchstabe
6. Satz sechster Buchstabe

Dazwischen muss noch ein – *l* – ergänzt werden: ~ ~ ~ ~ *l* ~ ~

Es ergibt sich der Name einer berühmten Persönlichkeit der römischen Geschichte.

1. Graeci, ⌇⌇ dux Ulixes fuit, signum Sinonis exspectaverunt.
2. Troiani, ⌇⌇ Graeci deceperant, »victoriam« celebraverunt.
3. Iuno et Minerva, ⌇⌇ ira magna erat, in bello Graecos adiuverunt.
4. Sino, ⌇⌇ Troiani crediderant, Graecis signum dedit.
5. Cassandra Troianos equum, ⌇⌇ in urbem trahebant, in mare iacere iussit.

mare (Akk. Sg. n.): Meer

6. Helena Paridi et sociis eius, ⌇⌇ cum Troiam abierat, saepe maledicebat.

5 Nur nicht verwirren lassen!

Schreibe in dein Heft jeweils den lateinischen Ausdruck (linker Kasten) und die passende Übersetzung (aus dem rechten Kasten).

ea, quae	ei, cui
eas, quae	eum, quem
id, quod	eam, quam
eae, quas	eos, qui
eas, quas	ii, qui
eae, quae	

das, was	die, die
die, die	den, den
das, was	die, die
die, die	dem, dem
die, die	die, die
die, die	

6 Bilde nach folgendem Muster aus zwei Sätzen einen, indem du den ersten Satz als Relativsatz in den zweiten einbaust.

Romani *Sabinis* vitam iucundam praebebant. Ira *Sabinarum,* ~~~, paulatim minuebatur.

Ira *Sabinarum, quibus* Romani vitam iucundam praebebant, paulatim minuebatur.

1. Lucius pecuniam *Aulo* reddere debet. Lucius timore *Auli,* ~~~, bovem vendit.
2. *Camilla* sola domi relicta est. *Camilla,* ~~~, cum liberis totum diem laborabat.
3. *Bellum* fuit causa miseriae Lucii et Camillae. In eo *bello,* ~~~, vita Lucii magno in periculo fuerat.
4. *Aulus* clementiam suam finitam esse clamavit. Lucius *Aulo,* ~~~, partem pecuniae dedit.
5. *Lucius et Camilla* beati fuerunt. Nunc vita *Lucii et Camillae,* ~~~, misera est.

7 Was könnten folgende lateinische Sprichwörter bedeuten? Ordne ihnen einen passenden deutschen Satz bzw. ein passendes deutsches Sprichwort zu.

1. Quae dixi, dixi.
2. Vae victis!   **vae:** wehe
3. Amicus amico.
4. Alea iacta est.   **ālea:** Würfel
5. *Ein Tyrann sagt:* Aut Caesar aut nihil.
6. Cui bono?   **meminit:** er erinnert sich
7. Cui dolet, meminit.
8. Cuius regio, eius religio.   **regiō** (Nom. Sg. f.): Gebiet
9. Cui honorem, honorem.

                                                 religiō (Nom. Sg. f.): Religion, Glaube

a) Der Landesfürst bestimmt die Religion seiner Untertanen.
b) Ehre, wem Ehre gebührt.
c) Alles oder Nichts!
d) Ein Mann, ein Wort.
e) Beschlossen ist beschlossen.
f) Wem nützt's?
g) Der Sieger hat das Sagen.
h) Alle für einen, einer für alle.
i) Ein gebranntes Kind scheut das Feuer.

Mark Aurel, römischer Kaiser
161–180 n. Chr., im Triumphwagen.
Marmorrelief.

Römischer Triumph; römisches Selbstverständnis

Bei den Römern waren Politik, gesellschaftliches Leben und Religion mehr als bei uns miteinander verflochten. Das zeigte sich bei vielen Anlässen. So versprach etwa ein römischer Feldherr vor Beginn eines Feldzuges den zuständigen Göttern, meist dem Gott Iuppiter, Dank, wenn sie sein Unternehmen mit ihrem Wohlwollen unterstützten. Die Römer glaubten sogar, ein Recht auf die Hilfe der Götter zu haben, wenn es sich bei einem Krieg nach ihrem Verständnis um ein *iustum bellum* handelte. Ein Krieg galt als »gerecht«, wenn man ihn zur eigenen Verteidigung unternehmen musste oder wenn man in ihm bedrohte Bundesgenossen (*socii et amici populi Romani*) unterstützte und wenn man ihn formgerecht erklärt hatte.

Nach einem siegreichen Krieg löste der erfolgreiche Feldherr sein Versprechen gegenüber den Göttern ein, und wenn es sich nach allgemeiner Ansicht um einen vollständigen Sieg mit Erweiterung des *imperium Romanum* gehandelt hatte, wurde der Dank an die Götter in Form eines Triumphzuges dargebracht. Dieser Triumph war zugleich eine Sieges- und eine Reinigungsfeier, bei der das notwendig gewesene Blutvergießen gesühnt wurde.

Von der Stadtgrenze bewegte sich der Festzug über das Marsfeld am Tiberufer entlang und auf der Via Sacra über das Forum Romanum hinauf zum Tempel des

Titusbogen auf dem Forum Romanum. Er erinnert an den Sieg des Titus über die Juden und an die Eroberung Jerusalems 70 n. Chr.

Kennst du ähnliche Bauwerke aus neuerer Zeit?

Iuppiter auf dem Kapitol (s. Skizze S. 135). Dabei durchschritt der Festzug auch einen Triumphbogen aus Holz, ein Symbol des Stadttores. Diese Triumphbögen wurden in der Kaiserzeit aus Stein errichtet wie der Titusbogen auf dem Forum Romanum.

Auf eine Gruppe, die den Sieg auf mitgetragenen Tafeln verkündete und die Gefangenen und die Beutestücke mit sich führte, folgte die Gruppe mit dem Triumphator. Vor ihm schritten die *lictores*, Gerichtsbeamte mit lorbeerumwundenen *fasces* (Rutenbündel mit Beil). Der Feldherr selbst stand auf einem vierspännigen Kampfwagen (*quadriga*). Sein Gesicht war mit Mennige gerötet, sodass er für diesen Tag dem Bild des Gottes im Iuppitertempel glich. Hinter ihm stand ein Sklave, der ihm ständig sagte: »*Respice post te! Hominem te esse memento!*« (»Schau hinter dich! Bedenke, dass du nur ein Mensch bist!«) Als dritte Abteilung folgten die Soldaten; sie sangen Lob- und Spottlieder auf den Feldherrn. Auch das hatte den Zweck, den Stolz des Triumphators nicht übermäßig groß werden zu lassen. Auf dem Kapitol opferte er dem Iuppiter Optimus Maximus, weihte ihm ein Beutestück und löste so seine Versprechen ein. Nun wussten alle, dass sie sich im Einklang mit dem göttlichen Willen befanden.

In der Zeit der Republik entwickelte sich – sowohl in den führenden Familien als auch allgemein im römischen Volk – das Bewusstsein, dass das korrekte Verhalten gegenüber den Göttern zu den politischen Erfolgen wesentlich beigetragen habe und dass die Römer durch göttlichen Willen zur führenden politischen Macht berufen worden seien. Was uns als menschlicher Imperialismus erscheint, war für die Römer die Erfüllung übermenschlichen Wollens. Aus der Zeit der Auseinandersetzung mit den Staaten und Völkern des Mittelmeerraumes haben wir – neben den Grabinschriften etwa der *gens Cornelia* – nur wenige schriftliche Zeugnisse. Erst in der Zeit um Christi Geburt, als sich die Republik zum Prinzipat der frühen Kaiserzeit wandelte, stellten Schriftsteller und Dichter dieses römische Selbstverständnis dar. So sah der Dichter Vergil (s. Text »Aeneas und Vergil«, S. 110), ein Freund des Kaisers Augustus, in dem Schicksal des Trojaners Aeneas den Beginn von Roms Größe und Bedeutung; er lässt seinen Helden bei einer Fahrt in die Unterwelt die prophetischen Worte hören:

Excudent alii spirantia mollius aera –
credo equidem – vivos ducent de marmore vultus;
orabunt causas melius caelique meatus
describent radio et surgentia sidera dicent:
tu regere imperio populos, Romane, memento –
hae tibi erunt artes – pacique imponere morem,
parcere subiectis et debellare superbos.

Andere mögen Bilder aus Erz wie lebend formen –
ich gebe es ja zu – oder lebendige Gesichter aus Marmor.
Sollen sie bessere Reden halten vor Gericht, sollen sie die Bahnen des Himmels beschreiben oder den Lauf der Gestirne künden!
Du, Römer, regiere die Völker mit deiner Macht – denke daran! –,
das werden deine Künste sein. Gib dem Frieden seine Ordnung,
schone die Unterworfenen, aber ringe die Überheblichen nieder!

So fühlten sich die Römer – die die Leistungen anderer Völker, wie etwa der Griechen, durchaus anerkannten – guten Gewissens dazu berufen, die Zukunft aller Menschen in ihrem Herrschaftsbereich nach ihrem Recht zu gestalten.

134

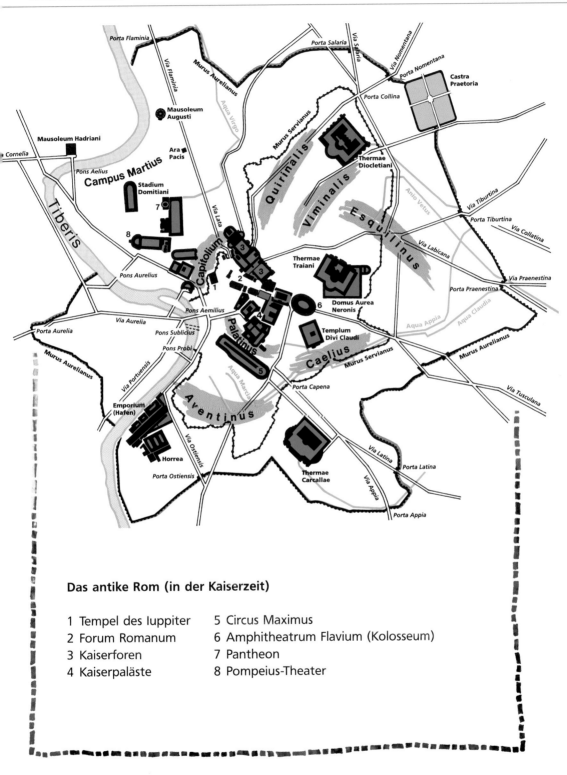

Das antike Rom (in der Kaiserzeit)

1 Tempel des Iuppiter
2 Forum Romanum
3 Kaiserforen
4 Kaiserpaläste
5 Circus Maximus
6 Amphitheatrum Flavium (Kolosseum)
7 Pantheon
8 Pompeius-Theater

135

Ein Jahrhundert sozialer Konflikte in Rom

CHRISTIAN: Ich lese da immer »geschichtliche Aufgabe der Römer«: *pax, fides, concordia*: in Ruhe leben, auf die Friedfertigkeit der Nachbarn und auf die Gerechtigkeit der Regierung vertrauen können. – Hört sich ja gut an. Haben die Römer das damals denn wirklich geschafft?

LEHRERIN: Ein englischer Historiker hat einmal die 150 Jahre nach Augustus als die bislang glücklichste Zeit der europäischen Menschheit bezeichnet.

ANNA: Und worin bestand dieses »Glück«, außer dass die Menschen von Britannien bis Ägypten den Römern gehorchen durften?

LEHRERIN: Fast vier Menschenalter lang so gut wie keine blutigen Auseinandersetzungen im Inneren, von Britannien bis Ägypten; Kriege selten und nur an den äußeren Grenzen; sicherer Verkehr und Handel im ganzen Imperium und eine im Vergleich zu vorher ordentliche Verwaltung.

ANNA: Gut, das ist nicht wenig; man ist ja bescheiden geworden in den zweitausend Jahren seitdem.

HÜLYA: Aber wenn die römische Oberschicht so klug und diszipliniert war, wie wir es eben gelesen haben, wie kommt es dann, dass in den 150 Jahren *vor* Augustus ständig Mord und Totschlag zwischen römischen Bürgern herrschte?

CHRISTIAN: Klug und diszipliniert waren sie wohl nur, solange sie noch starke äußere Gegner hatten, gegen die sie sich behaupten mussten. Der alte Cato, der knauserige Gutsbesitzer, der den Großgrundbesitzern empfahl, kranke Sklaven zu verkaufen, hat das recht früh erkannt und versucht, seinen Standesgenossen ins Gewissen zu reden. Aber geholfen hat es nicht viel.

LEHRERIN: Ja, das stimmt. Nachdem Rom seine letzten großen Gegner wie Makedonien und Karthago besiegt hatte, zerbrach die mühsam durch Kompromisse erreichte *concordia* zwischen den Plebejern, also den Bauern und Handwerkern, und den adligen Senatoren. Mit der Beute aus den Eroberungszügen kauften die reichen Politiker und Militärs in Italien die Äcker der verarmten Bauern auf, denen dann nur noch übrig blieb, als Erwerbslose in die Großstadt Rom zu ziehen.

MAX: Aber konnten diese Leute dann noch im Krieg für Rom kämpfen? Als Legionssoldaten, die ihre Ausrüstung selber stellen mussten? Solche Leute wurden bei den dauernden Kriegen der Römer doch dringend gebraucht.

LEHRERIN: Diese Soldaten fehlten jetzt, und das machte einige Leute aus der alten Führungsschicht nachdenklich, zum Beispiel Tiberius Sempronius Gracchus. Seine Mutter war eine Tochter des Scipio Africanus, des Siegers über Hannibal.

Tiberius Gracchus spricht

Quirites!
Nuper per Italiam iter feci:
Ibi multa praedia deserta, nonnullos agros incultos esse vidi.
5 Sed vidi etiam latifundia florentissima,
in quibus numerus ingens servorum laborabat …

Quam diu servi alieni agros vestros colent?
Quam diu sedes vestrae a dominis alienis habitabuntur?
Bestiae, quae in Italia sunt, sedes latebrasque suas habent,
10 sed vos, qui pro patria pugnavistis, praediis vestris expulsi
cum uxoribus liberisque per Italiam erratis.
Vos tandem Romam convenistis, quod auxilium quaerebatis.
Vos autem senatoribus patriciisque curae non estis, non eratis,
non eritis.
15 Nam senator vel patricius semper solas res suas curat, curabat,
curabit.
Quam diu hanc vitam indignam tolerabitis?
Quam diu fame vexabimini?

florentissimus: überaus blühend

ingēns (Nom. Sg. m.): riesig

latebrae, ārum f.: Schlupfwinkel

hanc (Akk. Sg. f.): »dieses«

137

Quam diu uxores liberique vestri rebus necessariis carebunt?
20 Nonne eos miseros esse videtis?
Num eos semper miseros futuros esse vultis?   **vultis:** ihr wollt
Num eos dominis alienis servituros esse vultis,
quod alio modo vivere non poterunt?

Mihi credite: Is, cui cuncta sunt, semper plus cupiet.
25 Avaritia divitum numquam finietur, vos vexare numquam
desinet.   **agrārius:** Acker-
Itaque lege agraria nova nobis opus est.   **hāc** (Abl. Sg. f.):
Hac lege ii, qui milites patriam suam defenderint,   »durch dieses«
praemia sua obtinebunt: **dēfenderint:** sie
                                                                    haben verteidigt
30 agros, quibus alentur,
sedes, quas cum uxoribus atque liberis securi habitabunt.

Itaque vos oro atque obsecro:
Tribunum plebis create me, Tiberium Sempronium
Gracchum!
35 Ego tribunus vobis et rebus vestris consulam,
ego vobis auxilio veniam, ego res vestras curabo:
Vita, quae vobis nunc miseriae atque labori est,
vacua erit cunctis curis.
Agros vobis reddam. Domum redibitis.   **haec** (Nom. Sg. f.):
40 Uxores atque liberi securi vivere poterunt.   »dieses«
Reddam vobis libertatem, honorem, dignitatem.
Haec denique vita erit digna viro Romano.

MAX: Und wie ging Tiberius vor, nachdem er gewählt worden war?

LEHRERIN: Zunächst streng nach Recht und Gesetz. Sein Ackergesetz, das er
133 v. Chr. dem Volk zur Abstimmung vorlegte, verlangte von den Großgrundbesitzern nur die Rückgabe von Staatsland, das ihnen oder ihren Vorfahren aus
der Kriegsbeute zur Nutzung, aber nicht als Eigentum überlassen worden war.

HÜLYA: Und das war schon eine Zumutung für Leute wie Cato.

LEHRERIN: Der war schon gestorben; aber abgesehen von einigen Senatoren, die
sich wie Tiberius Sorgen um die Zukunft des römischen Staates machten, stellten sich alle im Senat gegen ihn.

CHRISTIAN: Mir fällt auf, dass der Reformer Tiberius nur die guten alten Zeiten
wiederherstellen will: Der wackere Kleinbauer inmitten gut genährter Ehefrau, einer Masse Nachkommen und zwei Haussklaven mit Familienanschluss;
seine Waffen hängen, blank geputzt für den nächsten Ausmarsch, über dem

138

Herd. Das ist doch Nostalgie und Romantik, keine Grundlage für eine Welt-macht, die Rom nun einmal war, ob sie es sein wollte oder nicht. Abgesehen davon: Wie wollten diese Leute mit ihrer einen Kuh konkurrieren mit den Großplantagen im ganzen Mittelmeerraum?

HÜLYA: Aber in Rom ging es ihnen noch schlechter. Dort waren sie arbeitslos und mussten um eine Handvoll Korn für ihre Kinder betteln gehen.

ANNA: Was machten denn die Gegner des Tiberius im Senat?

139

LEHRERIN: Sie bewahrten zunächst kühlen Kopf und verließen sich darauf, dass die römische Verfassung die Macht eines einzelnen Beamten einschränkte. Jeder Beamte war nur für ein Jahr im Amt und hatte gleichberechtigte Kollegen, die »Veto!«, »ich verbiete«, sagen konnten. Und das tat auch ein anderer Volkstribun, als das Gesetz dem Volk zur Abstimmung vorgelegt werden sollte.

ANNA: Da hätten also alle Reformer bis zum nächsten Jahr nach Hause gehen müssen.

LEHRERIN: Eigentlich ja, aber Tiberius Gracchus tat etwas, das ihm bei vielen Bürgern die Sympathien kostete: Er ließ seinen störenden Kollegen durch Volksbeschluss absetzen.

HÜLYA: Ein Volkstribun war doch unantastbar.

LEHRERIN: Allerdings, doch Tiberius, selber Volkstribun, setzte sich darüber hinweg. – Das Gesetz wurde vom Volk beschlossen und der Senat wartete auf das Ende seiner Amtszeit.

CHRISTIAN: Danach war Tiberius nämlich wieder einfacher Bürger und konnte sich auf Anklage wegen Verfassungsbruchs gefasst machen.

LEHRERIN: Das wusste er natürlich auch selber. Um seine Haut zu retten, verlangte er nun vom Volk die unmittelbar an seine Amtszeit anschließende Wiederwahl.

MAX: Das war wohl der zweite Verfassungsbruch.

LEHRERIN: Bei dieser Wahl kam es zu chaotischen Tumulten, in denen Senatoren, mit Stuhlbeinen bewaffnet, Tiberius und 300 seiner Anhänger erschlugen und in den Tiber warfen.

MAX: Und wie ging es weiter?

LEHRERIN: So, wie es 133 v. Chr. angefangen hatte: Blutige Auseinandersetzungen in der Innenstadt Roms, wo sich früher kein Bewaffneter aufhalten durfte, waren die nächsten 100 Jahre an der Tagesordnung. Die Namen Marius, Sulla, Caesar, Octavian/Augustus füllen die Geschichtsbücher. Augustus endlich gelang es nach blutigem Bürgerkrieg, Ruhe und Frieden zu schaffen; er wurde dafür wie ein Gott verehrt.

ANNA: Aber die römischen Bürger zahlten dafür einen Preis: ihre Freiheit.

1 1. Lies den lateinischen Text: An welchem Punkt wird deutlich, dass es sich um eine Wahlrede handelt? Wie baut Tiberius also seine Rede auf?
   2. Mit welchen rhetorischen Mitteln versucht er, seine Hörer zu überzeugen?

2 1. Zitiere lateinisch die Formulierungen, mit denen Tiberius das gegenwärtige Leben der meisten Römer beschreibt. Welche Formulierungen wählt er dagegen, um das Leben der Reichen zu schildern?

   2. In welchen Sätzen spricht Tiberius von der Zukunft?

   3. Vor welche Alternative stellt er seine Hörer?

3 Wie könnte Tiberius die Rede vorgetragen haben? Lies den Text lateinisch laut der Klasse vor und versuche, durch Gesten und Betonung zu überzeugen.

4 Ordne alle Futurformen aus dem Text nach Konjugationen; zeichne folgende Tabelle in dein Heft und trage die Formen ein:

a-Konj.	e-Konj.	kons. Konj	kons. Konj. mit i-Erweiterung	i-Konj.	esse	posse	ire

Formuliere eine Regel für die Bildung des Futurs: Für welche Konjugationen kann das »Merkwort« bo – bi – bu, für welche Konjugationen das Merkwort »am e e e e e rika« eine Hilfe sein?

5 Lucius äußert im Text von Lektion 17 gegenüber Camilla seine Befürchtungen über das, was Aulus tun wird.
Schreibe die Verbformen mit den richtigen Endungen in dein Heft.

Lucius: Cras pecuniam Aulo reddere debe~. Sed solum partem ei reddere pot~. Scio Aulum mihi manum iniect~ esse. Quis me a compedibus vindicare pot ~ ? Sed ad patrem tuum i~. Non mea sponte, sed miseria coactus a patre tuo auxilium pet~.
Camilla: Meae salutis causa patrem nos adiut~ esse scio.

manum inicere (m. Dat.): (jdn.) verhaften

compēs, pedis f.: Fußfessel

6 Setze die Reihe fort, indem du von den in Klammern stehenden Verben die passende Form bildest.

1. facio, vici, laborabo, erro, quaesivi, curabo, (vexare), (capere), (videre), (esse), (posse), (abire)
2. trahitur, portabuntur, missus est, decipitur, legentur, petitus est, (delere), (diligere), (capere), (dare), (agere), (exponere)
3. agi, audiri, exiturum esse, rapi, veniri, dicturum esse, (adiuvare), (diligere), (agere), (vincere), (timere), (trahere)

7 Bei längeren Sätzen hilft es oft, darauf zu achten, ob Satzabschnitte parallel konstruiert sind oder ob Begriffe gegenübergestellt werden. Z. B. Zeile 9–11:

HS	GS	
Bestiae	quae …	
sedes latebrasque suas habent		**latebrae:** Schlupfwinkel
sed vos		
	qui …	
… cum uxoribus liberisque per Italiam erratis.		

Schreibe ebenso zu dem Satz Zeile 27–30 ein Satzschema und beschreibe den Aufbau des Satzes.

8

Der gehört doch nicht in die Reihe! Begründe, warum nicht.

1. magister – mercator – discipulus – puella – scribere – tabula – legere
2. sacerdos – deus – orare – pastor – sacer – dea
3. transcendam – vivam – succedam – accipiam – iam – ducam – descendam
4. patria – oratio – curia – pater – populus – senator – socius – controversia

Im 1. Jh. v. Chr. war es zur üblen Gewohnheit geworden, dass römische Provinzstatthalter in ihren Provinzen nicht nur die dem Staat zustehenden Steuern eintrieben, sondern sich darüber hinaus am Eigentum der Provinzbewohner bereicherten und sich überhaupt über Gesetz und Recht hinwegsetzten. Als diese Korruption unerträglich wurde, errichtete der Senat in Rom Gerichtshöfe, vor denen die ausgeplünderten Provinzbewohner gegen den Statthalter klagen konnten, um ihr Eigentum zurückzubekommen. Diese Klage war aber erst nach Ablauf seiner Amtszeit möglich.
Auf Sizilien hatte der Propraetor C. Verres in den Jahren 73–71 v. Chr. besonders schlimm sein Amt missbraucht. Gegen ihn erhob im Auftrag der Sizilianer im Jahre 70 v. Chr. der junge Anwalt M. Tullius Cicero Anklage. Cicero hatte als Quaestor (Finanzbeamter) des Jahres 75 v. Chr. in Sizilien die dortigen Verhältnisse kennen gelernt und durch seine korrekte Amtsführung das Vertrauen der Einwohner erworben.

Marcus Tullius Cicero (106–43 v. Chr.).

Ich klage an!

C. Verrem accuso, iudices, senatorem Romanum.
Ea res molesta est atque fortasse mihi odium afferet
apud amicos istius hominis.

5 C. Verrem accuso, iudices, propraetorem provinciae Siciliae.
Ea res necessaria est atque bonam famam nostram restituet
apud socios amicosque populi Romani.

Quid accidit?
Ubique magistratus Romani provinciarum pecunias rapiunt,
10 ubique signa tabulasque pulchras auferunt,
ubique alia multa nefaria et iniusta faciunt.
Sed tu, Verres, a populo Romano propraetor in Siciliam
missus
etiam plures, quam alii antea intulerant, iniurias incolis Sici-
15 liae sociisque Romanis intulisti.
A quibus ego oratus
auxilium feram Siculis, honorem nostrum restituam.

Audite, iudices, de sceleribus et infamia eius hominis,
a quo abhorrent cuncti boni.

magistrātūs (Nom. Pl. m.): die Beamten
sīgnum, ī. n.: Standbild, Statue
tabula, ae f.: Bild

20 Erat Gavius quidam, civis Romanus,
qui a Verre falsis criminibus accusatus et in lautumias missus
  est.
Qui effugit et Messanae se in navem contulit.
Ita iam Italiae oram, ubi se securum fore sperabat, prope vide-
25 bat, sed cognoscitur Gavius ab amico quodam Verris.

Comprehensus in forum rapitur; res ad Verrem defertur.
Ardebant oculi hominis scelesti, toto ex ore
crudelitas eminebat; virgas afferri iussit.
Clamabat Gavius se iniuriam nemini intulisse.
30 Sed caedebatur virgis in medio foro Messanae civis Romanus,
  iudices!
Inter crepitum plagarum nulla vox alia
audiebatur nisi »Civis Romanus sum!«
Tum eum in crucem agi tu, Verres, iussisti!
35 Ita civis noster e medio sublatus est.

Interrogo vos: Quo animo tantam rem fertis, iudices?
Quo animo tu, Verres, eam ignominiam fers?
An me tanto de scelere taciturum putavisti?

Maiores nostri auxilium tulerunt sociis.
40 Tu et isti tui amici fortunam miseram afferunt etiam civibus
  Romanis!
Auferre, trucidare, rapere ab istis imperium vocatur!
O tempora! – O mores!

lautumiae, ārum
f.: Steinbruch (als
Strafort für Verbre-
cher)

virga: Rute, Schlag-
stock

crepitum (Akk. Sg.
m.): Geräusch, Klat-
schen

plāga: Schlag

in crucem agere:
kreuzigen

quō animō?: wie?

trucīdāre: morden

Cicero brachte im Prozess noch viele andere Untaten des Verres vor die Richter. Unter dem Eindruck
von Ciceros Reden wartete Verres seine Verurteilung nicht ab; er ging vorher freiwillig in die Verbannung.

1 Der Text lässt sich in drei große Abschnitte gliedern: Zeile 2–17; Zeile 18–35; Zeile 36–43.
  1. Was ist den Sätzen, die diese Abschnitte jeweils einleiten, gemeinsam? Wie sollen sie
     auf die Hörer wirken?
  2. Untersuche die Abschnitte 1 und 3 auf stilistische Besonderheiten. Weshalb treten
     gerade in diesen Abschnitten Stilmittel gehäuft auf?

2 Zum 1. Abschnitt (Zeile 2–17):
  1. Welche Risiken geht Cicero mit der Anklage gegen Verres ein? Weshalb übernimmt er
     sie trotzdem?
  2. Welches Verhalten der römischen Beamten in den Provinzen galt offenbar als »üb-
     lich«? Wieso ist das Vorgehen des Verres besonders verwerflich?

3 Zum 2. Abschnitt (Zeile 18–35): Mit welchen (lateinischen) Begriffen charakterisiert Cicero Verres? Welche Wörter wiederholen sich? Was will Cicero also besonders hervorheben?

4 Zum 3. Abschnitt (Zeile 36–43): An welche Personen wendet sich Cicero und welche Vorwürfe richtet er jeweils an sie? Welche Rolle spielen die *maiores* in Ciceros Argumentation?

5 Bilde lateinische Tempusreihen, indem du die Form jeweils nacheinander in das Futur, Imperfekt, Perfekt und Plusquamperfekt verwandelst.

     1. fero   2. afferris   3. aufert   4. tollimus   5. conferunt   6. inferuntur

6 Baue aus den drei Kästen (Subjekte – Prädikate – Ergänzungen) Sätze, die in der Rede Ciceros stehen könnten.

Gavius	se confert	e medio
tu	fero	auxilium civibus Romanis
iudices	defertur	tantam rem
res	sublatus est	Messanam
ego	abstulerunt	ad me
Romani	ferre non potestis	nomini Romano iniurias
Verres	intulisti	Gavium caedi
Gavius	iussit	pecunias provinciarum

7 Der Latrinenspruch aus Pompeji ist leider nicht vollständig erhalten. Du kannst ihn wiederherstellen, indem du die entsprechenden Formen von *ferre* bildest, und die angegebenen Buchstaben in deinem Heft aneinander reihst.

Der unvollständige Spruch: ~ ~ c ~ ~ d   ~ ~   h ~ c   c ~ c ~ ~

Was du einsetzen musst: a) b)   c) d)   e) f)   g)   h)   i)   j)

Wähle von deiner neugebildeten Form den

a) portas	4. Buchstaben	f) portaberis	7. Buchstaben
b) portaverat	4. Buchstaben	g) portari	5. Buchstaben
c) portavisti	2. Buchstaben	h) portabo	4. Buchstaben
d) portaverunt	7. Buchstaben	i) portabamus	6. Buchstaben
e) portatus es	4. Buchstaben	j) portat	4. Buchstaben

8 Im Text sind drei pc versteckt. Suche sie heraus, ermittle die Beziehungswörter und übersetze sie auf möglichst viele Arten (vgl. Begleitgrammatik zu Lektion 17).

9 Sizilien ist eine in vieler Hinsicht interessante Insel mit wechselvoller Geschichte. Tragt alles, was ihr über Sizilien in Erfahrung bringen könnt, zusammen.

145

Das *imperium Romanum* und die Provinzen

Bis zum Beginn des 3. Jh. v. Chr. hatten die Römer ihre Herrschaft über Mittel- und Unteritalien ausgedehnt. Als sie 241 v. Chr. mit Sizilien zum ersten Mal ein Gebiet außerhalb des italischen Festlandes eroberten, entwickelten sie ein neues System der Verwaltung. Bis dahin waren die besiegten Städte und Stämme meist *socii* geworden, Bundesgenossen ohne das Recht auf eine eigene Außenpolitik; jetzt wurde Sizilien die erste römische Provinz. Eine *provincia* unterstand einem römischen Statthalter und war Rom steuerpflichtig. Diese Steuern und Abgaben wurden bald die Haupteinnahmequelle des römischen Staates. Der Statthalter, im Allgemeinen mit dem Titel *proconsul* oder *propraetor*, wurde vom Senat jeweils für ein Jahr mit der Provinzverwaltung beauftragt; er hatte in seinem Gebiet für Ordnung und den Gehorsam gegenüber Rom zu sorgen. Die örtliche Selbstverwaltung wurde dagegen den Gemeinden und der einheimischen Führungsschicht überlassen, die man durch Privilegien, wie die Verleihung des römischen Bürgerrechts, an Rom zu binden suchte.

Das Einziehen der Steuern übertrug man den *publicani,* Steuerpächtern oder -pachtgesellschaften. Sie zahlten im Voraus eine bestimmte Summe an den römischen Staat, die sie dann mit möglichst viel Gewinn und häufig rücksichtslos bei der Bevölkerung der Provinz eintrieben. Sie waren entsprechend verhasst. Auch manche Statthalter erlagen der Versuchung, ihre Macht zu missbrauchen; sie erpressten die Einwohner und bereicherten sich selbst schamlos. Gern wurden Kunstwerke geraubt, vor allem aus den von griechischer Kultur geprägten Gebieten. Solange der Kunstraub der öffentlichen Verschönerung der Stadt Rom diente, wurde er geduldet; Anstoß erregte nur, wenn jemand »Beutekunst« für sich behielt.

Zwar konnten die Bewohner der Provinzen bei offensichtlichem Machtmissbrauch nach Rom vor Gericht gehen, doch versprach das nur Erfolg, wenn sie einen einflussreichen *patronus* fanden, der sich für sie einsetzte. Z. B. wurde M. Tullius Cicero als Anwalt der Sizilianer schon am Beginn seiner Laufbahn bekannt. Seine Familie stammte nicht aus der senatorischen Oberschicht. In ihr hatte noch nie jemand das Amt des Konsuls bekleidet. Cicero kam später als ein so genannter *homo novus* über die Ämterlaufbahn bis zum höchsten Staatsamt.

Die Lage der Provinzen besserte sich erst, als die Kaiser im 1. Jh. n. Chr. die Provinzverwaltung neu ordneten und überwachten. Die Statthalter blieben nun länger im Amt, wurden vom Staat besoldet und von den Kaisern kontrolliert, die oft persönlich durch das *imperium Romanum* reisten und an Ort und Stelle nach dem Rechten sahen. Überall dort, wo Rom herrschte, breiteten sich römische Lebensweise, Baukunst und Rechtsprechung aus. Vor allem in den Gebieten, die nicht vor-

146

her von den Griechen geprägt worden waren, also in Asien, Nordafrika und Westeuropa, verdrängte die römische Zivilisation oft die Sitten der einheimischen Bevölkerung. Latein war die Umgangssprache in Handel, Verkehr, Unterricht und Verwaltung und förderte die »Romanisierung«. Nur im Osten des Reiches sprach man neben Latein weiterhin Griechisch.

Auch Teile Deutschlands, Österreichs und der Schweiz gehörten zum *imperium Romanum*: Das Gebiet westlich des Niederrheins war die Provinz *Germania inferior* mit Köln als Regierungssitz; die Provinz *Germania superior* umfasste ein Territorium westlich des Oberrheins und südlich des Neckars; zwischen Donau und Alpenrand lagen die Provinzen *Raetia* mit Augsburg als Regierungssitz und *Noricum*. In all diesen Gebieten haben die Römer viele Spuren hinterlassen.

Taormina (Sizilien): Blick über das Theater in die Bucht von Naxos und auf den Ätna.

147

Wirtschaft und Handel in der römischen Kaiserzeit

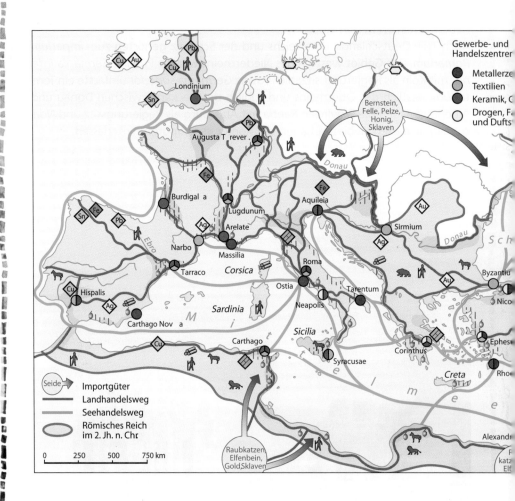

Rechts oben: Via Appia. Älteste römische Fernstraße, mit deren Bau um 312 v. Chr. begonnen wurde. Sie führte zunächst von Rom nach Capua und wurde später bis nach Brundisium (Brindisi) verlängert.

Rechts unten: Terra sigillata (feine, glänzende Keramik der römischen Kaiserzeit).

Getreide	 Au	Gold
Wein	Ag	Silber
Olivenöl	Cu	Kupfer
Holz	Sn	Zinn
Pferde	Pb	Blei
Wilde Tiere	Fe	Eisen
(Bären, Raub-		Marmor
katzen u.a.)		Bernstein
Sklaven		

Trapezus

Fe

Cu

Euphrat

Tigris

Antiochia

Palmyra

Ctesiphon

Seide

Damascus

Gewürze, Duftstoffe, Edelsteine

Gewürze, Duftstoffe, Drogen

Text 1 T. Aurelius Scaurus D. Aurelio Scauro salutem dicit

O victoriam magnam et admirabilem!
Tandem Alesia, urbs Arvernorum, capta est!
Cum Gaio meo tribunus militum obsidioni interfui;
5 cum Gaio meo pugnavi atque vici.
Nonne Gaium hominem malum atque ignavum putare desi-
nis? Eum aere alieno oppressum per mare fugisse dicebas,
eum in Gallia bellum gerere, ne Romae in vincula conicere-
tur. – Proconsulem virum vere Romanum esse scito.
10 Prudentiam virtutemque eius iterum iterumque videbam!
In Gallia Gaius ab omnibus nostris amatur.

Bellum Alesiae valde difficile erat:
Alesia in monte sita a nobis capi non potuerat.
Itaque Gaius urbem obsideri iusserat.
15 Magnis laboribus munitiones factae turresque exstructae
sunt.
Tamen Arverni et alii Galli cum Vercingetorige duce saepe ex
urbe veniebant, proelia acria cum nostris committebant – sed
semper repellebantur.

20 Denique fame sitique victi se dediderunt,
Vercingetorix ipse nobis deditus est.
Gaius autem milites suos fortes laudavit et nobis praemia
dedit – etiam mihi … Felix sum! Omnes felices sunt.
Nos diu in Gallia mansuros et victuros esse spero.
25 Tu autem, mi frater, vita dulci Romae fruere.
Si vales, bene est, ego quidem valeo.

**tribūnus mīli-
tum:** Militärtribun

aes aliēnum:
Schulden

**nē … conicerē-
tur:** um nicht ins
Gefängnis zu kom-
men

prōcōnsul: Pro-
konsul; Statthalter
einer Provinz

scītō: wisse

ipse: selbst

fruere: (Imperativ
Sg.) m. Abl.:
genieße!

C. Iulius Caesar. Marmorstandbild.

151

Text 2   Aus dem Brief eines Legionssoldaten

Nunc tandem in hibernis sumus,   **hiberna** (n. Pl.):
nunc tandem liberi a laboribus. –   Winterlager
At quam diu nobis requiescere licebit?
5 Vercingetorix, dux Arvernorum, victus est
et Gaius Iulius Caesar ab omnibus magna voce laudatur.
Quid tandem fecit?
Nonne nos, milites gregarii, sarcinis gravibus onerati **gregārius:** einfach
per montes et campos pedibus ibamus?   **sarcinīs onerātī:**
10 Nonne nos saepe famem sitimque ferebamus?   mit Gepäck beladen
Nonne nos munitiones faciebamus?
Nonne nos turris exstruebamus?
Nonne nos proelia committebamus,
nonne nos cum hostibus comminus pugnabamus?   **comminus** (Adv.):
15 Etsi incolumes e proeliis exibamus,   im Nahkampf
tamen semper mortem ante oculos habebamus et habemus.
O, quot commilitones vulnerari caedique videbam,   **commīlitō,** ōnis:
quot amicos amittebam!   Kamerad

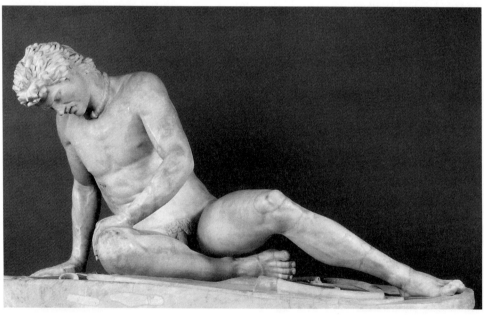

Der »Sterbende Gallier«.

Heri etiam T. Aurelius Scaurus tribunus militum cecidit:
20 Cum paucis loca vicina explorabat,
cum subito ab hostibus oppressus et occisus est.

O, quando finis istarum caedium crudelium aderit?
Iste Caesar, qui nos bellum gerere cogit, quanto mihi est
odio!
25 Si – quod di prohibeant! – Romam redire mihi non licebit,
scito tamen, mea Antonia, uxor mea,
me te semper amavisse, amare, amaturum esse. Vale.

quod dī prohibeant: was die Götter verhüten mögen

scītō: wisse

1 Zu Text 1

1. Stelle die lateinischen Begriffe zusammen, die Informationen über Gaius geben. Welche Funktion hat er im Krieg um Alesia? Wie wird er von Scaurus beurteilt und welches Urteil fällen andere über ihn?
2. Mit welchen stilistischen Mitteln hebt der Schreiber des Briefes sein Urteil bzw. das der anderen hervor?
3. Zeige den Verlauf des Krieges um Alesia auf, indem du entsprechende Formulierungen zitierst.
4. In welcher Stimmung schreibt Scaurus seinen Brief?

2 Zu Text 2

1. Wie schildert der Legionssoldat sein Leben vor Alesia?
2. Wie beurteilt er Gaius?
3. Welche Funktion haben die Stilmittel im Brief des Legionssoldaten?
4. Wie ist es zu erklären, dass der Krieg um Alesia in Text 1 ganz anders beurteilt wird als in Text 2?
5. Urteile selbst: Welcher der beiden Briefschreiber sieht die Kriegsgeschehnisse »realistischer«?

3

1. Wie wird Caesar in dem Marmorstandbild S. 151 dargestellt? Welche Einstellung des Künstlers zur Person Caesars kommt dabei zum Ausdruck?
2. Was will dagegen der Künstler des »Sterbenden Galliers« hervorheben? Woran ist zu erkennen, dass der Sterbende ein Kelte ist?
3. Zu welchem der beiden Briefe passt die Caesarstatue besser, zu welchem der »Sterbende Gallier«? Begründe deine Zuordnung.

4

admirabilis, omnis, difficilis, acer, fortis, dulcis, gravis, incolumis, felix, crudelis sind Adjektive und *mare, turris, sitis* sind Substantive der i-Deklination.
Untersuche die Formen dieser Wörter, die in Text 1 und 2 vorkommen: Welche Kasusendungen weichen von denen der konsonantischen Deklination ab?

153

5 Ein-, Zwei- oder Dreiender ?

Schreibe ab und ergänze die passenden Endungen.

1. victoria admirabil~ – hominem admirabil~ – opera admirabil~ – studium admirabil~ – artes admirabil~
2. dolorum acr~ – sitis acr~ – arma acr~
3. Scaurus feli~ – tempora feli~ – victoriam feli~
4. virum crudel~ – bellum crudel~ – spectacula crudel~

6 Scito, mea Antonia, me te semper *amavisse, amare, amaturum esse.*   **scītō:** wisse

Schreibe folgende Sätze ab und vervollständige die Reihe der Infinitive wie im Beispiel.

1. Scaurus: Scito Gaium semper ~~~, vincere, ~~~.
2. Scaurus: Scito me Gaium semper adiuvisse, ~~~, ~~~.
3. Scaurus: Scito Gaium semper virum vere Romanum ~~~, esse, ~~~.
4. Scito nos milites amicos in bello semper vulnerari et caedi ~, ~, visuros esse.

7 In Text 2 wechseln die Tempora häufig. Begründe jeweils aus dem inhaltlichen Zusammenhang die Wahl des Tempus.

8 Stelle aus Text 1 und 2 ein Sachfeld zum Thema »Krieg« zusammen; versuche die gefundenen lateinischen Wörter in Gruppen einzuteilen, indem du sie verschiedenen Überschriften zuordnest.

9 In Text 1 und 2 stehen viele Fragesätze, die im Text nicht ausdrücklich beantwortet werden. Gib selbst dem Sinn der jeweiligen Textstelle entsprechend (auf Deutsch) eine Antwort.

10 Was hätte die Frau des Legionssoldaten wohl gerne an Gaius Iulius Caesar geschrieben? Verfasse auf Deutsch einen Brief.

C. Iulius Caesar

C. Iulius Caesar ist eine der bekanntesten Persönlichkeiten der Geschichte. Sein Name wurde zum Herrschertitel: Kaiser, Zar. Sein Geburtsmonat wurde von den Römern nach dem Namen seiner *gens* in Iulius – Juli umbenannt.

Der Ehrgeiz, auf die Politik Roms Einfluss zu nehmen, war für Mitglieder des römischen Adels selbstverständlich. Ebenso selbstverständlich war es zu Zeiten der alten römischen Republik aber auch gewesen, dass dieser Ehrgeiz sich im Rahmen der Verfassung und der hergebrachten Verhaltensregeln (*mores maiorum*) hielt. Das änderte sich seit Mitte des 2. Jh. v. Chr: Tiberius Gracchus war der Erste, der sich über die römische Verfassung hinwegsetzte (und scheiterte); andere wie Marius, Sulla und Pompeius erreichten einige Ziele ihres persönlichen Ehrgeizes mit Waffengewalt. Jedoch gelang es nur Caesar, als Alleinherrscher die römische Welt dauerhaft umzugestalten.

Seit er im Bündnis mit dem Bankier M. Licinius Crassus und dem General Cn. Pompeius Magnus 59 v. Chr. zum Konsul gewählt wurde, lag die Führung Roms nicht mehr in der Macht des Senats, sondern in den Händen dieser drei Politiker. Caesar hatte, um seine Ziele zu erreichen, rücksichtslos alle erlaubten und unerlaubten Mittel eingesetzt, sich bei seinen adligen Standesgenossen verhasst gemacht und sein Vermögen bedenkenlos verschwendet. Als er einmal als *propraetor* in die ihm zugewiesene Provinz Spanien abreisen sollte, ließen ihn seine Gläubiger in Rom durch Gerichtsbeschluss festhalten. Nur durch die Bürgschaft des Crassus entging er dem Schuldgefängnis.

Caesar ließ sich nach seinem Konsulat als *proconsul* die beiden römischen Provinzen *Gallia cisalpina* (Oberitalien mit der Po-Ebene) und *Gallia transalpina* (die heutige Provence) zuweisen und eroberte in den Jahren 58–51 v. Chr. ganz Gallien von der Atlantikküste bis zum Rhein.

Caesar selbst beschreibt in seinen *commentarii de bello Gallico* die Eroberung Galliens, die sieben Jahre dauerte und große Blutopfer auf beiden Seiten forderte. Wenn Caesar nach Abschluss eines kurzen Krieges gegen den keltischen Stamm der Helvetier mitteilt, dass von anfangs 368 000 Helvetiern nur noch 110 000 am Leben waren, so lässt das auf die Zahl der Opfer im gesamten Gallischen Krieg schließen.

Caesar hatte in dieser Zeit jedoch fern von Rom Krieg geführt und sich ein Heer geschaffen, das nicht mehr dem römischen Staat gehorchte, sondern nur ihm persönlich ergeben war. Als er 49 v. Chr. gegen Rom marschierte, brach der Bürgerkrieg aus. Nach vier Jahren Krieg hatte Caesar alle Gegner in Schlachten besiegt und konnte sich zum Alleinherrscher (*dictator perpetuus*) ernennen. Energisch ging er an eine Reform des römischen Staates. Die alte Adelsrepublik und der Senat waren nämlich der Aufgabe, das riesige römische Reich zu leiten und zu verwalten, nicht mehr gewachsen. Caesars neue Ordnung sollte mehrere Jahrhunderte Bestand haben. Aber mitten in der Arbeit an einem Rom nach seinen Vorstellungen wurde Caesar an den Iden des März (15. März) 44 v. Chr. von unversöhnlichen Anhängern der alten Republik im Senat ermordet.

Caesars Ermordung inmitten der Senatoren. Gemälde von Karl v. Piloty aus dem 19. Jh.

Text 1 Tantalus

Tantalus, filius Iovis, rex Lydiae erat. Magnas divitias posside-
bat. Aliquando secum cogitabat:
»Quid mihi deest? Omnia possideo, amicus deorum sum.
5 Dei me etiam invitant, ut conviviis suis intersim.
Quis honorem tantum accepit? Libenter cum deis ceno et
saepe eos visito, ut arcana eorum cognoscam.
Quisnam me impedire potest, ne ea hominibus prodam?

arcāna (n. Pl.): Geheimnisse

Nam eo consilio arcana deorum prodam, ne homines deos
10 timeant. Vidi enim deos neque virtute neque potentia
neque prudentia homines superare. Tum homines non iam
curabunt, ut deos sacrificiis adorent.

Consilia deorum non ignoro. Cenae eorum intersum.
Quid inter me et eos est? Ambrosiam edo, nectar bibo.
15 Quis prohibere potest, ne cibos deorum hominibus tradam?
Id unum studeo, id unum opto, ut deos sapientes non esse
demonstrem. Nam se omnia videre, audire, scire putant.

ambrosia: Götterspeise
edō: ich esse
nectar (n. Sg.): Nektar, Göttertrank

Servis meis imperabo, ut cibum deis ignotum parent.
Imperabo, ut Pelopem, filium meum, trucident
20 et deis pro cena apponant. Decipiam eos!
Ego, Tantalus rex, magnos deos prudentia mea superabo!«

Die Götter entdecken jedoch sofort das grässliche Mahl, nur Demeter verzehrt eine Schulter des
Pelops, weil sie in Gedanken an ihre geraubte Tochter Persephone versunken ist. Pelops wird wieder-
hergestellt, seine Schulter durch eine elfenbeinerne ersetzt. Tantalus wird hart bestraft. Wir sehen
ihn, wie er in der Unterwelt die schlimmsten Leiden erduldet:

Die Qualen des Tantalus,
dargestellt auf einem griechischen
Krug, um 330 v. Chr.

Text 2   Tantalus in der Unterwelt

Tantalus medio in stagno stat. Siti acri vexatur. Undique aqua **stāgnum:** Teich
frigida circumdatur.

Sed cum bibere cupit et os aquae appropinquat, aqua statim
5 refugit.

Fame acri vexatur. Fructus pulcherrimi super caput eius pen- **frūctūs** (Nom. Pl.
dent.   m.): Früchte

Cum contendit, ut eos capiat, rami ad caelum recedunt.   **rāmus:** Zweig

Denique saxum, quod ei impendet, efficit, ut semper in
10 summo timore mortis vivat.

Sic vexatus Tantalus clamat:

»O dei, nonne amicus vester fui?

Nonne vos mihi potestatem divitiasque dedistis?

Nonne nunc vos commovere possum, ut me tantis doloribus
15 liberetis?«

Sed dei tacent.

158

1 Zu Text 1

  1. Worin zeigt sich die besondere Zuneigung der Götter zu Tantalus? Zitiere die lateinischen Begriffe, die seine bevorzugte Behandlung bezeichnen.
  2. Welche Vergehen lässt sich Tantalus zu Schulden kommen?
  3. Welche Ziele verfolgt Tantalus? Werte besonders die Zweck- und Absichtssätze (*ut-/ ne*-Sätze) aus.

2 Zu Text 2

  1. Wie reagiert Tantalus auf die Strafen?
  2. Beschreibe seinen Charakter (Text 1 und 2).

3 Steiler Aufstieg, jäher Absturz: So kann man die Geschichte des Tantalus zusammenfassen.

Zeichne eine Kurve in dein Heft und trage auf ihr die lateinischen Ausdrücke aus Text 1 und 2 ein, die die Stationen im Leben des Tantalus bezeichnen.

4 Wozu tue ich das, was ich tue? Übersetze die kurzen Zwecksätze.

  1. Laboro, ut vivam – vivo, ut laborem – laboro, ut divitiae mihi sint – laboro, ut laborem.
  2. Ceno, ut vivam – vivo, ut cenem.
  3. Clamo, ut audiar – clamo, ut clamem.
  4. Ad magistrum eo, ut multa discam – ad magistrum eo, ut cum amicis ludam; ad magistrum eo, ne gaudium mihi desit – ad magistrum eo, ne nihil agam.

  gaudium: Vergnügen

159

5 Opto, ut valeas. – Opto, ne maestus sis.

Richte zehn ähnliche lateinische Wünsche an deinen Banknachbarn / deine Banknachbarin.

6 Timeo, ne caelum mihi in caput cadat.
Ich fürchte, dass der Himmel mir auf den Kopf fällt.

Wovor hast du Angst? Teile dies deinem Banknachbarn/deiner Banknachbarin durch fünf lateinische Sätze mit.

7 Dir stehen 12-mal ein a, 3-mal ein e und 3-mal ein i zur Verfügung, die du in folgende Verben statt des x einsetzen kannst, sodass Konjunktivformen entstehen. Schreibe die Formen in dein Heft.

sxs, capixt, audixnt, agxmus, videxs, laborxtis, possxt, rapixt, venixm, bibxm, debextis, amxs, sxnt, accipixmus, convenixtis, diligxs, apparext, advolxnt.

Nach welchem Prinzip sind die Formen angeordnet?

8 Botschaft vom Mars?

Der Götterbote Merkur hatte Urlaub. Deswegen musste Iuppiter auf die Marsmännchen zurückgreifen, um eine dringende Botschaft an Tantalus zu senden. Die überbrachten sie – allerdings in ihrer eigenen Sprache. Tantalus, so schlau er auch sonst war, konnte sie nicht entziffern. Das war sein Pech. – Könnt ihr Marsianisch? (Ein Tipp: Beachtet die Trennungen nicht.)

9 1. Was versteht man unter Tantalusqualen?
2. Was ist eine Sisyphusarbeit? Lies dazu den Text »Die Unterwelt« und betrachte das Bild S. 163.

Hades und Persephone, dargestellt auf einem griechischen Krug, um 330 v. Chr.

Die Unterwelt

Die Erzählung von Tantalus und seiner Bestrafung in der Unterwelt zeigt uns, dass die Griechen eine Vorstellung von einem Weiterleben des Menschen nach dem Tode hatten. Die Welt, den Kosmos, dachten sie sich dreigeteilt: Über Land und Meer wölbte sich der Himmel; unter der Erde befand sich in gewaltiger Tiefe die Unterwelt. Weit im Westen, am Ufer des Okeanos, dachte man sich den Eingang in die Tiefe; aber es gab auch weitere Eingänge, so etwa am Kap Tainaron an der Südküste der Peloponnes. Diesen Zugang bewachte der dreiköpfige Höllenhund Cerberus, der keinen Lebenden herein- und keinen Toten herausließ.

Nach dem Tode stieg die Seele des Verstorbenen hinab in die Unterwelt, in das Haus des Hades, des Herrn der Toten. Am Fluss Styx, der die Welt der Toten von der Welt der Lebenden trennte, fuhr der Fährmann Charon die Seelen mit seinem Kahn hinüber. Bei der Bestattung legten die Angehörigen deswegen dem Toten ein Geldstück als Lohn für den Fährmann unter die Zunge. Hades wurde auch Pluto, der Reiche, genannt, weil der Reichtum der Früchte und der Bodenschätze aus der Erde kam. Hades hatte Persephone, die Tochter der Fruchtbarkeitsgöttin Demeter, geraubt und zu seiner Frau gemacht. Die unglückliche Mutter erreichte jedoch von Zeus, dass ihr Kind im Frühjahr und im Sommer die Unterwelt verlassen und auf der Erde wohnen durfte. So erklärten sich die Griechen die jährlich wiederkehrenden Perioden des Wachstums und der Winterruhe.

Mit dem Glauben an ein Weiterleben nach dem Tode verband sich auch die Vorstellung, dass die Menschen in der Unterwelt für ihre Taten im Leben belohnt oder bestraft würden. Drei Richter, darunter Minos, der ein gerechter König Kretas gewesen war, sprachen das Urteil. Die Mehrzahl der Seelen blieb auf den Asphodelos-Wiesen, wo sie im Halbdunkel in einer Landschaft von blassen Asphodelosblüten ein schattenhaftes Dasein ohne Empfindung von Lust oder Schmerz führten. Die Seelen besonders guter Menschen entgingen diesem öden Dasein und wurden ins Elysium geführt, zu den »Feldern der Seligen«, wo sie in Helligkeit unter Musik und Spielen ein freudiges Dasein führten.

Mehr Phantasie entwickelten die Griechen im Hinblick auf die Bestrafung der Bösen. Sie wurden zur Buße in die tiefste Stelle der Unterwelt, in den Tartaros, geschickt und mit Strafen bedacht, die manchmal in Beziehung zu den Untaten standen, die sie im Leben begangen hatten. Ein Beispiel ist Tantalus, der für seine unersättliche Begierde, den Göttern immer ähnlicher zu werden, mit quälendem Hunger und Durst bestraft wurde. Ein Geistesverwandter des Tantalus war Sisyphus. Mit List und Tücke hatte er immer wieder Menschen und Götter, ja sogar den Tod »auszutricksen« versucht: Jetzt musste er ständig einen schweren Stein einen Berg hinaufwälzen; kurz vor dem Gipfel entglitt ihm jedoch der Stein immer wieder und rollte hinunter. Ixion hatte Hera, die Gattin des Zeus, zu verführen versucht. Zeus ließ ihn im Tartaros auf ein sich dauernd drehendes Feuerrad ketten. Auch das »Fass ohne Boden« finden wir in der Unterwelt: Die 50 Töchter des Danaus hatten ihre Ehemänner getötet. In der Unterwelt mussten die »Danaiden« in ein durchlöchertes Fass Wasser schöpfen.

Die Arbeit des Sisyphus, dargestellt auf einem griechischen Krug, um 330 v. Chr.

163

Antigone vor dem Chor.
Szenenfoto aus einer Aufführung
»Antigone« von Sophokles / Walter Jens.
Deutsches Theater in Göttingen
(Premiere: 29.9.1966).

Antigone

In einem Zimmer des Königspalastes zu Theben. Ismene sitzt in einem Sessel; sie liest ein Buch. Antigone kommt herein, geht rasch zum Fenster und sieht lange schweigend hinaus. Dann dreht sie sich zu Ismene um.

Antigone: O soror cara, Ismene. Nullam novi fortunam malam,
    quam fatum nobis gentique nostrae non dedit.
    Nam fato coactus Oedipus, pater infelix noster,
5   Thebas venit atque Iocastem reginam, cuius maritus
    caesus erat, matrem suam – mox matrem nostram –,
    in matrimonium duxit nescius.
    Postquam parentes nostri id dedecus cognoverunt,
    Iocaste sibi mortem conscivit, Oedipus sua manu
10 caecatus usque ad vitae finem exemplum
    praebebat fati crudelis.

Ismene: Cur dolorem tam acrem nunc renovas, Antigone?

Antigone: ... ut memoria teneas ingentem esse iram deorum.

mortem sibi cōnscīvit: sie nahm sich das Leben

suā/meā manū: von seiner/meiner Hand

caecāre: blenden

164

Nam gravem solvunt poenam homines,
15   qui fas ruperunt. Nonne etiam fratres nostri,
Eteocles et Polynices, deos laeserunt? Discordia
commoti bellum civile paraverunt et, dum alius
alium gladio necat, poenas solverunt pro re nefaria.

poenam/poenās solvere: Strafe zahlen, büßen

Ismene: Scio ea omnia, Antigone. Num tu moveris novis
20   curis tam gravibus, ut iterum narres de fratribus?

Antigone: Immo vero! Nonne etiam tu audivisti Creontem,
nunc regem Thebarum, legem dedisse nefariam
et periculosam?

immō vērō: aber ja!

Ismene: Nondum audivi pericula ea, quae nobis imminent.
25   Dic, soror, ut sciam!

Antigone: Edixit rex:
»Sepulcri honore alter fratrum afficiatur, Eteocles,
quod defendit urbem. Sed alterum, Polynicem,
quod Thebis fuit infestus,
30   Thebani relinquant insepultum!
Corpus istius hominis scelesti praedae sit
saevis bestiis ! Sic puniatur hostis!
Cives autem iram meam timeant!
Is, qui legem ruperit meam, necetur!«

īnsepultus: unbestattet

rūperit: hier: er bricht

35 Ismene: O fratres infelices! O tantam regis crudelitatem!
Quid faciamus, Antigone?

Antigone: Diu ne cogitemus, sed faciamus id, quod dei
postulant, Ismene! Et deis parere et fratribus adesse
nos sorores debemus: Debemus fratrem sepelire,
40   etiam si vis Creontis magna est. – An dubitas?

Ismene: Nescio ... Scito autem nos esse feminas, quarum
vires infirmae sunt. Potentiae regis resistere et simul
vitam servare incolumem non possumus.

scītō: wisse; sei dir bewusst

Antigone: Deis si pareo, auxilium ferent mihi.
45   Quod nobis fas imperat et mos maiorum,
id nunc officium praestabo.
Si tu ignava es, ego sola faciam id, quod deis placet.

Ismene: Quam timeo de salute tua, soror! Utinam noctu facias,
quod in animo habes!! Ita fortasse vitam servabis...

50 Antigone: Sub sole recta mens a deis cognoscitur.
Nunc frater sepeliatur mea manu!

1 1. Stelle fest, in welchen verwandtschaftlichen Beziehungen die genannten Personen zueinander stehen.

   2. Gliedere den Text, indem du darauf achtest,
   – in welchem Abschnitt die Vorgeschichte erzählt wird,
   – in welchem Abschnitt die gegenwärtige Situation von Antigone und Ismene vor Augen tritt,
   – in welchem Abschnitt besprochen wird, wie auf die Situation zu reagieren ist.
   3. Welche Tempora und Modi überwiegen jeweils in den Abschnitten?
   4. Worin besteht die Grausamkeit Kreons (vgl. *regis crudelitas*, Zeile 35)?

2 1. Zwischen welchen beiden Möglichkeiten müssen sich Antigone und Ismene entscheiden? Welche Argumente sprechen jeweils für sie? Welche Folgen sind zu erwarten? Zitiere die lateinischen Begriffe. Zeichne hierzu folgende Tabelle in dein Heft:

	1. Möglichkeit	2. Möglichkeit
Argumente		
Mögliche Folgen		

   2. Versuche, den Fortgang der Handlung zu schildern.

3 An welchen Stellen des Textes
   – wird ein Befehl erteilt?
   – fordert die Sprecherin zu gemeinsamem Handeln auf?
   – stellt die Sprecherin zweifelnde Fragen?
   – äußert die Sprecherin eine Bitte oder einen Wunsch?

4 Stelle aus den in Aufgabe 3 gefundenen Textstellen jeweils die Konjunktivformen zusammen, die in den Hauptsätzen stehen, und trage sie in deinem Heft in folgende Tabelle ein:

Befehl	Aufforderung an die 1. Person Plural	zweifelnde Frage	Bitte/Wunsch

5 Kausal, final, konsekutiv, konzessiv, konditional, komparativ, temporal?

   Übersetze und gib die semantische Funktion der Gliedsätze an. (Es gibt jeweils genau ein Beispiel.)

166

1. Si Ismene ignava erit, Antigone sola fratrem sepeliet.
2. Ubi primum Eteocles et Polynices alius alium necavit, rex legem dedit.
3. Rex tam iratus est, ut ius et fas laedat.
4. Quamquam dei fratrem sepeliri iubent, Ismene potentiae regis non resistit.
5. Ita agam, ut dei iusserunt.
6. Eteocles, quod urbem defendit, sepeliatur.
7. Rex edicit, ut Polynices hostis puniatur.

6 Sub sóle récta méns a dís cognóscitúr.
   Et sépeliátur fráter núnc meá manú.

   Lies die beiden Verse, indem du die gekennzeichneten Silben betonst.
   Welche Unterschiede zur Prosaversion Zeile 50–51 kannst du feststellen?
   Wie lassen sie sich erklären?

7 Sucht Argumente für Anklage und Verteidigung für den Fall, dass Antigone wegen ihrer
   Tat, die sie am Ende des Textes ankündigt, vor Gericht gestellt wird. Bestimmt jeweils
   einen Schüler oder eine Schülerin für Anklage und Verteidigung und stimmt am Ende
   über »schuldig«/»nicht schuldig« ab.

8 Die Anfangsbuchstaben aller Konjunktivformen ergeben aneinander gereiht ein Sprichwort, das Kreon sich als Herrscher und Richter hätte zu Herzen nehmen sollen. Ein U
   bedeutet, dass ein u an dieser Stelle einzufügen ist.

nescium – finis – adiuvemus –
ferire – U – regnamus – solam –
deferas – equitant – impediant –
agas – current – capies – teneamur –
virtutem – salutamus – U –
interrogant – poteram – restituam –
erras – emas – tollebam – timorem –
timeam – accipiam – ripam –
ludam – filiam – tollam – summam –
optas – eligas – rumpat –
celebram – adsim – petes – petas –
afferant – placent – redeant – spem –
spectem

Sagen aus Theben

In Theben herrschte König Laios mit seiner Frau Iocaste. Ihre Ehe blieb lange kin-
derlos. Als sie das Orakel in Delphi deswegen um Rat fragten, antwortete die
Pythia, die Orakelpriesterin, dass der Sohn seinen Vater töten und seine Mutter
heiraten werde. Als endlich ein Sohn geboren wurde, ließ Laios das Kind aussetzen, nachdem er ihm beide Füße durchbohrt und zusammengeschnürt hatte.
Hirten fanden das Kind und nannten es wegen seiner Verletzung Oedipus
(»Schwellfuß«). Sie übergaben es dem König und der Königin von Korinth, die, selber kinderlos, den Jungen als eigenes Kind aufzogen, ohne ihm seine Herkunft zu
verraten. Als den Heranwachsenden einmal nach Spottreden seiner Altersgenossen doch Zweifel wegen seiner Herkunft überkamen, wandte er sich an die Pythia,
die ihn jedoch aus dem Tempel wies: »Du bist verflucht! Du wirst deinen Vater
töten und deine Mutter heiraten!« Oedipus war entsetzt und kehrte nicht nach
Korinth zu seinen vermeintlichen Eltern zurück, sondern begab sich auf Wanderschaft, um dem Fluch zu entgehen.
Unterwegs begegnete er auf einem engen Weg einem Pferdegespann. Auf dem
Wagen stand ein älterer Mann; dessen Wagenlenker wollte den Wanderer mit
einem Peitschenschlag zwingen, Platz zu machen. Oedipus erschlug im Zorn den
Wagenlenker; dessen Pferde gingen durch und schleiften den Alten zu Tode.
Oedipus zog weiter, bis er in der Nähe von Theben der Sphinx, einem Wesen mit
Löwenkörper, Frauenkopf, Schlangenschwanz und Adlerflügeln begegnete. Die
Sphinx hockte auf einem Felsen und gab allen Vorüberkommenden ein Rätsel auf:
»Welches Wesen hat zuerst vier, dann zwei und zuletzt drei Beine?« Wer dieses Rätsel nicht lösen konnte, wurde von dem Ungeheuer verschlungen. Niemand hatte
es bisher gelöst. Oedipus fand die Lösung: »Es ist der Mensch: Als Säugling kriecht
er auf vier, als Mann steht er auf zwei Beinen; im Alter stützt er sich auf einen
Stock.« Da stürzte sich die Sphinx vom Felsen herab und wurde zerschmettert.
Oedipus zog weiter nach Theben. Dort erfuhr er, dass sich König Laios nach Delphi
aufgemacht hatte, um beim Orakel Rat und Hilfe zu holen wegen der Sphinx, die
alle Thebaner in Schrecken versetzt hatte. Laios war aber nicht zurückgekehrt
und niemand wusste, was mit ihm geschehen war. Oedipus wurde nun in Theben
als Befreier gefeiert und an Stelle des verschollenen Laios zum König gewählt. Er
heiratete Iocaste – ohne zu wissen, dass es seine Mutter war. Aus dieser Ehe gingen die Söhne Eteocles und Polynices und die Töchter Antigone und Ismene hervor.
Die Götter aber schickten die Pest über Theben. Der Seher Tiresias, der die Gründe
für diese göttliche Strafe kannte, mahnte die Thebaner: »Entfernt den Mörder
des Laios aus der Stadt!« Oedipus nahm energisch die Suche auf – und musste

erkennen, dass er selbst der fluchbeladene Täter war; der ältere Mann, den er unterwegs getroffen hatte und der an seinem Wagen zu Tode geschleift worden war, war nämlich Laios gewesen. Der Hirte, der ihn einst als Kind gerettet hatte, erkannte ihn wieder. Oedipus hatte also seinen Vater getötet und seine Mutter geheiratet, wie es das schreckliche Orakel vorausgesagt hatte. Iocaste beging Selbstmord, Oedipus stach sich die Augen aus, um das Licht, das er in diese dunkle Angelegenheit gebracht hatte, nicht länger ertragen zu müssen. Er wanderte nach Athen aus, wo er bald darauf starb.

Die Söhne des Oedipus, Eteocles und Polynices, gerieten in Streit um die Königsmacht. Polynices verließ Theben und kehrte mit einer fremden Streitmacht zurück, um gegen seine Vaterstadt Krieg zu führen. Eteocles verteidigte sie erfolgreich; beide Brüder aber fielen im Zweikampf. Creon, der Bruder der Iocaste, übernahm nun die Herrschaft in Theben. Sein erster Befehl war, Eteocles mit allen Ehren zu bestatten, Polynices aber als Landesverräter unbeerdigt den wilden Tieren zu überlassen. Diese Missachtung des religiösen Gebots, den Toten Ehre zu erweisen, ließ wiederum Antigone, eine Schwester der beiden Toten, nicht ruhen: Sie begrub Polynices trotz der angedrohten Todesstrafe und stand tapfer zu ihrer Tat. Erst als Creons Sohn Haemon, der mit Antigone verlobt war, mit ihr in den Tod ging, erkannte Creon, dass auch er sich gegen die göttlichen Gebote versündigt hatte.

Apollotempel in Delphi. Hier sollen Laios und Oedipus das verhängnisvolle Orakel erhalten haben.

Szenen aus dem Oedipusmythos auf einem römischen Sarkophagdeckel aus dem 3. Jh. n. Chr.

Welche Szenen aus der Oedipusgeschichte kannst du erkennen? Lies dazu auch den Text »Sagen aus Theben«.

Text 1   Ein Wunder schafft Probleme

Amphitruo: Salve, Tiresia, vates Thebanorum.

Tiresias: Salve, Amphitruo. Te bene valere spero.

Amphitruo: Me habeo male, male! Feminae sunt horribiles!

5 Tiresias: Re vera? Omnesne?

Amphitruo: Omnes! Praecipue illae, quae maritos suos fal-
lunt atque decipiunt. Utinam dei et deae illas
perdant!

Tiresias: Cur tam iratus es? Tua quidem uxor fida est.

10 Amphitruo: Eheu! Ab illa ipsa crudeli modo deceptus sum!
Omnibus hominibus nunc sum risui.
Ego, Amphitruo, imperator Thebanorum!

Tiresias: Quaenam est causa huius risus?

Amphitruo: Alcumenam nuper geminos partu edidisse scis,
15   Iphiclem Herculemque.
Sani pulchrique erant et hic et ille.
Quam felix eram illo die! Gaudio affectus Iovi
manibus meis taurum sacrificavi!
At hodie illos pueros filios meos non esse intel-
20   lexi.

Tiresias: Quonam modo hoc intellexisti?

eheu: ach!

ipsā (Abl. Sg. f.): selbst

modo: bald; gerade eben

partū ēdere: zur Welt bringen

Der kleine Hercules erwürgt
die Schlangen. Römische Kopie
einer griechischen Arbeit aus
dem 3. Jh. v. Chr.

Hercules erwürgt die Schlangen. Wandmalerei im Hause der Vettier, Pompeji.

Amphitruo: In horto eram, cum subito ancillas clamare audivi.
Statim in domum curro et metu ingenti afficior:
25   In cunabulis puerorum duos video serpentes.   **cūnābula:** Wiege
Priusquam agere potui, Hercules bestias manibus arripit, premit, necat ... Puer paucorum mensium!
Metus admirationi cedit, admiratio irae:
30   Hic non est filius hominis mortalis! Non sum pater horum geminorum. Sed qui heros illos genuit? –   **hērōs** (Nom. Sg. m.): Halbgott
Alcumena quidem fidem violavit!
Illud adulterium puniatur! –   **adulterium:** Ehebruch
35   O Tiresia, quid faciam?

173

Text 2   Die Erklärung des Wunders

Tiresias: Nihil est, quod Alcumenae suscenseas, Amphitruo; semper tibi fida erat.

Amphitruo: Non erat! Dei et illam perdant et adulterum   **adulter,** erī m.:
5   illius!   Ehebrecher

Tiresias: Dico illam ipsam deceptam esse. –   **ipsam** (Akk. Sg. f.):
Dum tu cum exercitu a Thebis abes,   selbst
Iuppiter uxorem tuam visitavit.

Amphitruo: Iuppiter!? – Tamen haec se fidem praestitisse
10   iterum iterumque iurabat.

Tiresias: Vera dixit. Iuppiter enim, quia Alcumenam
te amare sciebat, dolum composuit: ...
in formam tuam mutatus est. Uxor tua se mari-
tum, non deum, amplecti putabat.   **amplectī** (Infini-
                                                     tiv): umarmen
15 Amphitruo: O tace!

Tiresias: Postridie tu e bello redisti. – Ita fit, ut Hercules   **ita fit:** so kommt
filius Iovis, Iphicles autem filius tuus sit.   es

Amphitruo: Num haec omnia credam?
Num putem Iovem ipsum contra ius fasque   **ipsum** (Akk. Sg.
20   homines fallere atque decipere?   m.): selbst
Hunc deum non iam adorabo,
huic non iam sacrificabo.

1 1. An welcher Textstelle beginnt Tiresias, sein Amt als *vates* auszuüben?
     2. Welche Rolle übernimmt er zuvor?

2 Menschen – Götter – Halbgötter

     1. Welche menschlichen, göttlichen und heroischen (halbgöttlichen) Personen werden in den Texten genannt?
     2. Welche Eigenschaften zeigen sie?
     3. Welche Stilmittel heben die Charaktereigenschaften des Hercules hervor?
     4. Vergleiche die Bilder S. 172 und S. 173 mit Text 1. Welche Zeilen in Text 1 erklären den Gesichtsausdruck des Amphitruo auf dem zweiten Bild?
     5. Mit welchem Problem wendet sich Amphitruo an Tiresias? Sammle die lateinischen Ausdrücke, die sein Anliegen bezeichnen.
     6. Welche Vorstellung von den Göttern zeigt sich in den Texten?
     7. Betrachte das Bild auf S. 177. Welche Eigenschaften des Hercules will der Künstler besonders hervorheben?

174

Szenenfoto aus einer Aufführung »Amphitryon« von Heinrich von Kleist. Deutsches Theater in Göttingen (Premiere: 15.10.1966).

3 Schreibe alle Formen von *hic, haec, hoc* und *ille, illa, illud* aus Text 1 und Text 2 in dein Heft und gib an, für welche Substantive bzw. Sachverhalte diese Pronomina im Text jeweils stehen.

4 Hercules, der Schlangenbändiger, ist groß geworden und hat es jetzt mit größeren Untieren zu tun. Er hat einen Auftrag in der Unterwelt zu erledigen. Cerberus, der Höllenhund mit drei Köpfen, bewacht den Eingang und will ihn nur hineinlassen, wenn er die Passwörter sagt: die entsprechenden Formen von *manus*, wenn er *pes* bellt.

1. Der erste Kopf bellt ihm wütend und heiser entgegen:

pes – pedes – pedes – pedis – pedibus – pedum – pedi – pedem

Hercules hat bei Minerva, der Göttin der Weisheit, Lateinunterricht gehabt. Seine Antworten kommen wie die Pfeile aus seinem Bogen geschossen.

Weißt du sie auch? Dann schreibe sie in dein Heft.

2. Der zweite Kopf bellt voller Wut Formen von *gaudium* und will die entsprechenden Formen von *risus* hören. Also
gaudio (2x) – gaudia (2x) – gaudiis (2x) – gaudii – gaudium (2x)

3. Der dritte versucht's mit *villa* und will die Formen von *domus* hören.
villae (3x) – villas – villarum – villa (2x) – villis (2x)

5 Echte römische Qualität!!

Ordne die Genitive einem Beziehungswort zu (es gibt mehrere Möglichkeiten), schreibe sie in dein Heft und übersetze sie.

puer	magnae dignitatis
Alcumena, uxor	paucorum mensium
imperator	magnae fidei
Cicero, vir	summae prudentiae
civitas	virtutis admirabilis
Hercules, vir	concordiae firmae
senatores	magnae scientiae

6 Welche Bedeutung haben folgende Substantive?

amicitia – avaritia – clementia – discordia – infamia – perfidia – prudentia – concordia – ignominia – scientia

Dann kannst du auch die Bedeutung folgender Substantive erschließen:

ignavia (*vgl.* ignavus) – iustitia (*vgl.* iustus) – laetitia (*vgl.* laetus) – molestia (*vgl.* molestus) – saevitia (*vgl.* saevus) – sapientia (*vgl.* sapiens) – stultitia (*vgl.* stultus)

Was bezeichnen also Substantive mit den Suffixen (Anhängseln) *-ia/-itia*?

7 Lest die Texte mit verteilten Rollen (oder spielt sie) und versucht dabei, die Stimmung und den Charakter der handelnden Personen (vgl. Aufgabe 2, 2) zum Ausdruck zu bringen.

»Herakles Farnese«. Marmorkopie, die der athenische Bildhauer Glykon im 1. Jh. v. Chr. nach einem verlorenen Vorbild des Lysippos, eines griechischen Bronzebildners des 4. Jh. v. Chr., angefertigt hat.

177

Text 1 Hydra

Olim monstrum crudele Hydra nomine ab Iunone in Grae-
ciam missum est, ut Herculem perderet. Illa enim dea tanto
odio in filium Iovis mariti afficiebatur, ut ei omnibus modis
5 detrimento esset.

Hydra, quae in paludibus habitabat, hominibus bestiisque ter-
rori erat. E corpore eius foedo capita duodecim serpentium
surgebant, quae spiritum pestiferum mittebant in omnes, qui
appropinquabant. Hercules ab Eurystheo rege incolis auxilio
10 missus cum Iolao, Iphiclis fratris filio, qui saepe eum comi-
tabatur, ut ei in periculis adesset, paludi appropinquavit. Inco-
las eius regionis procul manere iussit, ne detrimentum cape-
rent.

Hydra statim advolat. Duodecim capita surgunt, ut spiritum
15 pestiferum in viros mitterent. Hercules spiritum tenet, ne
veneno afficeretur, et clava gravi capita monstri contundere
incipit. Dum ita pugnat, cancer ingens ab Iunone Hydrae
auxilio missus bracchia acria in pedem Herculis inicit; vir fortis dolore vexatus eum ictu calcis necat. Iam Hercules se vic-
20 torem fore putabat, cum Iolaus clamavit: »Desinamus
pugnare, Hercules! Quamvis multa capita contundas, numerus eorum non minuitur. Ecce: Identidem capita alia cres-
cunt! Hydra insuperabilis est!«

Qua re viri fortes pedem referre coacti sunt, ut spiritum tra-
25 herent deliberarentque. Iolaus: »Quid faciamus? Nisi capita
semper denuo crescerent, labor noster facilis esset. Quo
modo impediamus, ne crescant?« Hercules, postquam multa
secum volvit, »Affer«, inquit, »arbores inflammatas, Iolaë!
Exure vulnera, quae ego huic bestiae attuleri! Eo modo
30 impediamus, ne capita crescant.«

Ita faciunt: Pugna renovatur, Hydra tandem vincitur. Caput
ultimum, quod immortale erat, sub magno saxo abdiderunt.
Tum Hercules sagittas suas sanguine Hydrae pestifero imbuit.

---

comitābātur: er begleitete

spīritum tenēre: den Atem anhalten

clāvā contundere: mit der Keule ein-schlagen

cancer, cancrī m.: Krebs

bracchia: Zangen

ictū calcis: mit einem Fußtritt

identidem: immer wieder

exūrere: ausbren-nen

attulerō: (die) ich zufüge

imbuere (Perf.: imbuī) m. Abl.: ein-tauchen in

Hercules im Kampf mit der Hydra, dargestellt auf einem griechischen Henkelkrug, 1. Hälfte des 5. Jh. v. Chr.

Text 2   Das Ende des Hercules

Aliquando Hercules cum Deianira uxore in itinere ad flumen
ita rapidum venit, ut pedibus transcendi non posset. Nessus
quidam centaurus, qui forte aderat, se feminam dorso ad alte-
5 ram ripam laturum promisit. Hercules, vir magni roboris, tra-
natabat, cum subito uxorem clamare audivit centaurumque
eam auferre vidit, ut feminae vim inferret.
Hercules ira commotus sagittam mittit, Nessum ferit. Statim
venenum Hydrae sanguinem corpusque eius inficit. Ante
10 mortem Nessus Deianirae consilium dedit, ut tunicam sanguine vulneris infectam secum auferret: »Si quando«, inquit,
»de amore mariti dubitabis, cura, ut eam induat. Hoc statim
maritum ad amorem tui redire coget.«
Multis annis post Deianira, quod timuit, ne a Hercule desere-
15 retur, ei tunicam illam dedit. Ubi primum eam induit, venenum Hydrae corpus invasit. Hercules doloribus ingentibus
vexabatur et tunicam exuebat. – Frustra. Denique intellexit
finem vitae adesse. Amicos magnum rogum exstruere iussit.
Ubi eum firmo animo ascendit, fulmina ab Iove missa rogum
20 inflammaverunt. Tum pater filium fortem et toto orbe terrarum praeclarum quadrigis in Olympum sustulit, ut deus in
familia deorum esset.

centaurus: Zentaur, Fabelwesen aus Pferdekörper und Menschenleib

trānatāre: hinüberschwimmen

induere: anziehen

exuere: ausziehen
rogus: Scheiterhaufen

quadrīgae, ārum: Viergespann

1 Vergleiche die äußere Form der Texte in Lektion 24 und 25. Um welche Textsorte handelt es sich jeweils?

2 Zu Text 1

1. »Auftragsbeschreibung« – »Auftragserledigung«: Gliedere den Text nach diesem Prinzip. Welches Tempus überwiegt jeweils in den Teilen? Begründe die Tempuswahl.
2. Wie kann man sich erklären, dass Iuno »tanto odio in filium Iovis mariti afficiebatur« (Zeile 3–4)?
3. Welche besonderen Eigenschaften der Hydra werden genannt? Zitiere sie lateinisch.
4. Welche ihrer Merkmale kannst du auf der Abbildung S. 179 wiederfinden?
5. In welchen Phasen läuft der Kampf ab?

3 Zu Text 2

1. Welche Elemente der Hydrageschichte kommen auch in Text 2 vor?
2. Wie hängen also die beiden Geschichten zusammen?

Hercules greift Nessus mit dem Schwert an. Griechische Amphora, um 550/40 v. Chr.

4 1. Welche Eigenschaften und Fähigkeiten des Hercules zeigen sich in den beiden Texten?
      Berücksichtige auch die Abbildungen dieser Lektion und den Text »Hercules«.
   2. Ist Hercules für dich eher ein sympathischer oder ein unsympathischer Held? Begründe
      deine Ansicht.

5 Suche aus folgenden Verbformen alle Konjunktivformen heraus und schreibe sie, geordnet nach Konjunktiv Präsens und Imperfekt, in dein Heft.

   perderet – inveniet – inveniat – habuisti – habeam – liberares – demonstres – adiuvet – adiuvat – retineatur – redderet – sedetis – superaris – violemini – premes –
   postules – esset – erit – eat – it – ires – possit – posset – poterat – relinquatur – relin-
   quetur – relinqueretur – pareat – parebit – parabitur – pararetur

181

6 Übersetze die folgenden irrealen Satzgefüge.

1. Si possem, impedirem, ne hoc ageretur.
2. Si rex essem, hic non essem.
3. Si hoc diceres, errares.
4. Nisi Aulus tam crudelis esset, se Lucium in ius ducturum esse non diceret.
5. Si Lucius reliquam pecuniae partem haberet, eam Aulo statim daret.
6. Nisi crudelitas Auli Lucium cogeret, a patre Camillae auxilium non peteret.

7 »Schön wär's ja, aber es ist nicht so.« Forme die Aussagesätze zu irrealen Bedingungssätzen (eingeleitet mit *si*) um und ergänze davor: Beati essemus,

1. Nullum bellum in orbe terrarum est.
2. Omnes homines magna in concordia et pace vivunt.
3. Nemo fame vexatur.
4. Omnes liberi a parentibus amantur.
5. Nemo ab iniustis dominis opprimitur.
6. Homines naturam incolumem servant.
7. Nulla bestia ab hominibus vexatur.

nātūra: Natur

Du kannst auch eigene Wunschvorstellungen ergänzen.

8 Viele Ereignisse sind in Text 1 und Text 2 durch participia coniuncta ausgedrückt. Übersetze die folgenden Sätze, indem du das pc jeweils auf möglichst viele Arten wiedergibst.

1. Hercules ab Eurystheo rege incolis auxilio missus paludi appropinquavit.
2. Cancer ingens ab Iunone Hydrae auxilio missus bracchia acria in pedem Herculis iniecit.
3. Vir fortis dolore vexatus cancrum necat.
4. Hercules ira commotus sagittam misit.
5. Hercules dolore acri vexatus magnum rogum exstrui iussit.

cancer, cancrī m.: Krebs

bracchia: Zangen

rogus: Scheiterhaufen

9 Erstelle ein Satzschema (wie in Lektion 16, 8) für folgende beide Sätze:

1. Text 1, Zeile 9–11   2. Text 2, Zeile 5–7

Hercules

Sein griechischer Name Hera-kles weist auf Hera, die Gattin des Zeus, hin, die den unehelichen Sohn ihres Mannes sein Leben lang mit Eifersucht und Hass verfolgte, ihm die Erfüllung seiner Aufgaben erschwerte und ihm gerade dadurch zu Ruhm (griechisch: *kleos*) verhalf. Hercules war der beliebteste Heros (Halbgott, Sohn eines Gottes oder einer Göttin und eines Menschen) der Griechen und Römer. In ganz Griechenland besaß er Heiligtümer, ihm zu Ehren wurden jährlich Feste und sportliche Wettkämpfe veranstaltet. Auch in Rom standen sein Tempel und sein Altar in der Stadtmitte.

Als Marmorstatue und auf Vasenbildern erscheint er als muskelbepackter Athlet, bärtig, nackt oder nur mit einem Löwenfell bekleidet, ein Bild von männlicher Kraft, von Mut und Tapferkeit. Den Philosophen galt er als sittliches Vorbild, weil er sich zu einem Leben voller Leiden und Mühen zum Wohl der Menschen entschieden hatte; er wurde als Nothelfer verehrt, den man in Gefahren anrief.

Den Komödiendichtern dagegen war dieser Übermensch nicht ganz geheuer. Die Schattenseiten seines Charakters, wie sein bis zur Raserei jähzorniges Temperament, seine Fresslust und seine sexuellen Abenteuer, von denen die Herculessagen ebenfalls berichten, gaben der Spottlust der Komödie reichlichen Stoff. Viele positive und negative Eigenschaften der Menschen scheinen in dieser Sagengestalt vereint zu sein.

Als Hercules einmal in wahnsinnigem Toben Frau und Kinder erschlagen hatte, sah sich Zeus veranlasst, ihm zur Sühne zwölf schwere und gefährliche »Arbeiten« aufzuerlegen. Hercules wurde seinem Vetter Eurystheus, König in Argos, unterstellt, der die Aufgaben zu stellen und ihre Ausführung zu überwachen hatte.

Die »Herkulesarbeiten« sind bis in unsere Zeit unerschöpflicher Stoff für die Dichter und bildenden Künstler geblieben. Hercules' Gegner sind dabei oft böse Fabelwesen, wie z. B. der Löwe im Gebirge von Nemea auf der Halbinsel Peloponnes. Das Fell machte den Löwen unverwundbar; weder Pfeile, Schwert noch Keule – die Waffen des Hercules – konnten es durchdringen; Hercules musste das Untier erwürgen. Das Fell des Löwen diente ihm danach als Schutz und Panzer bei den Gefahren und Abenteuern, die er weiterhin zu bestehen hatte.

So erlegte oder vertrieb er Vögel in Arkadien, die ihre stählernen Federn als Pfeile auf Menschen abschießen konnten, und bekämpfte Unholde wie den Diomedes, der mit seinen Menschen fressenden Pferden Schrecken verbreitete. Hercules war sich nicht zu schade, auch einmal den riesigen Rinderstall des reichen Königs Augias auszumisten, was nur mit Athenes göttlicher Hilfe durch Umleitung eines Flusses möglich war.

Manchmal waren es auch »Arbeiten«, die gar nicht zum Schutz und Nutzen der Menschheit dienten, sondern nur gefährliche Mutproben waren, die König Eurystheus von Hercules verlangte. Ein Beispiel dafür ist die Entführung des riesigen dreiköpfigen Hundes Cerberus, der den Eingang zur Unterwelt bewachte. Hades, der Herr der Unterwelt, erlaubte Hercules, das Tier an die Oberwelt zu bringen, aber unter der Bedingung, dass er bei dessen Bändigung keine Waffen verwende. Hercules überwältigte den Cerberus im Ringkampf und schleppte ihn nach oben. Wie die Sage berichtet, konnte er sich eine kleine Rache an Eurystheus nicht versagen, der ihn ohne Sinn und Nutzen in ein gefährliches Abenteuer geschickt hatte: Vasenbilder zeigen, wie Hercules das Untier, wenn auch am Halfter gehalten, auf den König loslässt, der sich vor Angst in ein leeres großes Weinfass verkriecht. Hercules brachte den Cerberus danach wieder in die Unterwelt.

Dass Hercules nicht nur über Kraft und Mut, sondern auch über »Köpfchen« verfügt, zeigt er in der Geschichte von den »goldenen Äpfeln der Hesperiden«: Fern im Westen, am Rande der Erdscheibe, lebte der Gott Atlas, der auf seinen Schultern das Himmelsgewölbe trug. In seinem Garten pflegten seine Töchter, die Hesperiden, einen Baum mit goldenen Äpfeln. Ein Drache, den selbst ein Hercules nicht hätte bezwingen können, bewachte ihn. Trotzdem trug Eurystheus Hercules auf, diese Äpfel nach Griechenland zu bringen. Hercules versuchte es mit einer List: Er überredete den Gott Atlas, für ihn die Äpfel aus dem gefährlichen Garten zu holen, und erbot sich, solange die Himmelsschale an seiner Stelle auf die Schultern zu nehmen. Atlas ging, wie Hercules vermutet hatte, nur zu gern auf den Handel ein, weil er hoffte, auf diese Weise die drückende Last für immer loswerden zu können. Er kam zwar mit den Äpfeln zurück, machte aber keine Anstalten, die Last des Himmels wieder zu übernehmen. Hercules fügte sich zum Schein in sein Schicksal und bat nur noch um ein Kissen, das ihm das Tragen des Himmels erleichtern solle. Als Atlas den Himmel ein wenig anhob, damit Hercules sich das Kissen auf die Schultern legen konnte, ließ Hercules ihn mit dem Himmel stehen und entfernte sich schnell mit seiner goldenen Beute.

Abbildung auf der rechten Seite:
Hercules droht den Erymanthischen Eber in ein Fass zu stecken, aus dem Eurystheus bittflehend seine Arme reckt. Rechts und links Athena und Iolaus. Griechische Amphora aus dem späten 6. Jh. v. Chr.

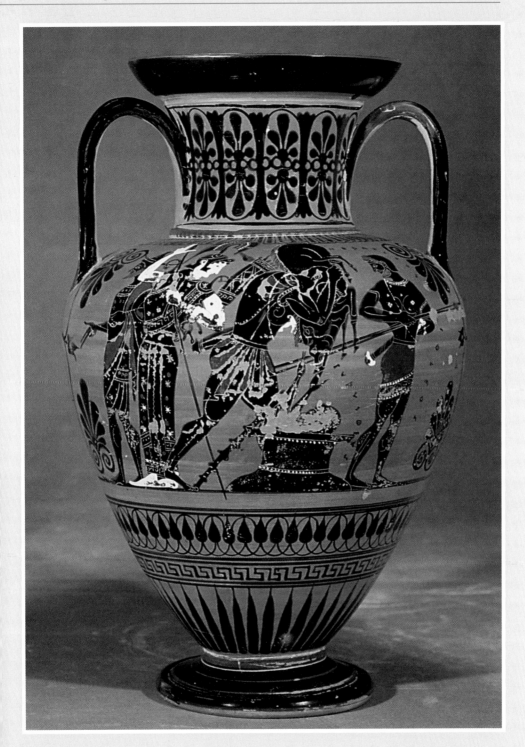

Text 1   Ein Abstieg in die Unterwelt

Olim Orpheus poeta in Thracia vivebat. Huic dei artem praeclaram dederant: Carminibus, quae lyra canebat, non modo homines delectabat, sed etiam bestias, immo arbores
5 saxaque ita movebat, ut gauderent, dolerent, riderent, flerent ut homines.

Cui poetae Eurydice, virgo Thraciae pulcherrima, amore capta nupsit. Sed sors mox finem composuit felicitati, non amori eorum: Eurydice, dum cum amicis per pratum ambu-
10 lat, morsu serpentis laesa et statim veneno occisa est.

Graviter Orpheus de uxoris morte doluit, saevis verbis deos accusavit: »Quis vestrum mihi dicere potest, cur tam crudeles sitis, dei? Qua de causa homines semper a vobis vexantur? Quis vestrum Eurydicem miseram et me perdidit?«
15 Orpheus, postquam ita deflevit fortunam miseram, »Nihil«, inquit, »prosunt verba mea. Cur non adeam deos Orci, ut uxorem mihi reddant?« – Ad portam Taenariam, ubi Orcus, regnum inferorum, intratur, se contulit. Carminibus suis etiam Cerberum, canem trium capitum, qui vigilabat ad por-
20 tam, ita mitigavit, ut virum fortem descendere ad inferos sineret. Tandem per animarum turbas, quae sine corporibus per tenebras migrant, ad Plutonem, regem Orci, et Proserpinam, uxorem eius, pervenit.

lyrā canere: zur Harfe singen

prātum: Wiese

morsū: durch den Biss

mītigāre: besänftigen

Text 2   Holt Orpheus Eurydice aus dem Totenreich zurück?

Stupuit Pluto, quod homo huc invaserat vivus: »Interrogo te, qua via nostrum regnum invaseris quoque animo legem aeternam deorum laedas.« Orpheus: »Interrogas me, Pluto,
5 cur huc venerim. Certe non in Orcum descendi, ut haec loca taetra ante tempus viderem. Causa viae coniunx est mea. Interrogo, cur Eurydice nova nupta mihi rapta sit. Dolorem tolerare non potui: Vicit Amor! Qui deus etiam his locis non est ignotus, nam te quoque Proserpinamque iunxit amor, ut
10 fama est. Non ignoro nos homines serius aut citius ad sedem venturos vestram atque omnibus hanc domum ultimam esse.

taeter, taetra, taetrum: scheußlich

nova nūpta: jung verheiratet

sērius aut citius: früher oder später

Orpheus, Eurydice und Hermes. Weiherelief. Römische Kopie nach einem Original aus der Zeit um 420 v. Chr.

Welchen Moment der Geschichte erzählt das Relief? Wie drückt der Künstler die Beziehungen der Personen zueinander aus?

Nonne Eurydici mihique licet huc venire tum, cum numeros annorum iustos expleverimus?« – Et canebat lyra amorem
15 doloremque suum.
Movetur animus Plutonis, movetur animus Proserpinae: Eurydicem vocant. Orpheum ad lucem praecedere, Eurydicem post eum incedere iubent, sed addunt legem duram: »Ne retro flexeris oculos in itinere! Aut omnia irrita erunt.«
20 Praecedebat Orpheus per viam arduam, obscuram, longam. Iam non procul aberant a porta Taenaria, iam lucem solis videbant, cum ille desiderio commotus uxorem videre cupivit oculosque retro flexit. – Frustra Eurydice manum mariti tangere temptavit; ultimum »Vale!« dixit. Rediit ad inferos
25 nimio mariti amore iterum necata.

> **numerōs annō-
> rum explēveri-
> mus:** wir haben die
> Zahl unserer
> Lebensjahre voll-
> endet

Zu Text 1

1 1. Welche besonderen Eigenschaften des Orpheus werden zu Beginn des Textes (Zeile 2–6) hervorgehoben?
   2. An welchen Stellen der Erzählung setzt Orpheus seine Fähigkeiten ein, um Eurydice zurückzugewinnen?

2 1. Welcher Grund für Orpheus' Handeln wird in der Geschichte immer wieder genannt?
   2. Welche Vorwürfe richtet er (Zeile 12–14) an die Götter? Durch welche stilistischen Mittel wird diesen Vorwürfen Nachdruck verliehen?

Zu Text 2

3　Welche Argumente trägt Orpheus den Göttern der Unterwelt vor (Zeile 4-14)? Welches Argument steht dabei im Mittelpunkt?

4　1. Wie werden die Unterwelt und die Verstorbenen, die sich dort aufhalten, beschrieben?
　　2. Welche anderen Vorstellungen von einem Leben nach dem Tod kennst du?

5　Verwandle die vier indirekten Fragesätze des Textes in direkte Fragesätze.

6　Verwandle folgende direkte Fragen in indirekte, indem du sie abhängig machst von *Orpheus interrogat*. (Achtung: Manche Pronomina müssen verändert werden.)

　　1. Qua de causa dei homines vexant?
　　2. Cur coniunx mea tam amata veneno serpentis occisa est?
　　3. Quis deorum me perdere voluit?
　　4. Iunxitne vos quoque Amor?
　　5. Estne Amor hic ignotus?
　　6. Licetne me uxorem videre?

7　Verwandle die Verbformen, die im Indikativ stehen, in den Konjunktiv und umgekehrt.

tuli – posset – eat – iit – prodiderunt – creabatis – laudas – mutetis – duxeritis – ferebamus – delebatis – expugnatum est – aedificaverunt – renovatur – repellatur – sedeat – videatur – relinqueris – trahebatis – traxeris – vituperaremur – violetur – nuntiatum est – superaret

8　Richte Verbote an die 2. Person Singular oder Plural im Konjunktiv Perfekt.

Beispiel: Sei nicht so ein Angsthase! (timere) Ne timueris!

　　1. Huch, mich fasst einer an! (me tangere)
　　2. Bleib bloß weg! (venire)
　　3. Tu mir nichts! (me violare)
　　4. Fangt das erst gar nicht an! (id temptare)
　　5. Sei nicht so ein Jammerlappen! (gemere)
　　6. Lasst lieber die Finger davon! (id facere)
　　7. Immer mit der Ruhe, mein Lieber! (me incitare)
　　8. Vorsicht! Fensterscheiben! (pila ludere)
　　9. Vorsicht! Krokodil! (hic natare)
　　10. Du lässt dir aber auch alles gefallen! (id tolerare)

9 Welche römischen oder griechischen Götter erkennst du auf dem Bild? Welche »Tätig-
keitsbereiche« haben sie?

189

Musik bei den Griechen und Römern

Der griechische Sänger Orpheus soll durch sein Harfenspiel und sein Singen nicht nur auf Götter, sondern auch auf Menschen, Tiere, Pflanzen, ja sogar auf leblose Dinge wie Steine eine zauberhafte Wirkung ausgeübt haben. Die Sage, die das berichtet, lässt ahnen, welch große Rolle die Musik im Leben der Griechen und Römer gespielt haben muss. Bei religiösen Feiern, Opfern, Prozessionen an Staatsfesten, Theateraufführungen und privaten Geselligkeiten spielten Musiker und Musikerinnen. Viele Städte hatten ein *odeion*, ein Konzertpodium vor einem Halbrund von aufsteigenden Zuhörersitzen, auf dem Sänger oder Instrumentalisten Konzerte gaben. Sie waren oft »international« berühmte Künstler, die gegen große Gagen in Gestalt von goldenen Kränzen oder Schalen spielten und ihr Publikum von weit her anzogen. Die Theaterstücke der athenischen Tragödiendichter, vor allem die des Euripides (gest. 406 v. Chr.), müssen unseren Opern ähnlich gewesen sein. Es wurde in ihnen nicht nur gesprochen; sie enthalten auch Arien, Duette und Chorlieder, die zu Instrumentalbegleitung gesungen wurden.

Wie sich diese Musik anhörte, wissen wir nicht. Obwohl die Griechen eine Art Notenschrift kannten, ist uns von den »Noten« auf Papyrusfetzen oder Inschriften so wenig erhalten, dass wir uns keine Vorstellung vom Klang dieser Musik machen können. Vielleicht käme sie unseren Ohren sehr fremdartig, wenn nicht gar langweilig vor. »Bausteine« der griechischen Musik, gewissermaßen ihre »Tonleiter«, waren in der Regel vier Töne, beispielsweise a – g – f – e, die wie in unserer Musik in mehreren Tonarten auftreten und variiert werden konnten. Die Saiteninstrumente hatten meist vier bis sieben Saiten, die zwar in Intervallen gestimmt waren, aber keine Griffbretter zur Erzeugung weiterer Töne hatten. Akkorde, Mehrstimmigkeit und Orchester waren unbekannt. Die Sänger begleiteten sich selber auf gezupften Saiteninstrumenten, auch ein Bläser spielte allein. Umso erstaunlicher ist, wenn berichtet wird, dass die Künstler manchmal mit solch bescheidenen Mitteln ihr Publikum zu begeistertem Rausch hinreißen konnten, nicht anders als manche heutige Musikgruppen mit ihren ungleich größeren musikalischen und technischen Möglichkeiten.

Das wichtigste Saiteninstrument war die *lyra* (s. Abb. S. 196), der eine echte (oder aus Holz nachgeahmte) Schildkrötenschale als Klangkörper diente. Zwei hornartig gebogene Stangen trugen die vier oder fünf Saiten. Auf die *kithara* aus Holz (s. Abb. S. 191) konnte man bis zu sieben Saiten spannen. Sie war größer und schwerer und wurde mit einem Tragband gehalten. Sie war das Instrument des Gottes Apollo sowie der großen Konzertkünstler. Der *aulos* (lateinisch *tibia*) war das bekannteste Holzblasinstrument, das in Technik und Klang unserer Oboe

190

ähnelte. Auf den Abbildungen sind meist zwei dieser Röhren mit einem Ledermundstück so verbunden, dass sie von einem Bläser oder einer Bläserin gleichzeitig gespielt werden konnten.

Die Römer hatten außerdem noch ihre beim Militär verwendeten Blechblasinstrumente *tuba* (gerades Trompetenrohr) und *cornu* (gekrümmtes Horn).

Orpheus und die wilden Tiere. Mosaik aus Paphos (Zypern), 3.–4. Jh. n. Chr.

Text 1 Penelope am Webstuhl

O Ulixes, cur memoria uxoris tuae ex animo tuo discessit?
Num nescis, quot annos quantoque desiderio te expectave-
rim?
5 Cum Troiam decem annos obsessam tandem captam esse
cognovissem, quam felix eram illo die!
Tum denique te intra paucos menses domum rediturum esse
mihi sperare licuit…
Cum navem aliquam ad oram Ithacae advenisse nuntiatum
10 erat, te hac in nave esse credebam.
Graeci, qui pugnis superfuerant, in patriam redierunt summa-
que cum laetitia a suis accepti sunt.
Ego autem maritum frustra exspectabam.
Tu non redisti, cum non ignorem te Troiam iam ante decem
15 fere annos reliquisse.
Ferunt etiam te nuper aliquo loco visum esse…
Nescio an alio amore captus sis…
Nec mirum – me nunc veterem esse verum est.
Sed cur ne Telemachum quidem filium neque Laertem,
20 patrem veterem, desideras?
Ii quidem non minus indigent tui quam coniunx tua!

O, si Paris Helenam non rapuisset!
Nisi principes Graecorum a Menelao convocati essent,
ut in Asiam irent ultionemque a Troianis peterent, –   **ultiō,** ultiōnis f.:
25 tu domi mansisses, nos una vixissemus, Telemachum una ado-   Vergeltung
lescere vidissemus – beati fuissemus!
Sed Paris Helenam rapuit,
Menelaus nimis cupidus ultionis fuit,
tu ceteris cum Graecis in Asiam navigavisti.

30 O, quot homines ante Troiam ceciderunt,
o, quot coniuges, parentes, liberi
timoribus doloribusque vexati sunt!
Qua de causa? – Propter honorem unius viri laesum!

192

Penelope am Webstuhl, dargestellt auf einem griechischen Becher, um 460–440 v. Chr.

Text 2   Die Freier der Penelope

Nonne viros istos nunc in aula regia tua clamare et cantare
audis? Cum regnum tuum rege orbatum esse vidissent, multi
venerunt, ut me, uxorem tuam, in matrimonium ducerent,
5 ut eo modo ipsi regnarent.
Si te rediturum esse credidissent, huc non venissent
neque tam impudentes essent.
Nunc autem hospitio abutuntur, greges nostros caedunt,
vinum nostrum bibunt. Dies festos noctesque festas habent.
10 Etiamsi quis procorum mihi placeat,
matris est regnum servare filio.
Itaque dolum composui:
vestem feralem Laertis, patris tui, mihi texendam esse dixi,
aliter mihi nubere non licere.
15 Interdiu igitur vestem texo, sed noctu, ut nunc, clam retexo.
Ignoro, quam diu procos hoc dolo decipere possim.
Ignoro, quid facturi sint, si fraudem cognoverint.

Voces gradusque hominum appropinquare audio…
Vae mihi!

rēge orbātum: des Königs beraubt

abūtuntur m. Abl.: sie missbrauchen

procus, ī m.: Freier

vestem fērālem mihi texendam esse: ich müsse das Leichenkleid weben

texere: weben

retexere: wieder auflösen

1 Zu Text 1

1. In welchen Abschnitten denkt Penelope an die Vergangenheit, in welchen spricht sie über ihre gegenwärtige Situation (beachte die Tempora)?
2. Welche Ereignisse der Vergangenheit kommen ihr in den Sinn? Ordne diese auf einem Zeitstrahl ein, der mit der Abfahrt der Griechen aus Griechenland beginnt.

⟶

Abfahrt der Griechen

Wie viele Jahre liegen zwischen der Abfahrt der Griechen und dem letzten Ereignis?
Zu welchem Zeitpunkt spricht Penelope?
Wie alt muss sie mindestens sein?

3. In welchen Abschnitten des Textes überlegt Penelope, wie das Leben des Odysseus und ihr eigenes hätten verlaufen können? Welche Gründe für den Ausbruch des Trojanischen Krieges nennt sie?

2 Zu Text 2

Vae mihi! (Zeile 19): Erkläre, weshalb Penelope sich sehr bedrängt fühlt. Mit welchen stilistischen Mitteln wird in Text 2 die schwierige Lage, in der sie sich befindet, hervorgehoben?

3 Betrachte das Bild S.193: Wie stellt der Künstler Penelopes Situation dar?

4 Bei Text 1 und Text 2 handelt es sich um so genannte »innere Monologe«. Finde charakteristische Merkmale dieser Textform heraus.

5 Welche semantischen Funktionen haben die mit *cum* eingeleiteten Sätze in Text 1 und Text 2 jeweils?

6 Übersetze und gib die Semantik der *cum*-Sätze an.

1. Sabini, cum a Romanis salutati essent, per urbem novam ducti sunt.
2. Cum virgines a Romanis raptae essent, Sabini a parentibus earum ad bellum incitabantur.
3. Oedipus, cum dedecus suum cognovisset, sua manu se cae-   **caecāre:** blenden
cavit.

194

4. Antigone fratrem sepelivit, cum Creon imperavisset, ut
   Polynices insepultus relinqueretur. **īnsepultus:** unbe-
5. Antigone id officium praestitit, cum fas et mos maiorum graben
   imperavisset.
6. Iuppiter, cum Alcumenam coniugem amare sciret, dolum
   composuit.
7. Cum Hercules capita Hydrae contunderet, numerus **contundere:** zer-
   eorum non minuebatur. schlagen

7 Was wäre wohl geschehen, wenn…?
Ordne passende Satzhälften einander zu, schreibe die vollständigen Sätze in dein Heft
und übersetze sie.

1. Nisi Menelaus tam cupidus ultionis fuisset, **ultiō,** ōnis f.: Ver-
2. Si Penelope alio amore capta esset, geltung
3. Nisi Odysseus domum redisset,
4. Nisi Paris Helenam rapuisset,
5. Si Odysseus domi mansisset,
6. Nisi Odysseus Troiam navigavisset,

a) Penelope alicui procorum nupsisset. **procus,** ī m.: Freier
b) num domi mansisset?
c) alius fortasse eam rapuisset.
d) num vitam iucundam egisset?
e) quot coniuges, parentes, liberi doloribus vexati non essent!
f) regnum filio non servavisset.

8 Was bedeutet folgender Spruch?
»Si tacuisses, philosophus mansisses.« **philosophus,** ī m.:
Philosoph

9 Wer kennt sich in der Odyssee aus?

– »Nescio an alio amore captus sis«
(Text 1, Zeile 17): Hat Penelope mit ihrer Vermutung Recht oder nicht?

– »fraudem cognoverint«
(Text 2, Zeile 17): Bemerken die Freier den Betrug oder nicht?

– »hospitio abutuntur, greges nostros caedunt« **abūtuntur** m. Abl.:
(Text 2, Zeile 8): Welche Folgen hat dieses Verhalten für die sie missbrauchen
Freier?

Männer und Frauen in der Antike

Die griechische und die römische Gesellschaft waren Männergesellschaften. In Politik und Gesellschaft bestimmten Männer allein; auch die Ordnung im Bereich der Familie war vorwiegend an ihren Interessen orientiert: Der vorrangige Zweck einer Familiengründung bestand für den Mann darin, Familienbesitz und Namen an einen Sohn und gesetzlichen Erben weiterzugeben. Deshalb war es für ihn sehr wichtig, dass seine Vaterschaft sicher feststand.

Das führte bei den meisten griechischen Völkern dazu, Frauen und Mädchen streng zu beaufsichtigen. Sie lebten weitgehend isoliert im Frauengemach *(gynaikeion)*. Es befand sich im inneren Teil des Hauses und außer vom Hausherrn durfte es von keinem Mann betreten werden. Sich heimlich dort einzuschleichen, konnte lebensgefährlich werden: Der Hausherr durfte jeden Mann, den er dort ertappte, auf der Stelle ungestraft erschlagen.

Nur bei religiösen Feiern war es den Frauen gestattet, das Haus zu verlassen. Sie zogen dann in einer Prozession durch die Straßen zum Tempel oder fuhren auf

Dionysosdienerinnen (Mänaden) bei der Vorbereitung eines Festes für ihren Gott. Dargestellt auf einer griechischen Vase, 5. Jh. v. Chr. Umzeichnung.

196

Römische Emailfibeln (eine Fibel diente zum Schließen von Kleidungsstücken) aus Gräbern in Heidelberg-Neuenheim, 2. Jh. n. Chr.

festlich geschmuckten Wagen. Wenn wir den Komödiendichtern trauen dürfen, nutzten Männer diese willkommene Gelegenheit gern, um Kontakte zu Frauen oder Mädchen anzubahnen, die sie sonst nie zu sehen bekamen.

Das Leben der Männer war weit abwechslungsreicher als das der Frauen; es spielte sich in der Öffentlichkeit ab: in der Stadt, auf dem Markt (agorá). Da es damals noch keine Cafés gab, traf man sich zum Diskutieren in den Läden der Handwerker. Dort führte zum Beispiel der athenische Philosoph Socrates seine Gespräche mit den anwesenden Müßiggängern. Plato, einer seiner Zuhörer, hat sie aufgeschrieben und uns überliefert.

Die geschilderten Verhältnisse galten allerdings nur für eine reiche Minderheit der Stadtbewohner, die über Besitz und hinreichendes Einkommen verfügte und von Sklavinnen und Sklaven versorgt und bedient wurde. Die Mehrheit der Familien war arm; Mann und Frau arbeiteten hart, um zu überleben. Auf dem Lande war das selbstverständlich, aber auch in der Stadt nahmen Frauen am Erwerbsleben teil. Wir wissen das zum Beispiel aus den Komödien des Aristophanes, in denen häufig energische und schlagfertige Marktfrauen vorkommen, die ihre Produkte feilbieten.

In der römischen Gesellschaft waren die Rollen von Männern und Frauen ähnlich verteilt wie in der griechischen. Auch hier stand die Frau lange Zeit unter der Vormundschaft des Vaters oder des Ehemannes; erst in der Kaiserzeit erlangte sie im

Privatrecht eine den Männern vergleichbare Stellung. Die Römerinnen hatten allerdings schon immer mehr Selbstständigkeit als die Griechinnen. Im Haus waren sie die Herrinnen, ihr Leben war aber nicht auf das Haus beschränkt. Wenn sie durch Arbeit außerhalb des Hauses zum Familieneinkommen beitrugen, steigerte das ihre persönliche Freiheit und Unabhängigkeit.

Der Zensor Metellus behauptete einmal in einer Rede, die Ehe sei eine lästige Pflicht, der man sich (als Mann!) nur unterziehe, um den Staat zu erhalten. Wie die Frauen darüber dachten, können wir nur vermuten: Sie haben in der antiken Literatur keine Stimme. Was wir dort – etwa bei Ovid oder Euripides – über Frauen lesen, wurde von Männern geschrieben und gibt deren Sichtweise und deren Vorstellungen wieder. Dass aber nicht alle so dachten wie Metellus, belegt zum Beispiel die Grabinschrift des Aurelius Hermia und seiner Frau.

Wandmalerei in einem Gesellschaftsraum der Villa dei Misteri in Pompeji, um 40–30 v. Chr.

Relief auf dem Grabbau des Aurelius Hermia und seiner Frau.

Lucius Aurelius, Freigelassener des Lucius, Hermia, Fleischer auf dem Viminals-
hügel

[sagt über seine Frau]

Diese, die vor mir starb als treue und ehrenhafte
Ehefrau, liebevoll einzig mir ergeben,
lebte treu für den treuen Mann in gleichem Streben,
wobei sie niemals aus Eigennutz von der Pflicht abwich.

Aurelia, Freigelassene des Lucius, Philematium

[sagt über ihren Mann]

Als ich noch lebte, wurde ich Aurelia Philematium genannt,
ehrenhaft, anständig, allem Gemeinen fremd, treu dem Manne.
Er war Ehemann und zugleich Mitfreigelassener – oh, ich entbehre ihn –
er war mir wahrhaft mehr als ein Vater:
Als ich sieben Jahre alt war, nahm er mich auf und sorgte für mich.
Mit vierzig Jahren ereilte mich der Tod.
Mein Mann stieg durch meine eifrige und pflichtbewusste Mitarbeit zu jedem
Erfolg auf.

Vergleiche die Aussage des Grabsteins mit dem Text »Männer und Frauen in der Antike«.

199

Ein Philosoph. Wandgemälde in der Villa Boscoreale bei Pompeji, 1. Jh. v. Chr.

Pro und Contra

Nachdem die römischen Legionen in der Schlacht bei Pydna (168 v. Chr.) die einzige griechische Großmacht Makedonien besiegt hatten, gerieten die griechischen Stadtstaaten, wie z. B. Athen, unter römische Vorherrschaft, auch wenn sie vorläufig noch ihre Selbstständigkeit behielten. Bei wichtigen politischen Entscheidungen mussten sie Gesandtschaften nach Rom schicken, um die Zustimmung des Senats einzuholen.

Im Jahr 155 v. Chr. schickten die Athener die Vorsteher ihrer berühmten Philosophenschulen als Leiter und Sprecher einer solchen Gesandtschaft nach Rom, damit sie vor dem Senat die Angelegenheiten der Stadt vortrügen.

Legati verbis gravibus curas civitatis enarraverunt.
Consules verbis eorum auditis auxilium promiserunt.
Interim legatis per domos Romanorum nobilium invitatis
5 Carneades, praeclarus ille Atheniensium philosophus, roga-
tus est, ut orationem haberet de natura deorum.
Carneades: »A vobis, Romani, interrogatus, essentne dei,
respondeo: ›Sunt.‹ Mea quidem sententia dei immortales
humanas res curant et mundum totum regunt. Itaque homi-
10 nes non modo deos sacrificiis iure colunt, sed etiam fidem,
iustitiam, pietatem servant, quae nobis datae sunt a deis.
Eaedem bonas iustasque faciunt civitates. Nisi vos, Romani,
pietatem erga deos servavissetis bonosque mores iustitiam-
que coluissetis, res publica vestra numquam tanta gloria
15 affecta esset.«
Verbis tam blandis auditis cuncti gaudebant. Cum postridie
Carneades iterum invitatus esset, ut orationem haberet, fama
illius totam per urbem diffusa etiam plures convenerunt.
Silentio facto Carneades »Heri,« inquit, »me interrogavistis,
20 essentne dei. Aiebam esse. Hodie vobis ostendam deos non
esse. – Nam dei, si essent, mundum optime regerent. At interrogo vos: ›Num mundus optime regitur? Num deos homines
scelestos a maleficiis prohibere vel punire videtis?‹ –
Dei, cum nihil agere appareant, aut dormiunt aut omnino
25 non sunt. Itaque timor vanus deorum homines movet. Immo
vero, cum cura deorum absit, hominum est leges dare, hominum est cives malos civitatesque malas coercere. Qua re vos,
Romani, finibus imperii prolatis leges populis alienis imponi-
tis. Eo modo res publica vestra tanta gloria affecta est. Itaque
30 deis opus neque erat neque est.«
His verbis impiis auditis tamen oratio Carneadis a nonnullis
laudabatur. Praecipue iuvenes rem in utramque partem
disputatam esse gaudebant. Senatores autem, cum mores
maiorum illa philosophia Graeca deleri putarent, senatu con-
35 vocato Carneadem et omnes philosophos Roma exire iusserunt.

ēnārrāre: vortra-
gen

eaedem (Nom.
Pl. f.): dieselben; sie
… auch

diffūsus: PPP von
diffundere: verbrei-
ten
āiēbam: ich
behauptete

**in utramque par-
tem:** nach beiden
Seiten hin

1 1. Gliedere den Text in folgende Teile: Einleitung, Erörterung des Themas, Reaktionen der
Hörer.
2. Welche Aufgabe hat die Einleitung?
3. Welches Thema wird erörtert? In welche Abschnitte kann man die Erörterung gliedern?

2 1. Stelle die Thesen, die Carneades in seinen Reden vertritt, einander gegenüber. Wie begründet er sie? Zitiere jeweils die wichtigen Begriffe lateinisch.

2. Beschreibe die Reaktion auf die Reden des Carneades. Wie sind die unterschiedlichen Meinungen über Carneades zu erklären? Warum reagieren einige Römer so heftig?

3 Betrachte die Bilder S. 200 und S. 205: Wie stellte man sich im Altertum Philosophen vor? Auf welche Weise »philosophieren« die antiken Personen nach der Vorstellung des Raffael?

4 Zitiere aus dem lateinischen Text Substantive, die das Verhältnis der Menschen untereinander und das Verhältnis zwischen Menschen und Göttern beschreiben.

5 Schreibe aus dem Text die ablativi absoluti heraus und erschließe jeweils aus dem Satzzusammenhang ihre semantische Funktion.

6 Übersetze folgende ablativi absoluti durch Gliedsätze. Leite diese jeweils mit einer temporalen, kausalen oder konzessiven Konjunktion ein. Ergänze deutsch einen Satzzusammenhang, in dem die unterschiedlichen Übersetzungen jeweils einen Sinn ergeben.

Beispiel: Troia decem annos obsessa…

a) Nachdem Troia zehn Jahre lang belagert worden war, … (erfand Odysseus eine List).

b) Weil Troia zehn Jahre lang belagert worden war, … (waren viele Bewohner verzweifelt).

c) Obwohl Troia zehn Jahre lang belagert worden war, … (konnten die Griechen die Stadt nur mit List erobern).

1. Graecis summa cum laetitia a suis acceptis
2. Troia relicta
3. Helena rapta
4. Principibus Graecorum a Menelao convocatis
5. Multis hominibus caesis
6. Coniugibus, parentibus, liberis doloribus vexatis
7. Regno rege orbato
8. Diebus festis habitis
9. Dolo composito
10. Fraude cognita

orbātus m. Abl.:
beraubt

7 Versuche, möglichst viele ablativi absoluti aus Aufgabe 6 durch einen präpositionalen Ausdruck zu übersetzen.

Beispiel:

hoc nuntio audito
auf diese Nachricht hin – auf Grund dieser Nachricht – trotz dieser Nachricht

Bei welchen ablativi absoluti ist diese Übersetzungsart unschön oder gar nicht möglich?

8 Der Dichter Horaz schreibt ungefähr 150 Jahre nach den im Text beschriebenen Ereignissen:

»Graecia capta ferum victorem cepit.«   **ferus:** wild

Überlege, was er damit gemeint haben kann. Lies hierzu auch noch einmal die Texte »Die römische Schule« (S. 15–16) und »Rom und die griechische Philosophie«.

9 Sunt dei – non sunt dei.
Bildet zwei Gruppen, sammelt Argumente und diskutiert darüber.

Zwei Redner aus dem Trierer »Rhetorenmosaik«, um 200 n. Chr.

203

Rom und die griechische Philosophie

Die Geschichte vom Auftreten des athenischen Redners Carneades in Rom beruht auf Wahrheit. Es wird bezeugt, dass er dort in zwei aufeinander folgenden Vorträgen einmal *für* die Gerechtigkeit als segensreiche Ordnung unter den Menschen, einmal *gegen* die Gerechtigkeit gesprochen habe mit der Begründung, sie sei schädlich für die menschliche Gemeinschaft, und das beide Male offenbar mit einleuchtenden Argumenten.[1] Carneades war jedoch kein Scharlatan, der seine Hörer nur mit Wortverdrehungen an der Nase herumführen wollte. Seine Methode des *in utramque partem dicere* wollte die Menschen Bescheidenheit und Zurückhaltung im Denken und Meinen lehren, wenn sie sehen konnten, dass es zu vielen Ansichten auch eine Gegenmeinung gab. Sie sollten nicht auf vorgefassten Meinungen beharren, sondern zweifeln und lieber ihr Urteil zurückhalten und ihr Nichtwissen eingestehen. Denker wie er nannten sich »Skeptiker«, und mit diesem Wort bezeichnen wir auch heute noch Menschen, die nichts ungeprüft hinnehmen. Für die damalige römische Oberschicht war ein Denken, wie es Carneades vorführte, jedoch ein Skandal. Dass man an die Götter glauben, aber auch ebenso gut nicht glauben, Gerechtigkeit für gut, aber auch für nicht gut halten konnte, zerstörte nach ihrer Befürchtung die fest gefügten Ordnungen, die ihnen als »Sitten der Vorväter« überliefert waren. Sie reagierten auf diesen Schock mit Verbot der Philosophie und Vertreibung der Philosophen aus Rom.

In späterer Zeit, als die Römer gelernt hatten, die Kultur der Griechen, ihre Wissenschaft und Medizin zu schätzen, war man offener auch für ihre Philosophie. Viele gebildete Römer schlossen sich der Lehre der Stoiker an (benannt nach der »Stoa«, einer Halle auf dem Markt in Athen, in der die ersten Stoiker lehrten). Die stoische Philosophie kam den altrömischen Tugenden der Gerechtigkeit und der Pflichterfüllung in vieler Hinsicht entgegen. Es waren auch Römer, wie der Philosoph Seneca (4 v. Chr. – 65 n. Chr.) und der Kaiser Marc Aurel (121–180 n. Chr.), welche die Lehren der Stoiker in literarischer Form überlieferten.

Die Stoiker lehrten: Oberster Wert, nach dem der »Weise« streben soll, ist die *virtus*, die aufrechte, standhafte Haltung, welche in allen Lebensschicksalen die Menschenwürde bewahrt. Um sie zu erwerben und sich zu erhalten, muss der Mensch ständig an sich arbeiten, sich selber erziehen und sich immer fragen, wie Seneca und Marc Aurel es in ihren Schriften tun, ob man der Vernunft folgt und der Natur gemäß lebt. Äußere gute Lebensumstände wie Glück, Reichtum, Macht, aber

---

1 Was er dort im Einzelnen zu diesem Thema gesagt hat, wissen wir nicht. Der Lektionstext über Existenz bzw. Nichtexistenz der Götter beruht auf freier Erfindung, welche nur Carneades' Methode des »pro und contra« nachahmt.

Ausschnitt aus: »Die Schule von Athen«. Gemälde von Raffael, entstanden etwa 1510.

auch Schicksalsschläge wie Armut und Unglück, ja selbst ein Leben als Sklave sind im Vergleich zur *virtus* unwichtig. Die *virtus* lehrt den Menschen, in »stoischer Ruhe« zu ertragen, was das Schicksal für ihn bestimmt hat.

Die Stoiker waren die Ersten, die den heute verbreiteten Ideen von »Einer Welt für alle« anhingen, ohne Rücksicht auf Nationszugehörigkeit oder soziale Stellung. Sie sahen sich als Kosmopoliten, als »Weltbürger«.

Text 1 Socrates

Socrates, Phaenarete matre obstetrice et Sophronisco patre marmorario genitus, non solum hominum consensu, sed etiam Apollinis oraculo sapientissimus iudicatus est.

5 Qui hominibus suasit, ut a deis immortalibus nihil aliud peterent quam bonum. A deis enim scientibus, quid nobis bonum et utile sit, nos plerumque petimus, quod nobis nocet.

Nam tu, mens mortalium, tenebris erroris et inscientiae circumfusa, multa falsa cupis:
10 Divitias appetis multos perdentes, honores concupiscis plerosque corrumpentes. Desine igitur stultis atque fallentibus rebus studere. Arbitrio deorum te permitte. Deis bona eligentibus et tribuentibus
15 ad virtutem pervenies.

obstetrīx, īcis f.: Hebamme

marmorārius: Steinmetz

sapientissimus: der Weiseste

circumfūsus m. Abl.: umhüllt von

concupīscere: begehren

Text 2 Die Verteidigungsrede des Socrates

Socrates wird 399 v. Chr. angeklagt, er glaube nicht an die Götter und verderbe die Jugend. Wie kam es zu dieser Anklage? In seiner Verteidigungsrede vor Gericht versucht Socrates den Gründen für diese Verleumdung nachzugehen.

Quid istam infamiam mihi intulit? Audite, iudices! Nulla alia causa infamiam illam cepi quam sapientia quadam. – Sed quae est haec sapientia, quam oracu-
5 lum Apollinis mihi attribuit? Eo oraculo edito mecum cogitabam: »Equidem non ignoro me sapientem non esse. Quid ergo deus iis verbis declaravit?«

Denique hoc modo de oraculo quaerere coepi: Virum nobilem, qui omnibus et sibi praecipue videbatur sapiens esse,
10 adii, ut ostenderem: Hic vir sapientior est quam ego. Quem et inspiciens et interrogans et inquirens – eum non nomino; unus ex iis erat, qui in re publica versabantur – intellexi istum virum videri quidem sapientem, sed non esse.

quaerere dē: Untersuchungen anstellen über

vidēbātur: er schien

sapientior: weiser

quī in r. p. versābantur: die zu den Politikern gehörten

vidērī (Inf.): scheinen

206

Socrates. Marmorbüste,
Kapitolinische Museen, Rom.

Quod ei multis audientibus demonstravi. Itaque non solum ei, sed etiam multis
15 aliis civibus odio fui.
Abiens mecum cogitabam: Iste se aliquid scire putabat – nihil sciens. Ego autem –
nihil sciens – me nihil scire puto. Eodem modo ex multis quaesivi, num quid sci-
rent. Postremo fabros interrogabam. Nam mihi persuasum erat eos magna cum
sapientia multa et pulchra perficere posse, quae ego perficere non possum. Sed illi
20 opera admirabilia perficientes etiam ceteris in rebus se sapientissimos esse puta-
bant, quod non erant.
Quod cum et illis demonstravissem, mihi tantae inimicitiae exstiterunt, ut nunc in
ius ductus sim.

Zu Text 1

1 1. Gib den beiden Teilen des Textes Überschriften.
2. Welche Informationen über die Person des Socrates enthält der Text?

2 1. Stelle alle Begriffe aus dem Sachfeld Philosophie zusammen; ordne diese nach
»Gutem und Dingen, die man erstreben soll« und »Schlechtem und Dingen, die man
meiden soll«.

Erstrebenswertes/Gutes	Zu Vermeidendes/Schlechtes

2. Werte die Tabelle aus:
   – Nach welchem höchsten Ziel soll der Mensch streben?
   – Was soll er vor allem meiden und warum soll er es meiden?
   – Kannst du der Bewertung des Autors zustimmen? Suche Beispiele aus der heutigen Zeit dafür, dass seine Behauptungen richtig bzw. falsch sind.

Zu Text 2

3 1. Welche Fragen stellt Socrates sich selbst?
   2. Welche Verben bezeichnen die Methode, mit der Socrates den Orakelspruch untersucht?

4 1. Wie beurteilt Socrates sein eigenes Wissen?
   2. Wie beurteilt er das Wissen des Politikers, mit dem er sich unterhält?
   3. Wodurch unterscheidet sich Socrates von dem Politiker?

5 1. Worin besteht die *sapientia* der Handwerker?   2. Was ist ihr Fehler?   3. Wodurch unterscheidet sich Socrates von ihnen?

6 Weshalb sagt Socrates: »Nulla alia causa infamiam illam cepi quam sapientia quadam« (Zeile 3–4)?

7 Zeichne eine Tabelle in dein Heft und trage alle ablativi absoluti, die in Text 1 und Text 2 vorkommen, ein. Ordne sie nach folgendem Prinzip:

PPA	PPP

8 Was passt wozu? Ordne den ablativi absoluti die passenden Ergänzungen zu. (Zur Kontrolle der Lösung: Vor den Ablativen stehen Buchstaben, die, wenn sie den richtigen Ergänzungen zugeordnet werden, die Namen zweier wichtiger Römer ergeben.)

(U) anno ineunte   (U) his verbis dictis
(L) equo aedificato   (O) porta aperta
(S) Tarquinio expulso   (M) hostibus in fines nostros invadentibus
(M) liberis ludentibus   (R) multis hominibus falsa optantibus
(S) cena parata   (U) urbe crescente
(E) discipulis bene discentibus   (R) his rebus diu disputatis

1. predigte der Philosoph über richtiges Kaufverhalten.
2. schlich die Katze in die Küche und schnappte sich den Braten.
3. alarmieren wir den Weltsicherheitsrat.
4. blühen die Schneeglöckchen.
5. musste Aeneas die Koffer packen.
6. knallte er die Tür hinter sich zu.
7. stürzten sich alle auf den Pudding.
8. waren wir nicht schlauer als vorher.
9. meckerte der Lehrer immer noch.
10. kam der Hausmeister und scheuchte sie vom Rasen.
11. gibt es Probleme mit der Müllabfuhr.
12. gingen die Römer ins Wahllokal.

9 Welche semantischen Funktionen können Gliedsätze haben, die mit folgenden Konjunktionen eingeleitet sind?

cum mit Konjunktiv	cum mit Indikativ
ut mit Konjunktiv	ut mit Indikativ
quamquam	postquam
ne mit Konjunktiv	quia
si	nisi
ubi	etsi

Schreibe die Konjunktionen untereinander in dein Heft und ordne ihnen folgende semantische Funktionen zu (bei einigen Konjunktionen gibt es mehrere Möglichkeiten):

temporal – kausal – konzessiv – konditional – komparativ – final – konsekutiv

10 Sätze antiker Philosophen zum Nachdenken

Der Weg hinauf ist derselbe wie hinab. (Heraklit von Ephesos, um 500 v. Chr.)

In die gleichen Flüsse steigen wir und steigen wir nicht. Wir sind es und sind es nicht. (Heraklit)

Alle Menschen streben von Natur danach zu wissen. (Aristoteles, um 350 v. Chr.)

Solange das Leben verschoben wird, eilt es vorüber. (Seneca, um 50 n. Chr.)

Ich weiß, dass ich nichts weiß. (Socrates, um 430 v. Chr.)

Socrates

Wie kaum ein anderer hat der Athener Socrates (470–399 v. Chr.) die Philosophie beeinflusst. Das ist umso erstaunlicher, als er selbst kein einziges geschriebenes Wort hinterlassen hat. Er meinte sogar, die Erfindung der Schrift habe keinen Fortschritt für die Menschheit bedeutet, denn nur im lebendigen Gespräch von Fragen und Antworten, die selber wieder neue Fragen aufwürfen, komme man der Wahrheit nahe. Dieses Verfahren nannte er »Dialektik« (Kunst der Gesprächsführung), und die Art und Weise, wie Socrates diese Kunst im Streitgespräch mit Priestern, Künstlern, Politikern, Militärs und anderen Athenern einsetzte, faszinierte viele Zuhörer, nicht zuletzt Jugendliche aus dem Adel, die, durch das Vordringen der Demokratie in Athen verunsichert, damals bei mancherlei Lehrern der Weisheit nach neuer Orientierung suchten.

Dabei entsprach ihr Idol Socrates äußerlich ganz und gar nicht dem Ideal der vornehmen jungen Männer, die, selber schön und schön frisiert, mit Spazierstock durch Athens Straßen schlenderten, wie der Bildausschnitt von einer griechischen Schale zeigt. Socrates war ein armer Handwerker, hässlich, mit niedriger Stirnglatze und knolliger Nase. So jedenfalls stellen ihn die Marmorbüsten dar, die in späterer Zeit den Meister nach der Schilderung seiner Schüler abgebildet haben (s. Abb. S. 207).

Socrates trug, anders als die Naturphilosophen, keine »Lehre« vor; er unterrichtete auch keine Schüler in einer Kunst, z. B. der Redekunst, wie es manche durch die griechischen Städte reisende Lehrer taten, die sich »Sophisten« nannten. Auch unter diesen gab es Berühmtheiten, die lernbegierige junge Leute um sich sammelten. Wie Plato in einem seiner schönsten Dialoge erzählt, wurde Socrates einmal im Morgengrauen durch einen jungen Freund geweckt, der in seine Schlafkammer stürmte und ihm aufgeregt erzählte, der große Sophist Protagoras sei in Athen angekommen. Socrates begleitete den Jungen zu ihm und knöpfte sich den berühmten Mann vor, der bald durch seine scharfsinnigen und bohrenden Fragen in Verlegenheit geriet. So blieb von seinem großmächtig verkündeten Ziel, die Jugend besser und tüchtiger für die Politik zu machen, nicht viel übrig.

Socrates' Verfahren war also kritisch und insofern negativ. Er prüfte durch Einwände und logische Schlussfolgerungen, ob das Wissen seiner Gesprächspartner ein echtes Wissen und nicht nur »Meinung« war. Er nahm nicht in Anspruch, selber etwas zu wissen, das man lehren und als Ergebnis mit nach Hause tragen konnte. Die in dieser Haltung liegende menschliche Bescheidenheit nahm einer seiner Freunde zum Anlass, zum Orakel in Delphi zu gehen, um dort einige Aussprüche seines Meisters vorzutragen. Die Priester, deren Apollotempel die Inschrift »Erkenne dich selbst!« trug, waren von der in Socrates' Wirken liegenden Haltung beeindruckt und sagten, dass Socrates tatsächlich der weiseste aller Menschen sei. Als Socrates im siebzigsten Lebensjahr wegen Gottlosigkeit und Verführung der Jugend auf den Tod verklagt wurde, baute er seine Verteidigungsrede auf diesem Orakel auf: Er habe Apollos Wort, wie jedes andere, kritisch geprüft und dadurch zu widerlegen versucht, dass er dem Gott einen anderen Menschen, der noch weiser ist als er, vorzeigen wollte. Leider habe er in ganz Athen keinen solchen gefunden und sich mit seiner Fragerei nur Feinde geschaffen. Dass dies wie Arroganz wirken und ihn die Sympathien seiner Richter kosten konnte, scheint ihm gleichgültig gewesen zu sein. Sie verurteilten ihn zum Trinken des Giftbechers. Er weigerte sich, mit Hilfe seiner Freunde aus der Todeszelle zu fliehen: In einer Demokratie, so seine Begründung, müsse der Bürger den Gesetzen gehorchen, die er selbst mit beschlossen und bislang befürwortet habe.

Die wieder aufgebaute »Stoa« auf dem Marktplatz von Athen.

Text 1   Wie lebt ein gesunder Mensch?

Sanus homo, qui et bene valet et suae spontis est,
nullas leges sequi debet,
neque medico neque iatralipta eget.

5 Hunc ipsum oportet varium habere vitae genus:
modo ruri esse, modo in urbe, saepius in agro;
navigare, venari, quiescere interdum,
sed frequentius se exercere. Ne labores vereatur.
Ignavia enim corpus hebetat, labor firmat;
10 illa maturam senectutem, hic longam adulescentiam reddit.
Prodest interdum lavari, interdum aquis frigidis uti,
modo ungui, modo id ipsum neglegere.

Sanus homo eadem genera cibi sumere debet,
quibus populus ipse utitur.
15 Prodest interdum in convictu esse,
interdum ab eodem se retrahere.
Melius est bis die quam semel cibum capere
et semper quam plurimum.

suae spontis esse: sein eigener Herr sein

iātralīptēs, ae m.: etwa: Masseur, Physiotherapeut

frequentius: häufiger

hebetāre: schwächen

unguī: sich einsalben

quam plūrimum: möglichst viel

Text 2   Was gehört zur Kunst des Arztes?

Medico autem, si nihil amplius facit, quam manum meam
tangit, si me eodem modo quo ceteros tractat, si sine ulla
benevolentia praecipit, quid faciam aut vitem, ut valeam – illi
5 medico ipse gratiam non debeo, quia me non tamquam amicum videt, sed tamquam emptorem.

ēmptor, ōris m.: Käufer

Text 3   Einige Sprüche zum Knobeln

1. Duo cum idem faciunt, non est idem.
2. Qui tacet, consentire videtur.
3. *Ein Grundsatz aus dem Strafrecht:* Ne bis in idem!
4. Roma locuta causa finita.

Ergänze nach locūta und finīta: **est**

Mittelalterliche Illustration zu der Schrift »Über die Gliedmaßen« von Hippocrates.

1 Zu Text 1

1. Zitiere die Ratschläge, die Celsus dem Leser gibt, damit er ein *sanus homo* wird bzw. bleibt. Wovon rät er ab? Zeichne hierzu eine kleine Tabelle in dein Heft.

zu empfehlen ist	zu meiden ist

2. Welche Wörter werden oft wiederholt? Welchen Grundsatz für eine gesunde Lebensweise kann man aus der Wiederholung dieser Wörter ableiten?
3. Für welche Lebensbereiche eines Menschen gibt Celsus Ratschläge?
4. Welche Empfehlungen könnte ein heutiger Arzt ebenso geben? Warum empfiehlt Celsus wohl *cibum capere quam plurimum*?
5. Wie definiert Celsus zu Beginn des Textes den *sanus homo*? Was meint er mit *nullas leges sequi debet*?

2 Zu Text 2

1. Erstelle ein Satzschema (wie S. 115, Lektion 16, 8).
2. Welche Stilmittel fallen auf? Worauf legt Seneca also besonderen Wert?
3. Was erwartet Seneca von einem Arzt? Wie begründet er seine Forderungen?

3 Bilde die entsprechenden Formen von *vereri*. Beispiel: timemus → veremur

times – timebis – timuisti – timeres – timuerunt – timebimus – timebamus – timens – time – timeamus – timeretis – timuerat – timete – timebunt

4 Übersetze. Gib bei mehrdeutigen Formen alle Übersetzungsmöglichkeiten an.

lavare – utitur – utimini – videns – videmini – sequere – sequimini – videtur – utere – veremini

5 Übersetze.

   1. ille consul venit – consul ipse venit – idem consul venit
   2. idem facere – illud facere – id ipsum facere – istud facere
   3. sub muro ipso – sub eodem muro – sub eo muro
   4. vir ipse – idem vir – ille vir – hic vir – iste vir
   5. da mihi illam tabulam – da mihi istam tabulam – da mihi eandem tabulam

6 Du kennst die Adjektive *mortalis, immortalis, crudelis, facilis, difficilis, admirabilis, civilis, horribilis, insuperabilis.* Was bezeichnen die Suffixe *-lis* oder *-bilis*? Mit welchen deutschen Suffixen kann man sie vergleichen?

Was bedeuten dann folgende Adjektive? (Zu jedem gehört ein dir bekanntes Wort; nenne es.)

utilis – mobilis – credibilis – agilis – amabilis – laudabilis – mirabilis – miserabilis – mutabilis – tolerabilis – puerilis

7 Was bedeuten wohl folgende medizinische Fachausdrücke? (Nur *eine* Lösung ist richtig.)

   1. *ambulante Behandlung:* a) Entfernung eines Körpergliedes b) Heilung durch Bewegung c) Behandlung in der Arztpraxis d) der Arzt kommt bei einem Spaziergang mal vorbei
   2. *Depression:* a) bedrückte Gemütsverfassung b) krummer Rücken c) Druckgefühl im Magen
   3. *indolent:* a) überempfindlich b) schmerzfrei c) unter dauernden Schmerzen leidend
   4. *intramuskulär:* a) sehr muskulös b) wenig muskulös c) im Inneren des Muskels
   5. *konnatal:* a) angeboren b) schlecht schwimmend c) zusammen schwimmend
   6. *Noctambulismus:* a) Durst in der Nacht b) Schlafwandeln c) starkes Schnarchen während der Nacht d) Spritzen bei Nacht
   7. *Nihilitis:* a) eingebildete Krankheit b) Krankheit, die vor allem im Nildelta auftritt c) nilpferdartiges Übergewicht

(Noch eine Aufgabe für Fremdwortakrobaten)

   8. *Inaktivitätsatrophie:* a) Abmagerung wegen hochgradiger Nervosität c) Muskelschwund durch mangelnden Gebrauch c) krankhafte Faulheit

Antike Medizin

Als ein Freigelassener des Jüngeren Plinius (s. Lektion 5) schwer erkrankte, sorgte sein Herr für eine gute ärztliche Behandlung; es galt, die wertvolle Arbeitskraft eines Mitglieds der *familia* zu erhalten. Aber es gab nicht nur für zahlungskräftige Patienten gut ausgebildete Ärzte. Es gab auch Amtsärzte, die sich für ein Gehalt (*honorarium*) um ärmere Menschen in der Gemeinde kümmerten und für das Gesundheitswesen und die Hygiene der Stadt verantwortlich waren. Besonders tüchtige Ärzte trugen bei den Griechen den Titel *archiatros* (»Ober«arzt), wovon sich das deutsche Wort Arzt ableitet. Den Beruf des Arztes lernte man in einer Lehre bei angesehenen Medizinern. Oft war er in einer Familie erblich.

Die Behandlung erfolgte in der Praxis (*taberna medica*) des Arztes. Öffentliche Krankenhäuser gab es nicht. Nur für frisch operierte Patienten standen im Hause des Arztes für die Wundversorgung in den ersten Tagen Betten zur Verfügung. Es gab auch keine Absicherung der Bevölkerung durch Krankenkassen. Die ärztliche Versorgung war jedoch zumindest in den Städten ausreichend. Aus Pompeji wissen wir, dass dort auf etwa 600 Einwohner ein Arzt kam.

Die wissenschaftliche Medizin entstand im 5. Jh. v. Chr. in Griechenland. Es gab berühmte Ärzteschulen, wie etwa auf der Insel Kos im Ägäischen Meer, wo Hippocrates (460 bis 370 v. Chr.) lebte. Unter seinem Namen sind viele medizinische Schriften erhalten, in denen er die Methode lehrte, nach der ein Arzt bei der Behandlung und Heilung von Krankheiten vorgehen sollte. Die Behandlung soll vorsichtig erfolgen und nicht noch mehr Schaden anrichten. Hippocrates war einer der Ersten, die auch schädliche Umwelteinflüsse als Verursacher von Krankheiten erkannten; er schrieb »Über die Luft, das Wasser und das Klima einer Gegend«. Berühmt ist seine Schrift »Über die heilige Krankheit«, in der er die rätselhafte Krankheit der Epilepsie (Fallsucht) nicht als das Werk von Dämonen, wie man bisher glaubte, sondern als eine Krankheit deutete, die wie jede andere auch natürliche Ursachen hat. Anatomische Erkenntnisse erwarb man meist nur aus toten Tieren, denn man wagte nicht überall, die Scheu vor einem toten Menschen zu überwinden, um an einer Leiche das Körperinnere zu erforschen. Man wagte sich dagegen auch an schwierige Operationen, wie die Entfernung von Blasensteinen, sofern ein Patient solch fürchterlichen Eingriffen der »Chirurgen« zustimmte. Eine wirksame Narkose wurde nämlich erst im vorigen Jahrhundert erfunden. Es gab Fachärzte für Augenheilkunde, Frauenheilkunde und Zahnmedizin.

Auf Hippocrates geht auch eine Theorie zurück, die sowohl Krankheiten als auch Charakterunterschiede beim Menschen aus der Mischung von vier unterschiedlichen Körpersäften erklärt: Blut (*sanguis*), weiße Galle (*cholé*), schwarze Galle (*melancholé*) und Schleim (*phlegma*) sollen beim gesunden Menschen in richtigem Verhältnis zueinander stehen. Das Überwiegen einer der vier Säfte bringe Gesundheitsstörungen und bestimme vor allem den Charakter eines Menschen. Unsere Redensart vom fröhlichen Sanguiniker, vom jähzornigen Choleriker, vom trübsinnigen Melancholiker und vom trägen Phlegmatiker rührt daher. Viele Lehren der antiken Medizin haben heute keine Gültigkeit mehr. Unvergessen ist jedoch der »Eid des Hippocrates«, der bis heute das Gewissen eines Arztes und die Würde des ärztlichen Standes prägt:

Ich schwöre bei Apollo, dem Arzt, ... dass ich meine Verordnungen nach bestem Können und Urteil zum Nutzen der Kranken treffen und allen Schaden von ihnen wenden werde ... Was ich bei der Behandlung sehe oder höre, darüber werde ich schweigen und es als Geheimnis ansehen.

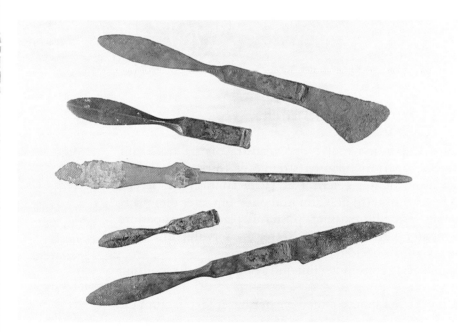

Medizinische Instrumente der Römer. Saalburgmuseum.

Bei welchen Operationen könnten diese Instrumente benutzt worden sein?

Text 1   Auffahrunfall rückwärts

In clivo Capitolino mulae duo plaustra onusta trahebant.
Muliones superioris plaustri strenue et fortiter plaustrum
sublevabant, ut iter celeriter et facile conficerent. Tamen
5 illud plaustrum retro iit. Cum muliones, qui inter duo plaustra erant, e medio exissent, posterius plaustrum superiore
vehementer percussum est. Retro iit, servum, qui forte
eadem via ibat, occidit.
Dominus servi consuluit, cum quo agere posset. Responsum
10 est:
Si muliones sua sponte e medio exierunt et ideo factum est,
ut mulae plaustrum retinere non possent atque onere ipso
retro traheretur, cum domino mularum agi non potest, sed
cum iis, qui exierant.
15 Sed si mulae aliquid formidaverunt et recesserunt et muliones plaustrum reliquerunt, ne opprimerentur, agi potest cum
domino mularum.

**clīvus Capitōlī-
nus:** die steile Auf-
fahrt zum Kapitols-
hügel

mūla: Mauleselin

mūliō, iōnis m.:
Eseltreiber

superior: der vor-
dere

sublevāre: mit
schieben

posterius (Nom.
Sg. n.): der hintere

formīdāre:
scheuen; er-
schrecken vor etw.

Text 2   Ein Sportunfall

Complures pila ludebant. Quidam ex his servum, cum pilam percipere conaretur, vehementer impulit. Servus cecidit et crus fregit.

5 Quaerebatur, num dominus servi cum eo, cuius impulsu servus ceciderat, agere posset.

Respondetur agi non posse, cum casu magis quam culpa factum esse videatur.

percipere: wegfangen

crūs n.: Schienbein

Text 3   Fundsache – oder Diebstahl?

Homo quidam aliquid alienum, quod in via iacebat, sustulit et auferre ausus est; gavisus est eo lucro. Sed non diu gaudebat; nam re cognita furti accusatus est.

5 Qui enim aliquid alienum sustulit, ut lucrum faceret, furti accusari potest, sive scit, cui sit, sive nescit.

Quodsi dominus id dereliquit, furtum non fit. Est enim res derelicta res nullius, ut hac in causa furtum fieri non possit.

dērelinquere: (etwas) freiwillig aufgeben

Text 4   Geflügelte Worte

Nulla poena sine lege.
In dubio pro reo.
Semper aliquid haeret.
5 Audiatur et altera pars.
Summum ius summa iniuria.
Fiat iustitia, pereat mundus.

Maxentius-Basilika auf dem *forum Romanum*, erbaut 1. Hälfte 4. Jh. n. Chr. Hier wurde in römischer Zeit Recht gesprochen.

219

1 Suche aus den Texten 1–4 alle Wörter heraus, die zum Sachfeld »Recht, Gericht« gehören.

2 Zu Text 1

1. Beschreibe den Fall mit eigenen Worten (Zeile 2–8). Wer ist der Geschädigte?
2. Wer kann zum Schadenersatz herangezogen werden (Zeile 11–17)? Welche Bedingung muss jeweils erfüllt sein?

3 Zu Text 2

1. Fallbeschreibung, Streitfrage, Rechtsauskunft. Ordne jeweils die zentralen lateinischen Begriffe diesen Überschriften zu.
2. Welche lateinischen Wörter bezeichnen den entscheidenden Punkt der Rechtsauskunft?

4 Zu Text 3

Welche Voraussetzung muss erfüllt sein, sodass ein *furtum* vorliegt?

5 Zu Text 4

Überlege dir Situationen, für die die Sentenzen zutreffen könnten.

6 Auf der »Zeitreise«

Verwandle die Präsensformen ins Perfekt, die Imperfektformen ins Plusquamperfekt.

fimus – gaudent – audebamus – fit – gaudetis – audeo – fiebat – fiebas – gaudebatis – audebant – fiunt

7 Nimm aus dem linken Sack ein Adjektiv, bilde die Adverbform, suche dir im rechten Sack ein passendes Verb (es gibt viele Kombinationsmöglichkeiten) und übersetze die Ausdrücke

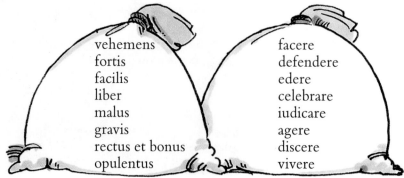

vehemens
fortis
facilis
liber
malus
gravis
rectus et bonus
opulentus

facere
defendere
edere
celebrare
iudicare
agere
discere
vivere

8 Was ist das nach römischem Recht, was die Touristen in den Brunnen geworfen haben?
Die Anfangsbuchstaben aller Adverbien aus der Liste der unten stehenden Wörter geben
dir, aneinander gereiht, die Lösung.

nisi – latro – retro – lude – enim – timore – statim – metu – noctu – vicine – ulli –
ubique – vilico – genere – libenter – antiquo – late – venare – tempore – infeliciter –
mente – mare – undique – sito – liber – secreto – statio

9 Du hast auch schon in den Lektionen 1–30 viele Adverbien gelernt. Suche diese aus dem
Vokabelverzeichnis heraus und ordne sie nach ihrer Semantik (Zeit, Art und Weise, Ort).

10 Ein ungewöhnlicher Rechtsfall

In Rom war es üblich, dass in den Straßen und auf den Plätzen Ball gespielt wurde. Auch
viele Handwerker arbeiteten unter freiem Himmel. So rasierte auch einmal ein Friseur
einen Sklaven auf einem Platz, auf dem einige junge Leute Ball spielten. Plötzlich stieß der
Ball an die Hand des Friseurs, der infolgedessen mit dem Rasiermesser die Kehle des Sklaven durchschnitt. Der Herr des Sklaven erhob Klage gegen die Jugendlichen auf Schadenersatz.

Wir wissen nicht, wie dieser Fall entschieden wurde. Gegen wen würdet ihr klagen? Wie
könnte die Klage begründet werden? Wie würdet ihr entscheiden?

221

Römisches Recht

Wie jede menschliche Gemeinschaft entwickelten auch die Römer sowohl für den öffentlichen als auch für den privaten Bereich Regeln, die ein geordnetes Zusammenleben ermöglichten. Aus mehreren Gründen wurde gerade das römische Recht für Europa wichtig: Während die Rechtssatzungen des frühen Orients und der Griechen nur von örtlicher Bedeutung blieben, galt das Recht der Römer im ganzen *imperium Romanum* und wurde auch nach dem Zerfall des Römischen Reiches in den Nachfolgestaaten als Vorbild betrachtet. Ferner versuchten die Römer über den jeweiligen Willen eines Herrschers oder einer Bürgerversammlung hinaus das Recht auf eine allgemein gültige Grundlage zu stellen, die sich etwa in der Formulierung *ius est ars boni ac aequi* wiedergeben lässt (Recht ist die wohl durchdachte Anwendung dessen, was sittlich gut und angemessen ist). Auf dieser Grundlage lässt sich auch bei widerstreitenden Einzelinteressen ein Einvernehmen unter allen »Rechtsgenossen« erzielen (*consensus iuris*), sodass ihnen Rechte und Pflichten zugeteilt werden können. Vorbildlich für Europa war das römische Recht ferner als Wissenschaft. Von den Römern lernten die späteren »Juristen«, Probleme des Rechts und deren Lösungen so zu gliedern und in allgemeine Begriffe zu fassen, dass auch spätere und neue Rechtsprobleme nach ihnen gerecht gelöst werden können.

Ein Beispiel kann dies verdeutlichen: Wenn es in der ältesten römischen Gesetzessammlung, den Zwölftafelgesetzen von 450 v. Chr., heißt: »Aus einem Haus darf ein Balken, der jemand anderem gehört, nicht herausgenommen werden«, so deuteten die römischen Juristen diese »Rechtsquelle« ganz allgemein: Wenn Eigentum so mit einem anderen Eigentum vermischt ist, dass es ohne Schaden für das Ganze nicht wieder getrennt werden kann, darf der Eigentümer nicht fordern, dass es herausgegeben oder -genommen wird. Er kann jedoch Ersatz in anderer Form (z. B. Geld) verlangen.

Weitere Rechtsquellen waren die Beschlüsse der Volksversammlung (*leges*), die *plebis scita* der Plebejerversammlung und die *senatus consulta* des Senats, sofern sie von der Volksversammlung bestätigt wurden. Jährlich wurde ein oberster Gerichtsbeamter (*praetor*) gewählt, vor dem die Bürger Klage erheben konnten. Einen Staatsanwalt, der wie bei uns Straftaten von sich aus vor Gericht bringt, gab es in Rom nicht. Der *praetor* verkündete in seinem *edictum* die Grundsätze, nach denen er verfahren wollte, wobei er die Grundsätze seines Vorgängers übernahm und gelegentlich durch Zusätze erweiterte. Er berief die Laienrichter, die den vorgetragenen Fall entscheiden sollten, und holte sich in strittigen Fällen Rat (*responsum*) bei erfahrenen Juristen (*iuris consulti*). Obwohl es in der römischen Oberschicht üblich war, Standesgenossen unentgeltlich vor Gericht zu verteidigen, gab es auch Rechtsanwälte, die gegen Honorar Parteien vor Gericht vertraten.

Mit dem Übergang zur Kaiserzeit traten die Rechtsquellen der Republik zurück gegenüber der Justiz des Kaisers und seiner Verwaltung. Rechtsfälle zu entscheiden war die Hauptbeschäftigung der Kaiser, die manchmal über diese einseitige Belastung klagten. Ihre Anordnungen (*constitutiones*) oder ihre schriftlichen Antworten auf Fragen (*rescripta*) wurden jetzt zu neuen Rechtsquellen. 528 n. Chr. hat der Kaiser Iustinianus alle damals noch gültigen Rechtsquellen zu einem großen Gesetzeswerk sammeln lassen. Dieses *corpus iuris civilis* hat das Rechtsstudium und die Rechtsentwicklung in Europa stark geprägt bis hin zu unserem Bürgerlichen Gesetzbuch (BGB), das 1900 in Deutschland in Kraft trat.

Warum hält Iustitia ein Schwert und eine Waage, warum trägt sie eine Augenbinde?

Iustitia auf dem Rathaus in Offenburg.

Erasmus von Rotterdam:
Antronius abbas Magdaliam visitat

Antronius: Quam supellectilem video?

Magdalia: Nonne haec supellectilis tibi videtur elegans?

5 Antronius: Est certe elegantissima. –
Sed omnia plena sunt librorum.

Magdalia: Cur libri tibi non placent?

Antronius: Vitam neque meliorem neque suaviorem red-
dunt.

10 Magdalia: Ista vita bona atque suavis ... Quibus in rebus
posita est?

Antronius: In somno, in conviviis, in libertate faciendi, quae
cupis, in pecunia, in honoribus.

Magdalia: Sin istis rebus Deus addiderit sapientiam, nonne
15 vives multo suavius?
Nonne sapientia melior est inscientia?

Antronius: Quid tu appellas sapientiam?

Magdalia: Sapientis est intellegere hominem non esse felicem nisi bonis animi; opes honoresque eum neque felicio-
20 rem neque maiorem reddere neque meliorem.

Antronius: Homines feliciores non fiunt tua sapientia. Quam
non probo. Melius et suavius est venari aut alea ludere.
Optimum autem et suavissimum est in conviviis esse,
vinum bibere, colloquia inter amicos habere.

25 Magdalia: Quid, si mihi suavius sit legere bonum auctorem
quam tibi venari, vinum quam plurimum bibere aut ludere
alea? Nonne videbor tibi suaviter vivere?

Antronius: Ego autem ita non viverem. Quin etiam ista vita
mihi miserrima esse videtur. – Equidem monachos meos
30 libros legere non probo.

Magdalia: Quamobrem non probas?

abbās (Nom. Sg. m.): Abt

supellex, supellectilis f.: Hausrat; Möblierung

lībertās faciendī: die Freiheit zu tun …

addiderit: er fügt hinzu

ālea: Würfel

monachus: Mönch

224

Erasmus von Rotterdam. Gemälde von Hans Holbein dem Jüngeren aus dem Jahre 1523.

Welche Eigenschaften des Erasmus wollte der Maler hervorheben? Vergleiche auch mit dem Text »Erasmus von Rotterdam«.

Antronius: Quo eruditiores, eo audaciores sunt:
  Verbis mecum contendere non desinunt.
  Utique nolo quemquam meorum doctiorem esse quam **nōlō:** ich will nicht
35 me.

Magdalia: –

Antronius: Sed istic etiam libros Latinos video!
  Rarissimum est, ut mulieres Latine sciant. Haec autem
  lingua matronas minime decet.

40 Magdalia: Qua de causa?

Antronius: Poetae Latini semper amorem praedicant, pudo-
  rem tollunt, deos contemnunt. Qua re fit, ut mulieres non
  iam obtemperent et officia sua facillime obliviscantur.
  Maritos, liberos, rem domesticam neglegunt. Familiaritas
45 librorum Latinorum parit insaniam. Nam isti libri feminis
  multum rationis adimunt – et illis iam parum superest.

Magdalia: Quantum rationis vobis supersit, nescio, sed ego
  ratione mea, etiamsi minor sit, uti pergam: **mālim:** ich möchte
  Malim insana esse quam stulta.   lieber

1 1. Sammle aus dem Text die lateinischen Ausdrücke, die bezeichnen, was Magdalia und Antronius jeweils unter einer *vita bona atque suavis* verstehen.
2. Welche Einstellung hat Magdalia zum Lesen, welche Antronius? Wie begründet Antronius seine Meinung?
3. Warum ist Antronius der Auffassung, dass »*lingua (Latina) matronas minime decet*« (Zeile 39)? Was erwartet er von einer Frau?
4. Erkläre den Schlusssatz (»*Malim insana esse quam stulta*«): Was versteht Magdalia unter *insana*, was unter *stulta*?

2 Welche Stilmittel heben die Argumente der beiden Gesprächspartner hervor?

3 Schreibe ab und fülle die freien Stellen aus.

Positiv	Komparativ	Superlativ
~~	vitam meliorem ac suaviorem	~~
~~	suavius (Adv.)	~~
~~	~~	optimum est
virum magnum	~~	~~
~~	~~	vita miserrima
~~	eruditi audaciores sunt	~~
~~	femina doctior est	~~
~~	~~	rarissimum est
~~	~~	minimum
~~	ratio minor	~~
~~	~~	facillime
homo felix	~~	~~

4 Welche Kasus stehen oft bei einem Komparativ bzw. Superlativ? Übersetze und gib jeweils die Kasusfunktion an.

multo maior – maximus omnium – maior omnibus – multo suavius vivere – alius alio magis erravit – nihil est bello miserius – plurimum agri – plus temporis – maior fratrum – maxima sororum

5 In welchen drei Funktionen erscheint im Lektionstext das Wörtchen *quam*? Welche weiteren Funktionen kann es haben? Übersetze.

1. Veni quam celerrime!
2. Quam vitam exspectas?
3. Tua vita miserior est quam mea.
4. Ista vita, quam tu agis, miserrima est.
5. Quam felix sum!
6. Homines feliciores non fiunt tua sapientia. Quam non probo.

226

Bibliothek des Kusanusstifts in Bernkastel.

»Quid, si mihi suavius sit legere
bonum auctorem…?«

Erasmus von Rotterdam

Erasmus wurde 1466 oder 1469 in Rotterdam in den Niederlanden geboren; seine Muttersprache war Holländisch. Erasmus' geistige Heimat war jedoch Europa. Er hatte Freunde und Geistesverwandte in Italien, in England, in der Schweiz, in Frankreich und in Deutschland. Er stand nicht nur in regem Briefwechsel mit ihnen, sondern war ständig in Europa unterwegs, um sie trotz der Beschwernisse des damaligen Reisens zu besuchen und im Gespräch mit ihnen Anregungen zu erhalten und zu geben. Fremdsprachen waren kein Hindernis: Latein wurde nicht zuletzt durch Erasmus' Werke auch außerhalb von Kirche und Universität in Europa die Universalsprache vieler gebildeter Laien (man nannte sie »Humanisten«), in der man elegant über alles schreiben und sich unterhalten konnte.

227

Erasmus' Vater und nach dessen frühem Tod seine Vormünder sorgten für eine gute (lateinische) Schulbildung und überredeten den Jungen, in einen Mönchsorden einzutreten. Erasmus nutzte in der Ruhe des Klosters die Gelegenheit, die lateinischen Dichter und Schriftsteller gründlich zu studieren. Mit 22 Jahren erhielt er die Priesterweihe. Das eintönige Leben im Kloster war ihm jedoch auf Dauer zuwider. Er erbat die Erlaubnis, außerhalb des Klosters zu leben und auf Reisen zu gehen. Er ist nie wieder ins Kloster zurückgekehrt.

Erasmus' Aufstieg zu einem berühmten Schriftsteller ist eng mit der Erfindung und Nutzung der Buchdruckerkunst verbunden. Immer wieder verbrachte Erasmus Wochen und Monate in den damals führenden Druckerwerkstätten in Venedig und Basel, um in enger Zusammenarbeit mit den Buchdruckern seine Werke und die der lateinischen und griechischen »Klassiker« herauszugeben. Zusammen mit anderen europäischen Humanisten arbeitete er unermüdlich daran, Werke der »Alten«, die bislang nur in Handschriften mit vielen Abschreibefehlern überliefert waren, in korrekter originaler Form zu drucken. Seine größte Leistung war der Druck des Neuen Testaments in griechischer und lateinischer Sprache.

Seine Berühmtheit beruhte jedoch auf seinen eigenen lateinischen Werken, die er als Vorbilder für eleganten Gebrauch des Lateins in Wort und Schrift veröffentlichte. Seine mit Gelehrsamkeit und Witz erläuterte Sammlung von lateinischen Sprichwörtern und Redensarten (*Adagia*) war der erste »Bestseller« in der Geschichte des Buchhandels. Man riss sich um dieses Buch, aus dem man Zitate entnahm, die man in eine Unterhaltung einflechten und mit denen man sich als gebildeter Mensch erweisen konnte. Erasmus' »Gespräche« (*Colloquia*), aus denen unser Lektionstext entnommen ist, verfolgten das gleiche Ziel.

Erasmus' Hauptwerk ist das »Lob der Torheit« (*Laus stultitiae*). Darin tritt die *Stultitia* als Person auf und spricht in eigener Sache: Sie hält sich für die eigentliche Herrin der Welt; nichts geschehe ohne ihre Mitwirkung. Was wären, so fragt sie, Staaten, Königreiche, Kriege, Handel, Gelderwerb, ja sogar Ehe, Religionen, Kirchen, Papsttum, Klöster, Universitäten usw. ohne eine tüchtige Beimischung von Torheit? Erasmus' *Stultitia* zieht aus dem überlegenen Abstand der Ironie über alles her, was die Menschen so überaus wichtig nehmen. Nichts ist jedoch so wichtig, deutet Erasmus an, dass man sich mit übertriebenem Ernst, geschweige denn mit Fanatismus, daran verlieren sollte. Der wahre Humanist ist ein lächelnd-kopfschüttelnder Zuschauer des Welttheaters.

Das römische Köln im 3. und 4. Jh. n. Chr. Rekonstruktionszeichnung.

Köln

Nach der Niederlage des *Varus* und dem Verlust von drei Legionen 9 n. Chr. in einem Waldgebirge zwischen Weser und Ems, das die Römer mit *saltus Teutoburgiensis* (»Teutoburger Wald«) bezeichneten, verteidigte *Augustus* die Rheingrenze. Dabei unterstützten ihn die germanischen *Ubier*, denen schon *Caesar* erlaubt hatte, sich auf dem linken Ufer des Niederrheins anzusiedeln. Der Feldherr *Agrippa*, der mit *Iulia*, der Tochter des Augustus, verheiratet war, hatte den Ubiern einen Hauptort mit Altar für den Kaiserkult zugewiesen, das *oppidum Ubiorum*, aus dem später Köln hervorging. Zwei Legionen waren ständig dort stationiert. Nach Agrippas Tod übernahm ein Verwandter des Augustus, *Germanicus*, das Kommando am Rhein; er war mit *Agrippina*, einer Tochter des Agrippa, verheiratet. Agrippina begleitete ihren Mann auf den Feldzügen und lebte um 15 n. Chr. mit ihren Kindern im *oppidum Ubiorum* im Legionslager am Rhein, als Germanicus mit seinem Unterfeldherrn *Caecina* einen Rachefeldzug gegen die *Cherusker* unternahm. Der Cheruskerfürst, den die Römer *Arminius* nannten, hatte mit seinen Leuten, die im Gebiet des heutigen Westfalen siedelten, hauptsächlich zu der Niederlage des Varus und der Vertreibung der Römer aus den rechtsrheinischen Gebieten beigetragen.

229

Text 1   Angst im Lager am Rhein

Zwei Soldaten aus der im Lager zurückgelassenen Besatzung unterhalten sich.

Lucius: Tu, Marce, superstes illius cladis es, quam Arminius
nobis in saltu Teutoburgiensi intulit. Dic, nonne
times, ne Arminius iterum nostris insidias parave-
5 rit? Exercitus Germanico duce iam plus duobus
mensibus abest. Nuntii rari veniunt.

Marcus: Non est causa timendi, Luci. Germanicus cautior
Varo erit, in insidias non incurret. Caecina legatus,
vir pugnandi peritus, legiones incolumes trans Rhe-
10 num reducet.

Lucius: Fama est imperatorem exercitum etiam in illos
locos maestos cladis Varianae duxisse, ut suprema
solvendo animis ibi caesorum satisfaceret.

Marcus: Germanicum ita egisse non probo. Locus ossibus
15 sparsus et sanguine tot Romanorum imbutus sacer
est. Miles eo aspectu non fiet audacior ad pugnandum. –

Lucius: Vide Agrippinam, uxorem imperatoris. Ibi per
castra it; benigne loquendo animos militum confir-
20 mat, nam eos quoque de imperatore commilitoni-
busque timere non ignorat. Mater castrorum est. –
Utinam imperator cum exercitu incolumis reverta-
tur!

Postridie per nuntios Ubiorum fama pervasit imperatorem
25 cum exercitu in paludibus circumventum esse. Fama in dies
crescebat eundo. Postremo in castris narratur Germanos
quattuor legionibus deletis infesto agmine Rhenum petere.
Concurrunt milites, ut pontem in Rheno factum metu Germanorum commoti delerent.

**saltus Teutobur-
giēnsis:** Teutobur-
ger Wald

suprēma solvere:
die letzten Ehren
erweisen, bestatten
ossibus sparsus:
mit Gebeinen über-
sät
imbūtus: getränkt

pervādere: sich
ausbreiten

Auf der rechten Seite: Ausschnitt aus dem »Dionysos-Mosaik«.
Römisch-Germanisches Museum Köln.

230

Münze mit dem Porträt Agrippinas der Jüngeren.
Aufschrift:
AGRIPPINA AVGVSTA MATER AVGVSTI.

Text 2   Agrippina greift ein

Tum Agrippina filiam Agrippinam nuper natam in complexu
tenens medio in ponte constitit et milites iam in delendo
occupatos ita allocuta est:

in complexū
tenēre: auf dem
Arm halten

5   »Qui metus turpis animos vestros invasit, milites,
ut imperatoris commilitonumque obliti
hunc pontem delendo reditum eis unicum
intercludere in animo haberetis?
Equidem cum filia de ponte non decedam.
10   Prodite ergo imperatorem vestrum!
Prodite commilitones aquilasque!
Mergite uxorem imperatoris in flumen rapidum
ad infamiam vestram sempiternam!«

Verbis mulieris iratae auditis milites pudore commoti conatu
15   destiterunt. Et reverterunt paucis diebus post Germanicus
exercitusque.
Multis annis post filia eius Agrippina, tum uxor Claudii principis, eo, quo nata erat, loco urbem *Coloniam Agrippinensem*
condidit.

cōnātū dēsistere
(Perf. dēstitī): vom
Versuch ablassen

Zu Text 1

1   1. Lies den Dialog der Legionäre. In welchen Sätzen erinnern die Legionäre an die Ereignisse des Jahres 9? Welche Befürchtungen äußern sie im Hinblick auf den gegenwärti-
gen Feldzug (15 n. Chr.)?
2. Was sagen sie über Germanicus? Wie beurteilen sie seinen Umgang mit den Ereignissen des Jahres 9?
3. Zitiere die lateinischen Ausdrücke, mit denen die Legionäre Agrippina charakterisie-
ren.

2 1. Zitiere lateinisch den Inhalt der Gerüchte, die verbreitet werden (Zeile 24–27). In welcher sprachlichen Form erscheinen sie im Text?

2. Welche Ausdrücke beschreiben die Entstehung und Verbreitung der Gerüchte? Begründe die Wahl der Tempora.

3. Weshalb hätte der Abriss der Brücke (Zeile 28–29) katastrophale Folgen gehabt? Warum reagieren die Soldaten so kopflos?

3 Zu Text 2

1. Wie versucht Agrippina durch Wort und Tat, das Schlimmste zu verhindern?

2. Zu welchen rhetorischen Mitteln greift sie?

4 Übersetze.

1. Cupidus id videndi sum.
2. Paratus ad pugnandum est.
3. Docendo discimus.
4. Filius discendi causa Athenas missus est.
5. Memoria discendo crescit.
6. Cenandi causa redit.

   Antronius crescit edendo et bibendo.

5 Übersetze folgende Ausdrücke. Manchmal können sie mit einem Wort wiedergegeben werden.

ars scribendi – ars vivendi – ars vera et falsa diiudicandi (diiudicare: unterscheiden) – magister dicendi – magister scribendi – magister navigandi – peritus legendi – cupidus discendi – nescius bene vivendi – discendi causa

233

6 Übersetze.

1. Migrare molitori gaudio est.
2. Molitor migrare amat.
3. Molitor cupidus migrandi est.
4. Molitor migrando se delectat.
5. Molitor semper ad migrandum
   paratus est.

molitor: Müller

Bilde ebenso lateinische Sätze
über die Vorlieben deiner Mit-
schülerinnen und Mitschüler.

7 Auf seinen Irrfahrten wird Aeneas von Dido freundlich
aufgenommen. Rasch verbreitet sich das Gerücht, Dido wolle sich mit Aeneas verheiraten.
Der Dichter Vergil charakterisiert das Wesen der *Fama*:

Sofort geht Fama durch die großen Städte Libyens,
Fama, ein Übel, das schneller ist als irgendein anderes:
Sie ist durch Beweglichkeit stark und nimmt an Kräften beim Gehen zu,
zuerst aus Furcht noch klein, erhebt sie sich bald in die Lüfte,
5 geht am Boden einher und verbirgt ihr Haupt in den Wolken.
...
Schnell zu Fuß, mit flinken Flügeln,
ein grässliches Ungeheuer, gewaltig; wie viele Federn ihr am Körper sind,
so viele Augen wachsen darunter ...
10 so viele Zungen, so viele Münder tönen, so viele Ohren lauschen.
Nachts fliegt sie in der Mitte von Himmel und Erde durch das Dunkel
zischend und schließt die Augen nicht zum süßen Schlaf;
am Tag sitzt sie als Wächterin auf dem Giebel des höchsten Daches
oder auf hohen Türmen und erschreckt die großen Städte,
15 ebenso auf Lug und Trug aus wie eine Botin der Wahrheit.

1. Vergleiche die Beschreibung Vergils mit der Darstellung der *fama* in Text 1.
2. Weshalb wird im Vergiltext *Fama* groß geschrieben?
3. Wende die Beschreibung Vergils auf ein konkretes, dir bekanntes Gerücht (z. B. aus der
   Welt der Klatschpresse, der Fußballwelt, der Musikszene) an und verfolge die einzelnen
   Schritte seiner Ausbreitung.
4. Eine Zeile des oben übersetzten Textes lautet lateinisch: *mobilitate viget viresque
   adquirit eundo*. Welche?

Kaiser Nero und seine
Mutter Agrippina die
Jüngere, 54/55 n. Chr.
Kameo (geschnittener
Stein mit erhaben gearbei-
teter Darstellung)
am Dreikönigenschrein
im Kölner Dom.

Agrippina, Mutter und Tochter

Agrippina die Ältere und Agrippina die Jüngere scheinen den unbändigen Ehrgeiz und Durchsetzungswillen ihres Großvaters bzw. Urgroßvaters Augustus
geerbt zu haben. Die Mutter Agrippina hatte mit sicherem Blick erkannt, dass in
Rom keine Kaiserherrschaft ohne Rückhalt in der Armee bestehen konnte. Sie
begleitete deshalb ihren Mann Germanicus auf seinen Feldzügen in Germanien
und Syrien und lebte mit ihren Kindern im Legionslager. Ihr Ehrgeiz ging in Erfüllung, als einer ihrer Söhne, Gaius, von 37 bis 41 n. Chr. römischer Kaiser wurde.
Bekannter ist er unter seinem Spitznamen *Caligula*, »Soldatenstiefelchen«, mit
denen ihn seine Mutter schon als Kind bekleidete, um ihre Verbundenheit mit den
Soldaten zu zeigen.
Agrippina die Jüngere, 15 n. Chr. im späteren Köln in der noch unruhigen und mili-
tärisch bedrohten römischen Provinz *Germania* geboren, führten ehrgeizige Intri-
gen bis zur höchsten Stufe der Macht, die eine Frau in Rom erringen konnte. Als

235

Augusta, als Gemahlin des Kaisers Claudius, der 41 n. Chr. Nachfolger ihres ermordeten Bruders Caligula wurde, gründete sie im Jahre 50 n. Chr. die Stadt Köln als römische Militärkolonie *(colonia)*. Es war neu, dass eine Frau den Namen einer Neugründung *(Colonia Agrippinensis)* mit ihrem eigenen Namen verband. Um Nero, ihren Sohn aus erster Ehe, auf den Kaiserthron zu bringen, schreckte sie vor keiner Intrige und vor keinem Verbrechen zurück. Als Kaiser Claudius im Jahr 54 n. Chr. mit eindeutigen Zeichen einer Vergiftung starb, zweifelte niemand daran, dass seine Frau Agrippina die Urheberin war. Ihr Sohn Nero wurde Kaiser. In der römischen Geschichtsschreibung wird er als übler Despot geschildert, dem die ungeheure Machtfülle, die ein römischer Kaiser hatte, zu Kopf gestiegen war (»Cäsarenwahn«): Auf seine Veranlassung kam es in Rom zur ersten grausamen Christenverfolgung; Familienmitglieder oder einflussreiche Römer, die ihm im Wege standen, ließ er von willigen Helfern umbringen, nicht zuletzt, um das Vermögen der Opfer in seine Hände zu bringen. Das Verhältnis zu seiner Mutter wurde immer schwieriger. Wenn Agrippina anfangs noch gehofft hatte, weiterhin einen bestimmenden Einfluss auf ihren Sohn zu behalten und so die wahre Herrscherin Roms zu werden, wurde sie bald enttäuscht. Als Nero die Autorität der Mutter zu lästig wurde, gab er seinen Helfern den Auftrag, sie zu ermorden. Nach dem Muttermord verlor er jeglichen Rückhalt bei den Römern. Nach einigen gescheiterten Aufständen wandten sich 68 n. Chr. auch seine Soldaten gegen ihn und er starb durch Selbstmord.

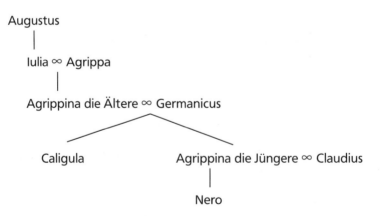

Vereinfachter Stammbaum der Agrippinen

Augustus
|
Iulia ∞ Agrippa
|
Agrippina die Ältere ∞ Germanicus

Caligula   Agrippina die Jüngere ∞ Claudius
|
Nero

Trier

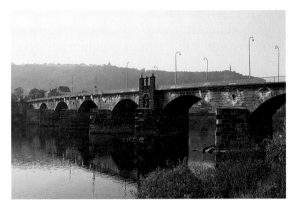

Ausonius, um 310 n. Chr. in Südfrankreich geboren, war Lehrer der Rhetorik in Bordeaux, als er gegen 367 als Prinzenerzieher an den Kaiserhof nach Trier berufen wurde. Trier war damals Residenz der weströmischen Kaiser. Mit *Q. Aurelius Symmachus,* einem jungen römischen Adligen, unterhielt er einen Briefwechsel, in dem auch von seinem Gedicht über die Mosel, *Mosella,* das Ausonius etwa 371 schrieb, die Rede ist. Abb.: Trier, Römerbrücke.

Text 1   Symmachus Ausonio s. d.

Longiores a me accipere litteras vis, Ausoni. Certe hoc inter nos verae amicitiae indicium est. Sed malo respondere breviter, quia ingenii mei et sermonis pauperis conscius sum. Nec
5 mirum est; nam tua culpa fit, si eloquentia mea roborata non est. Iam diu enim ullo opere tuo me delectare nolebas.
Volitat nunc tuus Mosella per manus animosque multorum hominum divinis a te versibus compositus; ad me autem volitare noluit. Cur me istius libelli, quaeso, exsortem esse volui-
10 sti? Ea quidem iniuria est! Aut parum eruditus esse tibi videbar, ut iudicare non possem, aut certe malignus, ut laudare nollem. Sed sunt mihi mores boni, ut malim tacere, quid sentiam.
Tamen ad illius operis tui arcana perveni atque tibi ignosco.
15 Admiratio Mosellae frangit sensum iniuriae. Cognovi ego istum fluvium, cum exercitum principis comitarer contra Germanos. Non tibi crederem tam magna et pulchra de Mosella narranti, nisi scirem te numquam – ne in poemate quidem – mentiri. Adiungo ego tuum carmen libris poeta-
20 rum clarissimorum. Vale!

rōborāre: stärken

volitāre: fliegen
tuus: ergänze liber
quaesō: bitte
exsortem esse (m. Gen.): nicht teilhaben an

arcāna (n. Pl.): Geheimnis

poēma, poēmatis n.: Gedicht

Text 2   Ausonius Symmacho s.d.

Utinam ignoscas, Symmache carissime, me MOSELLAM
meum nondum tibi misisse! Noli poetam amicum propter
5 hanc moram condemnare! Nam poeta, quia opus suum quam
optimum esse vult, carmina nondum perfecta retinere neque
viris quidem amicissimis mittere solet, ut legantur, iudicen-
tur, laudentur. An me versus malos atque ridiculos compo-
nere mavis quam bene compositos?
10 Nunc autem nulla mora interposita MOSELLA in manus tuas
volitat: Volunt versus mei a te legi, iudicari, laudari. Vale!

meum: ergänze librum

Text 3   Aus der MOSELLA des Ausonius

Salve, amnis laudate agris, laudate colonis,
dignata imperio debent cui moenia Belgae,
amnis odorifero iuga vitea consite Baccho,
consite gramineas, amnis viridissime, ripas!   *(v. 23–26)*

*Sei mir gegrüßt, du Strom, der du gelobt wirst wegen deiner Äcker,
gelobt deiner Siedler wegen, dem die Belger die Stadtmauern verdanken;
würdig der kaiserlichen Macht, du Strom, dessen Berge mit duftendem
Wein bebaut sind, die Ufer mit Gras bewachsen – du grüner, grüner Strom.*

5 Talia despectant longo per caerula tractu
pendentes saxis instanti culmine villae,
quas medius dirimit sinuosis flexibus errans
amnis, et alternas comunt praetoria ripas.   *(v. 283–286)*

*Darauf blicken in langem Zug am blauen Himmel gelegen die Villen
herab, an den Felsen hängend mit aufragendem Giebel. Sie trennt in der
Mitte der Fluss, der sich in geschlängelten Biegungen windet, und
Schlösser schmücken die gegenüberliegenden Ufer.*

238

Der Weinbau – unübersehbar an den Hängen des Moseltals – stellt auch heute noch einen wesentlichen Wirtschaftsfaktor der Region dar.

> Salve, magne parens frugum virumque, Mosella!
> 10 Te clari proceres, te bello exercita pubes,
> aemula te Latiae decorat facundia linguae.
> Quin etiam mores et laetum fronte serena
> ingenium natura tuis concessit alumnis.   *(v. 381–385)*

Sei gegrüßt, Erzeuger der Früchte, du Vater der Menschen,
Moselstrom! Berühmte Adlige, kriegserprobte Jugend schmücken
dich, auch die Redekunst, wetteifernd mit der lateinischen Sprache.
Ja, auch die feine Gesittung und freien Geist auf heiterer Stirn hat die
Natur deinen Kindern geschenkt.

Zu Text 1 und 2

1 1. An welchen formalen Merkmalen erkennt man, dass es sich bei den ersten beiden Lektionstexten um Briefe handelt?

2. Auf welchen Wunsch des Ausonius geht Symmachus zu Beginn seines Briefes ein? Wie begründet er, dass er diesen Wunsch nicht erfüllen kann? Wie ist diese Begründung gemeint?

2 1. Welche Aussagen enthält Text 1 zur »Mosella«? Was ist mit »Mosella« gemeint?

2. Suche in Text 1 und 2 Belege für folgende Stilmittel: Personifikation, Parallelismus, Asyndeton und Klimax. Versuche, ihre Wirkung jeweils zu beschreiben.

3 **Zu Text 3**

1. Was haben der erste und der dritte Abschnitt formal gemeinsam?
2. Welchen Themen sind die drei Textausschnitte gewidmet?
3. Versuche, auch die entsprechenden lateinischen Begriffe zu finden.

4 Ersetze die Formen von *optare* durch die entsprechenden von *velle / nolle*:

optas – optabis – optabas – optavisti – optavisse
optans – non optatis – non optabunt – non opto
optat – optavit – optes – optaremus – optaveris
optem – optarem – optavissemus

5

Utinam Lucia amica
hodie veniat!

Utinam
Lucia amica
veniret!

Utinam Lucia
amica venisset!

6 In welchen Situationen könnten folgende Wünsche
geäußert werden? Übersetze.

1. Utinam ne semper omnia amitterem!
2. Utinam tempus id perficiendi nobis sit!
3. Utinam medicus mihi adfuisset!
4. Utinam ne amicus me deseruisset!
5. Utinam tacuisses!
6. Utinam ne iste semper officia sua neglegeret!
7. Utinam id verum sit!
8. Utinam amicus me adiuvet!

7 Zu Text 3

1. Lies den Text, indem du die gekennzeichneten Silben betonst.

Sálv(e), amnís, laudát(e) agrís, laudáte colónis,
dígnat(a) ímperió debént cui moénia Bélgae,
ámnis odóriferó iuga vítea cónsite Báccho,
cónsite grámineás, amnís viridíssime, rípas!

2. Welche Regel gilt, wenn ein Wort mit Vokal endet und das nächste mit Vokal beginnt?
3. Schreibe den zweiten und den dritten abgedruckten Abschnitt in dein Heft ab und
trage das Versmaß ein.

8 Lies und übersetze die Hexameter.

1. Der Dichter Ovid berichtet, wie Bauern der Göttin Latona, die nach der Geburt ihrer
Zwillinge Apollo und Diana durstig um Wasser bat, den Zugang zu ihrem Teich ver-
wehrten, das Wasser durch mutwilliges Herumstampfen trübten und sogar die Göttin
übel beschimpften. Latona verwandelt die Bauern zur Strafe in …

Quamvis sint sub aqua, sub aqua maledicere temptant.

2. Zwei Lebensregeln:

Quidquid agis, prudenter agas et respice finem.

Nam tua res agitur, paries cum proximus ardet.

3. Und eine Lebenserfahrung:

Sunt pueri pueri, pueri puerilia tractant.

quidquid: was
auch immer
prūdēns: klug
respicere: berück-
sichtigen
pariēs m.: Wand
puerīlia: (Akk. Pl.
n.): Kindereien

241

Die Römerstadt Trier

Viele Städte westlich des Rheins erinnern mit ihren Namen an gallische Volks-stämme, so Reims an die *Remi*, Metz an die *Mediomatrici*, Paris an die *Parisii*, Trier an die *Treveri*. Die Treverer standen während der Eroberung Galliens (58 – 51 v. Chr.) auf Caesars Seite. Die Romanisierung Galliens brachte dem Hauptort der Tre-verer, der auf einer vor Hochwasser geschützten Stelle am Ufer der Mosel lag, den Beginn einer reichen Geschichte.

Augustus machte *Augusta Treverorum* zum rückwärtigen Zentrum seiner Sied-lungs- und Militärpolitik an der Rheingrenze. Über Trier liefen die Fernstraßen nach Köln, dem Hauptort der Provinz *Germania inferior*, nach Koblenz und nach Mainz, dem Hauptort der Provinz *Germania superior*. Der Nachschub von Metz, von Paris, vom Rhonetal und von Südwestgallien ging durch Trier, das dadurch kul-turell beeinflusst wurde. Trier lag weit hinter der Militärgrenze des Limes und blieb bis zum Ende des 2. Jh. n. Chr. unbefestigt. Reiche Handelsherren lebten in der Stadt und hatten an den Hängen entlang der Mosel ihre Gutshöfe.

Das 3. Jh. n. Chr. bringt mit den Vorboten der Völkerwanderung auch für Trier Gefahren und Erschütterungen: 275 n. Chr. wird Trier von Franken und Alaman-nen zerstört. Stadt und Land erholen sich jedoch bald wieder; noch bleibt für ein Jahrhundert der Rhein die Grenze zwischen dem Römischen Reich und den »Bar-baren«.

Nach der Reichsreform Kaiser Diocletians, die das riesige Imperium in vier Verwal-tungsbezirke unter der Herrschaft jeweils eines »Caesar« unterteilte, wird Trier 286 n. Chr. sogar Residenz des Caesars Constantius Chlorus. Auch als Kaiser Kon-stantin die Reichszentrale und den Hof des Kaisers von Rom nach Byzanz / Kon-stantinopel verlegt, bleibt der Rang Triers erhalten. Ein neuer Aufschwung der Stadt unter den Kaisern Valentinian I. und Gratian setzt am Ende des 4. Jh. n. Chr. ein. Aus dieser Zeit stammen die heute noch bewunderten Bauten Triers: die Palastaula (Basilika), die Porta Nigra (s. S. 243), die Römerbrücke (s. S. 237), die Kai-serthermen, das Amphitheater.

Unter den 50 000 Bewohnern waren über 2000 römische Beamte mit ihren Fami-lien, die in der Verwaltung des Rheinlands und Galliens tätig waren. Zu den Wür-denträgern am Hof gehörte zur Zeit Gratians auch der Universitätslehrer, Dichter und Konsul Ausonius aus Bordeaux. In dem langen Gedicht *Mosella* schilderte er eine Reise von Bingen an der Nahe über den Hunsrück und an der Mosel entlang nach Trier.

Auch frühe christliche Bischöfe wie Maximinus und Paulinus stammten wie Auso-nius aus Südwestfrankreich. Es muss eine Art Städtepartnerschaft zwischen Trier (*Treveris*) und Bordeaux (*Burdigala*) gegeben haben. Das Land um Rhein und

Mosel war römisch geworden und auch als die Rheingrenze aufgegeben und das gallisch-römische Land von den Franken erobert wurde, blieben die *Latinitas* und die römische Kultur (und mit ihr der Weinbau) erhalten und prägten Europas weitere Geschichte mit.

Trier,
Porta Nigra.

243

Mainz

Der Limes, der lange Zeit eine zuverlässige Grenze zwischen dem Römischen Reich und dem freien Germanien gebildet hatte, musste um 260 n. Chr. unter dem Druck der germanischen *Alamannen* aufgegeben werden. Auch die Rheingrenze blieb im folgenden Jahrhundert gefährdet und wurde immer wieder unter großen Anstrengungen verteidigt. 357 besiegte Kaiser *Iulianus* die Alamannen bei Straßburg (*Argentorate*). Der Historiker *Ammianus Marcellinus* beschreibt die weitere Auseinandersetzung zwischen Römern und Alamannen an Rhein und Main.

Alamannensturm an Rhein und Main

Post Argentoratensem pugnam Caesar corpora cunctorum mortuorum colligi iussit, nam corpora humanda erant, ne aves ea consumerent. Tum ad Tres Tabernas revertit. Unde
5 cum omnibus captivis praedam in Mediomatricos duci iussit. Ipse Mogontiacum petere in animo habuit, ut Rhenum fluvium ponte transgressus barbaros in finibus ipsorum aggrederetur.

Exercitus autem ei resistebat et impediebat, ne bellum reno-
10 varet. Sed Caesar eloquentia et auctoritate milites in voluntatem suam traduxit. Ita milites amore Caesaris adducti ducem secuti sunt, praesertim cum ipse semper plus laboris susciperet quam militibus imponeret.
Rhenus fluvius ad terras hostium occupandas vastandasque
15 ponte transmissus est. Barbari autem multitudine copiarum oppressi et clade Argentoratensi docti, quid sibi immineret, legatos ad pacem petendam miserunt. At postea mutata voluntate per alios legatos bellum acerrimum nostris minati sunt, nisi finibus eorum exirent.
20 Quibus de rebus Caesar certior factus navigiis modicis et celeribus octingentos imposuit milites. Quibus imperavit, ut naves subveherent et cuncta ferro ignique vastarent. Prima luce milites ad ripas occupandas ducti sunt, sed nullo barbaro invento dux militibus vicos hostium diripiendos ac incenden-
25 dos permisit.
Germani procul ignes vident; insidiae, quas nostris per angusta paraverant, iis relinquendae sunt; ad bona sua servanda celeriter accurrunt. Nostri undique barbaros circumveniunt.

Trēs Tabernae: Saverne (Stadt im Elsass)
Mediomatricī: Volk in der Gegend von Metz

modicus, a, um: mittelgroß

octingentī, ae, a: achthundert

nāvēs subvehere: den Fluss (Main) hinauffahren

244

Nachbau eines römischen Kriegsschiffes aus dem 4. Jh. n. Chr. Museum für Antike Schiffahrt, Mainz.

Sahen so die Schiffe aus, von denen Ammianus sagt: »*navigia modica et celeria*«?

Qui hinc ab equitibus, hinc a militibus, qui navigiis advecti
30 erant, territi tamen, quia loca noverunt, occasionem evadendi nanciscuntur. Itaque nostris haec ignominia exstinguenda est: in persequendis hostibus villas, pecora, frumenta delent.
Tandem Germani timore adducti sibi pacem faciendam esse
35 intellexerunt. Tres reges eorum ad Caesarem venerunt et iurabant se foedera servaturos, quin etiam frumentum nostris suppeditaturos esse. Quae polliciti sunt fidem simulantes et metu coacti. Paulo post barbari autem ...

suppeditāre: liefern

1 1. Lies den Text und sammle alle Wörter, die zum Thema »Kampf, Krieg« gehören; ordne die Wörter nach Wortarten.
  2. Begründe die Wahl der Tempora in Zeile 26–33.

2 1. Mit welchen Ausdrücken bezeichnet der Autor die Germanen, mit welchen bezeichnet er Iulian? Wie charakterisiert er sie?
  2. Beurteile die Wertungen Ammians.

3 Überlege: Wie sah wohl das alltägliche Leben der Menschen aus, die in dieser Zeit an Rhein und Mosel lebten?

4 Ammian beurteilt diesen Krieg gegen die Germanen als große militärische Leistung Iulians. Welchen Eindruck hast du von diesem Krieg? Wie könnte die Erzählung am Ende des Lektionstextes fortgesetzt werden? Ziehe auch den Text »Mainz – Römerstadt und Römerhafen« mit heran.

5 Suche aus dem Text alle Gerundivformen heraus und ordne sie nach ihrer syntaktischen Funktion (Attribut, Prädikatsnomen, Prädikativum. Vorsicht: Eine nd-Form des Textes ist kein Gerundivum).

6 Übersetze die Ausdrücke und Sätze und gib jeweils die syntaktische Funktion des Gerundivums an.

in amicis eligendis – ad rem publicam administrandam – mihi agendum est – id tolerandum non est – ad ludos spectandos – de bello gerendo – amici quaerendi causa – in agris colendis – agri colendi sunt – iustitia erga hostes servanda est – dei vobis colendi sunt – tibi librum legendum do – iustitia omnibus colenda est

7 Gerundium oder Gerundivum?
Schreibe die Nummern der Ausdrücke, die ein Gerundium enthalten, heraus und stelle sie so lange um, bis du eine für die römische Geschichte wichtige Jahreszahl erhältst.

1. ad liberandam patriam – 2. epistula mihi scribenda est – 3. studium omnia cognoscendi – 4. consilium relinquendae Italiae – 5. ars scribendi – 6. diem rei gerendae constituere – 7. studium multa agendi – 8. Caesar pontem faciendum curavit

8 Welche semantischen Funktionen haben Ausdrücke mit folgenden Präpositionen? Schreibe ab und ordne zu.

Semantische Funktion	Präpositionen
lokal	causa
a) Frage: wohin?	in
b) Frage: wo?	ad
c) Frage: woher?	ex
	de
temporal	prope
final	gratia
kausal	propter
	post
	ante

9 Suche in Lexika Informationen über die Alamannen und vergleiche diese mit dem, was wir aus dem Lektionstext über sie erfahren.

246

Mainz – Römerstadt und Römerhafen

Navigia modica et celeria nennt Ammianus Marcellinus die Schiffe, mit denen die Soldaten den Main herauffuhren, um den Feinden in den Rücken zu fallen. Wie wir uns solche *navigia* vorzustellen haben, ist seit 1981/82 klarer geworden, als in Mainz mehrere römische Schiffe aus dem 4. Jh. n. Chr. gefunden wurden. Eine archäologische Sensation. In einer dramatischen Rettungsaktion konnten die Holzreste aus einer Baugrube geborgen werden. Sie wurden in Wasser gelegt, dann mit Polyesterharz konserviert und sind heute im Mainzer Museum für antike Schiffahrt zu besichtigen. Dort befinden sich auch Modelle jener schlanken schnellen Ruderschiffe, die Kaiser Iulian bei seiner Landeoperation am Mainufer eingesetzt haben könnte.

Der Kaiser stützte sich dabei auf Mainz als den wichtigsten Rheinhafen; man schätzt die Zahl seiner Schiffe auf über 1000. Nur wenige Jahrzehnte später ging Mainz jedoch für die Römer verloren: In der Neujahrsnacht 406 n. Chr. zerstörten Alanen, Vandalen und Sueben die Stadt und töteten die Bevölkerung. Die Geschichte der Stadt Mainz war vorläufig zu Ende. Und so begann sie:

Im Jahre 13 v. Chr. wird auf der linken Rheinseite ein Lager für zwei Legionen im Gebiet des heutigen Kästrich (vgl. *castra*) errichtet. In dieser Gegend lebten Kelten, Treverer, die in den Römern nicht nur Besatzer, sondern auch Handelspartner und Beschützer gegen die Germanen sahen. Grabsteine zeigen, dass viele keltische Kaufleute großen Wohlstand erwarben, da sie die ca. 12 000 Legionssoldaten in Mainz mit Lebensmitteln und anderen Gütern belieferten. Von Mainz aus stößt Drusus, der Stiefsohn des Augustus, weit ins germanische Gebiet bis zur Elbe vor. Die Niederlage des Varus im *saltus Teutoburgiensis* bedeutet das Ende der römischen Absichten, Germanien dem *imperium Romanum* einzuverleiben.

Mogontiacum wird daraufhin verstärkt und durch Bauten gesichert. Nach der ersten Zerstörung 69/70 n. Chr. entsteht ein großes Lager aus Stein: Die Blüte von Mainz beginnt; etwa 50 000 Menschen leben und arbeiten hier. Auf der rechten Rheinseite wird ein Kastell als Brückenkopf gebaut und mit einer Rheinbrücke von 700 m Länge mit der Stadt verbunden. Ein Aquädukt von über 9 km leitet etwa 7 000 cbm Wasser täglich vom heutigen Finthen (vgl. *fontes*) nach Mainz. 95 n. Chr. wird *Mogontiacum* Zentrum der Provinz *Germania superior*, die vom Genfer See bis nach Andernach reicht.

Mogontiacum ist keine Frontstadt, der Limes (s. Lektion 9) gibt ihr Sicherheit. Ein buntes Völkergemisch lebt hier. Soldaten aus dem ganzen Imperium kommen nach Mainz. Viele bleiben nach ihrer Dienstzeit von 25 Jahren dort und heiraten einheimische Frauen; die Romanisierung beginnt.

Gerade die Funde der letzten Jahre lieferten viele Erkenntnisse über das Leben im römischen Mainz. Ein Fußbodenmosaik wurde entdeckt, 1996 grub man ein Handwerker- und Töpferviertel aus. Ein gut erhaltener Brennofen enthielt noch zahlreiche kleine Terrakottafiguren (Figuren aus gebranntem, unglasiertem Ton).

Terrakotta aus Mainz.
Dargestellt sind Amor und Psyche.

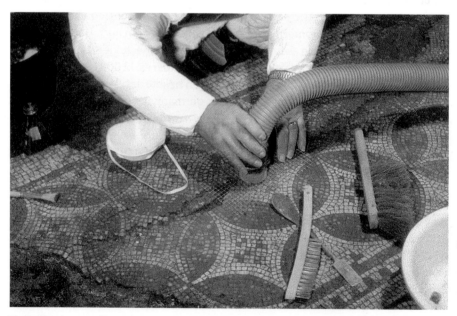

Ein Fußbodenmosaik, Luxusausstattung eines römischen Wohnhauses, wird 1995 in Mainz geborgen.

Text 1 C. Plinius Traiano imperatori

Omnia, de quibus dubito, ad te, domine, referre soleo. Quis
enim potest melius ignorantiam meam instruere?
Propositus est mihi libellus sine auctore nomina multorum
5 Christianorum continens. Eos, qui se Christianos esse aut
fuisse negabant, dimittendos esse putavi, cum deos appella-
vissent, imaginem tuam venerati essent, praeterea male dixis-
sent Christo. Constat enim eos, qui re vera sunt Christiani, ad
illa cogi non posse. Nonnulli autem affirmabant hanc fuisse
10 culpam suam vel errorem, quod essent soliti stato die ante
lucem convenire carmenque Christo quasi deo dicere seque
sacramento non in scelus aliquod obstringere, sed ne furta, ne
latrocinia, ne adulteria committerent, ne fidem fallerent.
Quibus rebus peractis morem sibi discedendi fuisse rursus-
15 que coeundi ad capiendum cibum simplicem.
Necessarium esse credidi ex duabus ancillis, quid esset verum,
etiam per tormenta quaerere. Sed nihil aliud inveni quam
superstitionem pravissimam.
Idco dilata cognitione te consului: scire velim, liceatne me
20 hunc actum secuturum esse:
Eos, qui ad me tamquam Christiani delati erunt, interrogabo,
num sint Christiani. Si negaverint, eos dimittam. Sin se Christianos esse confessi erunt, supplicium minatus iterum ac ter-
tio interrogabo. Eos, qui perseveraverint, ad supplicium duci
25 iubebo. Qualecumque enim erit, quod dixerint, pertinacia
eorum certe debebit puniri.

quod essent solitī:
»dass sie nämlich
gewohnt seien«
adulterium:
Ehebruch
Ergänze vor **Qui-
bus:** Affirmābant

āctus, ūs m.:
Verfahrensweise

quāliscumque:
wie beschaffen
auch immer

Text 2 Traianus Plinio Secundo

Modum agendi, quo iam usus es, mi Secunde, in cognitioni-
bus eorum, qui Christiani ad te delati erunt, tibi sequi licet.
Conquirendi non sunt. Sed si quis delatus et convictus erit,
5 puniendus erit. Qui negaverit se Christianum esse idque re
ipsa manifestum fecerit, veniam e paenitentia impetrabit.
Libelli autem, qui sine auctore tibi propositi erunt, in nullo
crimine locum habere debebunt. Nam et pessimi exempli
nec nostri saeculi est.

locum habēre:
Berücksichtigung
finden

Petrus und Paulus. Relief aus dem 4. oder 5. Jh. n. Chr.

Welche Bedeutung hatten Petrus und Paulus für die Ausbreitung des Christentums? Lies dazu den Text »Die Christen und Rom«.

1 Zu Text 1

1. Lies den Text und achte dabei besonders auf Anreden, Personalpronomina und Verbalendungen: In welchen Sätzen wendet sich Plinius direkt an den Kaiser, in welchen beschreibt er das Verhalten der Christen, in welchen erläutert er, wie er in diesen Fällen vorgeht bzw. vorgehen will?

2. Welche Vorwürfe werden den Christen gemacht?
   Wie verteidigen sie sich?
   Unter welchen Voraussetzungen ist Plinius bereit, die Christen ungestraft zu lassen?
   Welches Verfahren schlägt er dem Kaiser vor? Weshalb hat Plinius zu der in Zeile 16–17 beschriebenen grausamen Maßnahme gegriffen?

2 Zu Text 2

1. Welche Sätze nehmen direkt Bezug auf die Anfrage des Plinius?
2. Was bedeutet *Conquirendi non sunt* (Zeile 4)?
3. In welchen Punkten kritisiert Trajan das Vorgehen des Plinius? Warum?

3 Welche Gründe für die Verfolgung der Christen zur Zeit Trajans kann man aus diesem Briefwechsel erschließen? Lies hierzu auch den Text »Die Christen und Rom«. Weshalb wurden und werden Menschen auf Grund ihrer religiösen Überzeugung verfolgt?

4 Schreibe ab und denke dir passende lateinische Satzhälften aus.

1. Cum domum venero, ~~~
2. Si amicus iterum me deseruerit, ~~~
3. ~~~, vobis vera dicam.
4. ~~~, etiam ego tibi epistulam mittam.
5. ~~~, numquam te adiuvabo.

5 Schreibe ab und ergänze in folgenden indirekten Fragesätzen die richtige Verbform bzw. Endung.

Eam interrogo, a) num id verum ~
                b) cur heri domi mans~
                c) num id fec~
                d) cur nuper tam tristis fu~

trīstis, e: traurig

Mache die Sätze a) bis d) außerdem abhängig von :

Eam interrogavi – Eam interrogabo – Eam interrogabam

6 Versteckspiel der Konjunktive

Die Anfangsbuchstaben aller Konjunktivformen ergeben aneinander gereiht ein Bibelwort, das auf ein Wunder hinweist.

tolerant – tangerem – convocat – abducentur – occupetis – adolescent – legas – leges – laeserim – haeremus – eliges – effecissem – gaudemus – loquerentur – emas – corrumpent – comitetur – feriunt – transgrederer – alloquentur – utar – finitimam – ferrum – mergam – trucidet – erras – uteremini – utantur – iacemini – mutem – emineant – dubitabunt – defles – tradat – apponerent – pugnam – pereunt – mentiantur – fenestram – bibamus – curiam – custodivisti – utamini – legat – decem – minaris – arem

Die Christen und Rom

Die christliche Religion verbreitete sich zuerst im Osten des Römischen Reiches. Deswegen war auch die Sprache des frühen Christentums zunächst Griechisch, wie die Schriften des Neuen Testaments zeigen. Im 2. Jh. wurde die Bibel ins Lateinische übersetzt. In dieser Zeit hatte sich das Christentum bereits über den Westen des Reiches, nach Nordafrika und Gallien, ausgebreitet; Gemeinden gab es nicht nur in den großen Städten, z. B. in den Hafenstädten Thessaloniki oder Korinth oder in der Hauptstadt Rom, an die der Apostel Paulus seine Briefe schrieb. Die Gemeinden waren klein, aber zahlreich, und allmählich entwickelte sich in ihnen eine Ordnung mit verschiedenen »Ämtern«: Es gab den *episkopos* (Bischof, Aufseher), den *presbyteros* (Älterer, davon kommt unser Wort Priester) und den *diakonos* (Diakon, Verwalter). In den Gemeinden beriet man miteinander über den rechten Glauben und das Zusammenleben innerhalb der Gemeinde. Auch die Frauen waren aktive Gemeindemitglieder, was bei anderen religiösen Gemeinschaften nicht selbstverständlich war.

Die Christen bemühten sich, im Alltag nach den Zehn Geboten und den Idealen der Bergpredigt zu leben; sie traten füreinander ein und sorgten für die Armen, die Witwen und die Waisen in der Gemeinde, wie Paulus in einem Brief schrieb: »Lasset uns Gutes tun an jedermann, vor allem an des Glaubens Gefährten.« Das machte den Glauben für sozial Schwache besonders anziehend; aber es gab auch Christen in der Oberschicht, obwohl vielen gebildeten Römern diese Religion als törichter Aberglaube erschien, wie wir aus dem Briefwechsel zwischen Plinius und Kaiser Trajan sehen.

Das Christentum als »Erlösungsreligion« versprach, die menschliche Seele von irdischer Schuld zu befreien; es gab eine Antwort auf die Frage, was den Menschen nach seinem Tod erwartet, und machte ihm Hoffnung auf ein ewiges Leben im Angesicht Gottes. Weder andere Religionen noch die Lehren der Philosophie versprachen etwas Ähnliches. Die Christen waren jedoch zunächst eine Minderheit von Außenseitern. Missverständnisse und Anfeindungen blieben nicht aus. So wurde z. B. das Abendmahl als blutiges Menschenopfer missverstanden und gab Anlass zu Verleumdungen. Auch als Sündenböcke mussten die Christen herhalten: Ein Brand Roms löste 64 n. Chr. die erste blutige Christenverfolgung unter Kaiser Nero aus; auch die Apostel Paulus und Petrus starben nach der Überlieferung unter Nero den Märtyrertod.

Als die römische Herrschaftsform sich immer mehr zum *Dominat* eines allmächtigen Kaisers entwickelte, der als gottähnliches Wesen verehrt werden musste, gerieten die Christen in einen tödlichen Konflikt mit der römischen Staatsgewalt.

Glasbild
auf einer Grabplatte.

Woran erkennt man, dass die Bestatteten Christen sind?

Wer sich weigerte, den *genius* (Schutzgeist) des Kaisers mit Gebet und Opfer zu
verehren, dem drohte das Martyrium. Erst Kaiser Konstantin der Große schätzte
die Kraft des Christentums richtig ein und wollte nicht gegen die Christen, sondern mit ihnen die Einheit des Reiches erhalten. Der Legende nach sahen er und
sein Heer vor einer entscheidenden Schlacht am Himmel das Kreuzzeichen mit der
Inschrift »*In hoc signo vinces*« (In diesem Zeichen wirst du siegen). Er ließ seine Soldaten das Kreuz auf die Schilde malen – und siegte. Sein Mailänder Toleranzedikt
von 313 n. Chr. duldete das Christentum; er selber ließ sich kurz vor seinem Tod
taufen. 391 n. Chr. erklärte Kaiser Theodosius das Christentum zur Staatsreligion,
verbot alle heidnischen Kulte und schloss die Tempel der alten Götter.

Text 1   Christen vor Gericht

Am 17. Juli des Jahres 180 n. Chr. fand in Karthago ein Prozess gegen mehrere Christen statt. Sie stammten aus Scili, einem Ort in Numidien, der zur Provinz *Africa proconsularis* gehörte. Folgender Text dokumentiert das Verhör vor dem Prokonsul. Es ist das älteste christliche Schriftstück in lateinischer Sprache.

Praesente bis et Condiano consulibus,	Unter dem zweiten Konsulat des Praesens und dem des Condianus,
XVI Kalendas Augustas,	am 16. Tag vor den Kalenden des August (= 17. Juli) wurden im
Karthagine in secretario impositis	Gerichtssaal in Karthago vorgeführt:
5 Sperato, Nartzalo, Cittino, Donata, Vestia, Secunda et ceteris	Speratus, Nartzalus, Cittinus, Donata, Vestia, Secunda und die Übrigen.

Saturninus proconsul dixit:
»Potestis indulgentiam domini nostri imperatoris promereri,
si ad bonam mentem redeatis.«

10 *Speratus dixit:*
»Numquam malefecimus, iniquitati nullam operam dedimus,
numquam malediximus, sed male accepti gratias egimus;
item imperatorem nostrum observamus.«

Saturninus proconsul dixit:
15 »Et nos religiosi sumus et simplex est religio nostra,
et iuramus per genium domini nostri imperatoris
et pro salute eius supplicamus, quod et vos facere debetis.«

Speratus dixit:
»Si tranquillas praebueris aures tuas,
20 dico mysterium nostrae simplicitatis.«

indulgentia: Nachsicht

prōmerērī: erwerben

malefacere: Böses tun

male acceptī: »wenn man uns schlecht behandelt hat«

observāre: achten

Informiere dich in einem Lexikon über den Ursprung und die Aufgabe einer Katakombe.

Betende. Callisto-Katakombe, Rom.

Saturninus proconsul dixit:
»Dicenti tibi mala de sacris nostris
aures nequaquam praebebo;
sed potius iura per genium domini nostri imperatoris.«

25 *Speratus dixit:*
»Ego imperium totius huius saeculi non cognosco;
sed soli illi Deo servio,
quem nemo hominum vidit nec videre his oculis potest.
Furtum non feci, immo vero si quid emo, teloneum reddo.«

nōn cōgnōscō: »ich halte nicht für wichtig«

telōnēum reddere: Steuer zahlen

30 *Saturninus proconsul dixit ceteris:*
»Desinite huius esse persuasionis.«

persuāsiō, ōnis f.: Überzeugung; Sekte

Cittinus dixit:
»Nos non habemus alium, quem timemus, nisi dominum
Deum nostrum, qui est in caelis.«

35 *Donata dixit:* »Honorem Caesari quasi Caesari; timorem
autem Deo uni.«

Vestia dixit: »Christiana sum.«
Secunda dixit: »Quod sum, id ipsum volo esse.«

Saturninus proconsul Sperato dixit:
40 »Perseveras Christianus?«

Speratus dixit: »Christianus sum.« *Et cum eo omnes consenserunt.*

Saturninus proconsul dixit:
»Numquid ad deliberandum spatium vultis?«

Speratus dixit: »In re tam iusta nulla est deliberatio.«

45 *Saturninus proconsul dixit:*
»Quae sunt res in capsa vestra?«

capsa: Behälter (für Buchrollen)

Speratus dixit: »Libri et epistulae Pauli, viri iusti.«

Saturninus proconsul dixit:
»Moram triginta dierum habete et recordamini.«

50 *Speratus iterum dixit:*
»Christianus sum.« *Et cum eo omnes consenserunt.*

Saturninus proconsul decretum ex tabula recitavit:
»Speratum, Nartzalum, Cittinum, Donatam, Vestiam, Secundam et ceteros ritu Christiano se vivere confessos, quoniam
55 oblata sibi facultate ad morem Romanorum redeundi obstinanter perseveraverunt, gladio animadverti placet.«

obstinanter: starrköpfig

Speratus dixit: »Deo gratias agimus.«

256

Nartzalus dixit: »Hodie martyres in caelis sumus. Deo gratias.«

Saturninus proconsul per praeconem dici iussit:

60 »Speratum, Nartzalum, Cittinum, Veturium, Felicem, Aquilinum, Laetantium, Ianuarium, Generosam, Vestiam, Donatam, Secundam duci iussi.«

Universi dixerunt: »Deo gratias.«
Et statim decollati sunt pro nomine Christi. Amen.

praecō, ōnis m.: Ausrufer

dūcī, ergänze: ad mortem

dēcollāre: enthaupten

Text 2   Bericht des Prokonsuls

Saturninus proconsul Romam nuntiavit nonnullos, qui se Christiano ritu vivere confiterentur, captos esse. Eos recusavisse, ne per genium imperatoris iurarent. Istos solum deum
5 suum se timere dixisse. Se ex iis quaesivisse, num ad deliberandum spatium vellent, sed istos moram noluisse. Oblata facultate ad morem Romanorum redeundi istos iterum se Christianos esse perseveravisse. Praeterea Christianos capsam cuiusdam Pauli, qui per imperium Romanum superstitio-
10 nem nefariam divulgavisset, secum portavisse. Itaque se istos homines scelestos decollari iussisse.

capsa: Behälter (für Buchrollen)

dīvulgāre: verbreiten

dēcollāre: enthaupten

1 1. Was fordert der Statthalter von den Christen? Was wirft er ihnen vor? Zitiere auf Lateinisch.
   2. Welche Argumente bringen die angeklagten Christen dagegen vor?
   3. Welche Begründung für das Urteil nennt der Statthalter?

2 1. Welche Einstellung des Prokonsuls zeigt sich beim Verhör? Wie führt er das Verhör?
   2. Beschreibe die Haltung der Christen.

3 1. Was spricht für die Annahme, dass der Text von Christen abgefasst wurde?
   2. Für welche Leser ist die Akte verfasst? Welchem Zweck dient sie?

4 1. Vergleiche die sprachliche Form von Text 2 und Text 1. Um welche Textsorte handelt es sich bei Text 2?
   2. Beobachte die Verwendung des Pronomens *se* in Text 2. Auf welche Personen ist es jeweils zu beziehen?

5 Mache ähnlich wie in Text 2 folgende Sätze abhängig von:

a) Proconsul Romam nuntiat   b) Proconsul Romam nuntiavit

1. Christiani illi deo serviunt, quem nemo hominum vidit.
2. Christiani furtum quidem non fecerunt, sed recusant, ne pro salute imperatoris supplicent.
3. Christiani omnes consentiunt se moram nolle.
4. Christiani recusant, ne Christo maledicant.
5. (Proconsul) Christianos decollari iussit.   **decollāre:** enthaupten

6 Die Firma »Pronomina In- und Export GmbH« hat eine große Containerlieferung mit Pronominaladverbien aus Rom erhalten. Um einen Überblick zu bekommen, erhält der Lagerverwalter Lucius den Auftrag, den Inhalt des Containers in Säcke zu sortieren.

Zeichne in dein Heft:

Für die nächste Aufgabe muss Meister Marcus ran: Der Inhalt der drei Säcke soll auf vier Regale mit folgenden Aufschriften verteilt werden. Zeichne in dein Heft:

Regalbrett 1: interrogativ	Ort	Zeit	Art und Weise
Regalbrett 2: demonstrativ	Ort	Zeit	Art und Weise
Regalbrett 3: relativ	Ort	Zeit	Art und Weise
Regalbrett 4: indefinit	Ort	Zeit	Art und Weise

7 Auf dem Forum Romanum steht dieser Tempel, den Kaiser Antoninus Pius 141 n. Chr. für seine verstorbene und vergöttlichte Frau Faustina errichten ließ. Nach seinem Tod wurde der Tempel auch ihm geweiht. Die Kirche San Lorenzo in Miranda wurde im 11. Jh. in den Tempel hineingebaut. Welche Einstellung des christlichen Mittelalters zur Antike kann man an diesem Bauwerk erkennen?

Christen verteidigen sich – die frühe christliche Literatur

Nicht in Rom, sondern in Karthago entstand das erste größere Werk christlicher Literatur in lateinischer Sprache, das *Apologeticum* (Verteidigungsschrift) des Kirchenlehrers Tertullian (um 200 n. Chr.), worin der Autor, selber römischer Jurist, die Christen gegen die Anklagen und Beschuldigungen verteidigte, die gegen sie erhoben wurden. Es war nämlich offenkundig geworden, dass die Kräfte des Römischen Reiches nachgelassen hatten. An den weit ausgedehnten Grenzen des Reiches konnten die aus dem Osten herandrängenden Völker nur in ständigen Kriegen unter großen Anstrengungen abgewehrt werden; Wirtschaft und Handel kamen zum Erliegen; umso mehr stieg die Steuerlast. »Die Götter haben sich von Rom abgewandt«, sagten viele Römer und gaben den Christen, die die römischen Götter nicht mehr verehrten, sondern nur noch Jesus Christus als Sohn Gottes anerkannten, die Schuld am Niedergang Roms.

Tertullian und andere christliche Schriftsteller suchten diese Vorwürfe zu widerlegen, indem sie sich – selber in lateinischer und griechischer Literatur bewandert – mit ihren Schriften an die Gebildeten unter den römischen Nichtchristen wandten, ihnen ihren Glauben erklärten und ihre Leser von seiner Richtigkeit zu überzeugen versuchten. So entfaltete sich eine eigenständige christliche Literatur der *patres* (»Kirchenväter«). Ihre Schriften zu religiösen Themen zählen nach der Bibel noch heute zu den Grundlagen des christlichen Glaubens. Von besonderer Bedeutung war die lateinische Bibelübersetzung des Kirchenvaters Hieronymus (um 400 n. Chr.), die später als *Vulgata* (Bibel in der Volkssprache) bezeichnet wurde. Auch die Literatur der großen »Heiden«, wie Cicero (106–43 v. Chr.) und Seneca (4 v. Chr.–65 n. Chr.), wurde oft im christlichen Sinne umgedeutet und in die Schriften der Kirchenväter einbezogen. Es kursierte sogar ein Briefwechsel zwischen Seneca und dem Apostel Paulus, dessen Echtheit erst im 15. Jh. bezweifelt wurde. Kirchenväter wie Hieronymus und Augustinus (Bischof in Nordafrika um 400 n. Chr.) empfahlen, aus der römischen Literatur das zu übernehmen, was auch für einen Christen nützlich sein könnte. Auf diese Weise sorgten die Kirchenväter dafür, dass auch in einem christlichen Europa die antike Literatur weiterlebte. Augustinus wurde durch seine Schriften selber zu einem »Klassiker« der lateinischen Literatur. In seinen *Confessiones* (Bekenntnisse) berichtet er über sein Leben bis zu seiner Bekehrung zum Christentum. In seinem Hauptwerk *De civitate Dei* (Vom Gottesstaat) setzt er sich mit Ciceros Schrift *De re publica* und der römischen Geschichte auseinander und stellt dem »weltlichen« Staat des Römischen Reiches mit seiner unvollkommenen Rechts- und Friedensordnung seine Vision des Gottesstaates, der sich erst am Jüngsten Tage verwirklicht, gegenüber.

Die vier Kirchenväter Hieronymus, Augustinus, Gregorius und Ambrosius. Fresko von Giotto di Bondone in der Kirche S. Francesco, Assisi. Um 1290/95.

261

Karolus Magnus

1 Karolus, qui post mortem fratris consensu omnium Francorum rex creatus erat, corpore fuit amplo atque robusto, statura eminenti, quae tamen iustam non excederet.

iūstam: »das rechte Maß«

5 Erat ei vox clara, sed quae minus corporis formae conveniret. Valetudine bona usus est, praeter quod, antequam decederet, crebro febribus corripiebatur.

Et tum quidem plura suo arbitrio quam medicorum consilio faciebat, quos paene oderat, quod ei in cibis assa, quibus 10 assuetus erat, dimittere suadebant.

assa (Akk. Pl. n.): gebratenes Fleisch

In cibo et potu temperans, sed in potu temperantior erat rex, qui ab ebrietate in omni homine valde abhorreret. Inter cenandum aut aliquod acroama aut lectorem audiebat. Legebantur ei historiae et antiquorum res gestae.

ēbrietās, ātis f.: Trunkenheit
acroāma (Akk. Sg. n.): Musik

2 Filiorum ac filiarum tantam in educando curam habuit, ut numquam sine ipsis cenaret, numquam iter sine illis faceret. Filias, quae pulcherrimae essent et ab eo valde diligerentur, nemini aut suorum aut exterorum nuptum dare voluit, sed omnes secum usque ad mortem suam in domo sua retinuit, 20 dicens se earum contubernio carere non posse.

nūptum dare: in die Ehe geben
contubernium: Gesellschaft

3 Nec patrio tantum sermone contentus etiam peregrinis linguis studuit. In quibus Latinam ita didicit, ut illa aeque ac patria lingua orare sit solitus; Graecam vero melius intellegere quam pronuntiare potuit.

25 Artes liberales summo studio coluit. Quarum doctores plurimum veneratus magnis afficiebat honoribus. Alcoinum de Brittania Saxonici generis, virum doctissimum, praeceptorem habuit, apud quem et rhetoricam et dialecticam, praecipue tamen astronomiam disceret. Plurimum et temporis et 30 laboris etiam arti computandi impendit. Temptabat et scribere tabulasque ad hoc in lecto sub cervicalibus habere solebat, ut, cum vacuum tempus esset, manum litteris fingendis assuesceret, sed parum successit labor sero inchoatus.

rhētorica: Redekunst
dialectica: Logik
astronomia: Astronomie
cervīcal, ālis n.: Kopfkissen
cum ... esset: »immer wenn ... war«

262

Statue Karls des Großen vor dem Historischen Museum in Frankfurt am Main.

1 Lies den lateinischen Text.

  1. Schau dir die Substantive näher an und stelle für jeden der drei Abschnitte ein passendes Sachfeld zusammen.

  2. Formuliere Überschriften für die drei Abschnitte.

2 Gib, bevor du einen Abschnitt übersetzt, seinen Inhalt mit eigenen Worten wieder.

3 1. Welche Eigenschaften und Gewohnheiten stellt der Autor als außergewöhnlich dar? Welche erscheinen dem modernen Leser merkwürdig?

  2. Welches Bild von Karl dem Großen will der Autor vermitteln?

4 Schreibe alle konjunktivischen Relativsätze aus dem Text in dein Heft und überlege, wie das Relativpronomen jeweils übersetzt werden muss.

5 Überlege, welche semantische Funktion folgende Relativsätze haben (manchmal gibt es mehrere Möglichkeiten) und übersetze.

  1. Marcus Syro servo epistulam dat, qui eam ad Pomponium apportet.

  2. Cornelius dominus servos, qui non valeant, vituperat.

  3. Davus servus, qui dormiat, nihil videt.

  4. Quis est, qui iniurias Verris ignoret?

  5. Helena, quae Paridem amaret, epistulam per ancillam Aethram misit.

  6. Non is sum, qui aliis invideam.   **invidēre** m. Dat.: beneiden

  7. Verres, qui propraetor a populo Romano in Siciliam missus esset, multa scelera commisit.

6 Noch einmal echte griechisch-römische Qualität (vgl. Lektion 24, Aufgabe 5). Ordne die Ablative einem Beziehungswort zu (es gibt mehrere Möglichkeiten), schreibe die Ausdrücke in dein Heft und übersetze sie.

Hydra monstrum	summa auctoritate
Socrates philosophus	magno robore
Hercules vir	admirabili ingenio
Orpheus poeta	tribus capitibus
Cerberus canis	spiritu pestifero
Penelope uxor	mente acerrima
Hippocrates medicus	maxima fide

7 1. Welche Wissenschaften gehörten zu den »sieben freien Künsten«? Lies hierzu den Text »Die karolingische Renaissance«. Weshalb nannte man wohl diese Künste »frei«?

2. Welche Fragen behandeln diese Wissenschaften?

8 1. Übersetze und lies den Hexameter des Dichters Horaz (65–8 v. Chr.). Welche Stilmittel fallen dir auf?

Oderunt hilarem tristes tristemque iocosi.

hilaris: heiter, fröhlich

trīstis, e: traurig

iocōsus: lustig

2. Welche Stimmung drückt der Dichter Catull (etwa 87–54 v. Chr.) in folgenden Versen aus?

Odi et amo. Quare id faciam, fortasse requiris.
Nescio, sed fieri sentio et excrucior.

requīrere: wissen wollen

excruciāre: foltern

9 Wer kann um die Ecke denken?
Ein Silbenrätsel:

1. Romae vivere ei non iam placuit.
2. Aquam et vinum laudabat.
3. Karolo iis opus erat.
4. Corpori magni cuiusdam viri non conveniebat.
5. Numquam solae cenabant.

AE – AU – BU – CLA – CON –

FI – IM – KA – LI – LI – LIS –

NI – NO – PE – RA – RA – RI –

RO – SO – STAN – TA – TI –

TO – US – VOX

Die karolingische Renaissance

Nachdem Kaiser Konstantin 326 n. Chr. seine Residenz von Rom nach Konstantinopel verlegt hatte, verlagerte sich der Schwerpunkt des Imperiums von Italien nach dem Osten. Theodosius der Große war der letzte Kaiser des Gesamtreiches; seine Söhne teilten 395 n. Chr. die Verwaltung des Reiches in einen östlichen und einen westlichen Teil. Das weströmische Reich endete schon 476 n. Chr. mit der Absetzung des letzten römischen Kaisers durch einen germanischen Heerführer. Ostrom, das Reich der griechisch sprechenden »Romäer«, fand erst 1453 mit der Eroberung der Hauptstadt Konstantinopel durch die islamischen Osmanen sein Ende. Mit dem Aufkommen des Islam im 7. Jh. waren vorher schon Ägypten, Nordafrika, Südspanien und Sizilien an die Araber verloren gegangen.

Papst Gregor II. hatte 731 n. Chr. die Unabhängigkeit der westlichen Bischöfe von der Oberhoheit Konstantinopels erklärt. Die christliche Ökumene spaltete sich damit in den »griechisch-orthodoxen« Osten und den »katholischen« Westen. Aus der politischen Macht des Bischofs von Rom über die Stadt und ihre Umgebung bildete sich in Mittelitalien ein »Kirchenstaat« unter der Herrschaft des Papstes.

Der einzige germanische Stammesverband, der auf dem Gebiet des alten Römerreiches eine dauernde politische Macht aufbauen konnte, waren die aus dem Rhein-Main-Gebiet nach Gallien eingewanderten Franken. Ihnen gelang es, das Vordringen des Islam in Spanien zu stoppen, sie unterwarfen die Langobarden in Italien und wurden Schutzmacht der Kirche und der Päpste. Sie dehnten ihr Reich über die germanischen Thüringer, Hessen, Alamannen und Baiern aus und zwangen in blutigen Kriegen die Sachsen und Friesen im heutigen Niedersachsen zum Christentum. Am Weihnachtsfest 800 n. Chr. krönte Papst Leo III. den Frankenkönig Karl in der Peterskirche in Rom zum Römischen Kaiser. Die christlichen Germanen und ihre Vormacht, die Franken, betrachteten sich nun als Erben des Imperium Romanum.

Man erlebte damals ein bewusstes Anknüpfen an die Kultur des alten Rom, eine »karolingische Renaissance« (Wiedergeburt), wie sie später genannt wurde. An vielen Klöstern wurden Schulen und Schreibstuben eingerichtet. Das klassische Latein wurde wieder gepflegt. Geschichte und Biographien der Kaiser wurden nach römischen Vorbildern geschrieben, wie z. B. Einhards *Vita Karoli Magni*. Am fränkischen Kaiserhof entwickelte sich die Schrift der »karolingischen Minuskel« (Schrift, die nur aus Kleinbuchstaben besteht), auf die unsere heutige Druckschrift zurückgeht. Antike Autoren wurden kopiert; germanische Heldenlieder, wie das *Hildebrandslied* wurden aufgeschrieben; die Verwaltung arbeitete mit lateinischen Gesetzen und Urkunden.

Die Hofschule in Aachen war Vorbild: An ihr lehrte man die »sieben freien Künste«: Grammatik, Rhetorik (zu der auch das Rechtsstudium gehörte), Dialektik (Logik), Astronomie, Geometrie, Arithmetik und Musik. Nicht nur Franken arbeiteten dort als Lehrer: Alcuin (Theologe und Grammatiker) war Angelsachse, Theodulf war Westgote, Paulus Diaconus (Historiker) war Langobarde. Die Baukunst der Antike nahm man sich zum Vorbild: Zum Bau seiner Pfalzkapelle in Aachen ließ Karl der Große antike Säulen über die Alpen holen. Sein Reich gilt als Vorläufer eines »Vereinten Europa«: Auch die Franzosen zählen »Charlemagne« zu ihren Herrschern.

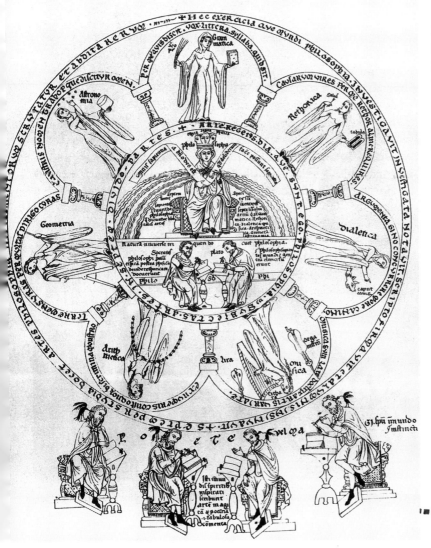

Herrad v. Landsperg, Die »sieben freien Künste«.

Wer ist welche?

Deutschland im 15. Jahrhundert

1457 veröffentlichte der italienische Bischof *Enea Silvio de' Piccolomini* eine Schrift über das damalige Deutschland, das er als Diplomat kennen gelernt hatte. Er will den Vorwurf entkräften, die päpstliche Kurie beute das arme Deutschland durch Kirchenabgaben aus.

Text 1   De amplitudine et facie Germaniae novae

Danubius et Rhenus, qui olim Germaniae fines clauserunt,
nunc per medios Germanorum agros fluunt. Belgica regio,
quae primo a. Chr. n. saeculo, ut scripsit Caesar, Galliae pars
tertia fuit, nunc maiore ex parte ad Germaniam pertinet lin-
5 gua et moribus. Raetiam totam et Noricum, et quidquid inter
Danubium et Alpes est, Germani habent, neque Alpes ullae
sunt, quarum cacumina caelo vicina non possideant Teuto-
nici. Qui ad orientem non modo Albim, sed etiam Oderim et
10 Viscellam transierunt.
Nemo ignorat faciem Germaniae nunc pulchriorem esse,
quam olim fuerit. Videmus agros ubique cultos, vineta, poma-
ria, villas amoenissimas, arces in montibus sitas, oppida muris
munita. Splendidissimae urbes, per quas maxima eunt flu-
15 mina, ex utraque ripa firmis pontibus coniunctae sunt.

pertinēre ad: gehören zu

cacūmen, inis n.: Gipfel

vīnētum: Weinberg
pōmārium: Obstgarten

Ein Gelehrter vor seinem Auditorium. Relief am Grabmal des Cino de' Sinibaldi im Dom zu Pistoia.

Text 2 De Germaniae potentia

Germanorum potentia divisa est in partes tres. Nam praelati et principes et civitates, quamvis unum habent caput, imperatorem Romanorum, suo tamen quisque arbitrio utitur.

5 Inter praelatos tres archiepiscopi in electione imperatoris vocem habent: Mogontiacus, Trevirensis, Coloniensis. Cum his quattuor alii sunt electores ex principibus saecularibus. Quorum primus est rex Bohemorum, secundus comes Palatinus Rheni, tertius dux Saxoniae et quartus marchio Branden-
10 burgensis.

Civitates, quas vocant liberas, imperatori soli subiciuntur, cuius iugum par est libertati. Non quinquaginta, non septuaginta, sed plus quam octoginta civitates hac libertate fruuntur.

praelati: Kirchenfürsten

prīnceps, ipis m. (saeculāris): weltlicher Landesfürst

cīvitās, ātis f.: freie Reichsstadt

archiepiscopus: Erzbischof

ēlēctor, ōris m.: Kurfürst

comes Palātīnus Rhēnī: Pfalzgraf bei Rhein

marchiō: Markgraf

Text 3 De moribus atque doctrina

De moribus atque doctrina nonnihil dicendum est, ut videatis novam Germaniam illam veterem, quam laudavit Tacitus, superare. Neque quisquam facile apud vos ius laedit neque
5 vobis bonae leges desunt. Suscipiuntur hospites laeto vultu, sed meliore corde. Convivitis humanissime cum omnibus gentibus.

Litterae et omnium artium studia apud vos florent. Scholas quoque, in quibus et iura et medicina et liberales traduntur
10 artes, in Germania multae urbes habent: Colonia Agrippina, Heydelberga, Praga, Erdfordia, Liptia, Vienna, Rostochium. Utinam a mortuis aliquis ex illis veteribus resurgeret, ut Ariovistus ille, qui quinquagesimo octavo a. Chr. n. anno copias ingentes ex Germania ducens cum Iulio Caesare pugnavit in
15 Gallia! Si terram inspiceret atque hic florentes urbes, inde mores hominum placidos videret, negaret suam esse hanc patriam.

videātis; vōs: gemeint sind die Deutschen

scholae, hier: Universitäten

resurgere: wieder auferstehen

Sprüche: Suum cuique.
Suae quisque fortunae faber.

1 Zu Text 1

1. Mit welchen geographischen Angaben grenzt der Autor das Gebiet Germaniens ab? (Nimm das Verzeichnis der Eigennamen zu Hilfe.)
2. Welche Merkmale Germaniens werden besonders hervorgehoben?

2 **Zu Text 2**

1. Folgende Skizze stellt die Gliederung der *potentia Germaniae* schematisch dar. Zeichne sie in dein Heft und fülle sie mit lateinischen Ausdrücken aus dem Text.

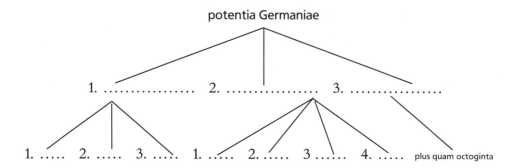

2. Wie beschreibt der Autor die Herrschaft des *imperator Romanus*?

Zu Text 3

3 1. Zitiere aus dem Text die Bereiche, in denen sich Germanien nach der Darstellung des Autors besonders auszeichnet, und suche passende deutsche Begriffe.
2. Welche dieser Bereiche waren für den Lebenslauf des Autors selbst von besonderer Bedeutung? Lies hierzu den Text »Renaissance und Humanismus«.
3. Inwiefern fasst der letzte Abschnitt die Texte 1–3 zusammen?

4 Welche der Städte, die in den Texten 1–3 genannt werden, haben auch heute noch eine herausragende Stellung in den Bereichen Kirche, Kultur oder Bildung?

5 An welchen Stellen der Texte bezieht sich der Autor auf die Antike?

6 1. Du kennst bereits die lateinischen Zahlwörter für 10, 20 und 30; ab 30 haben die vollen Zehner die nicht deklinierte Endung *-ginta*. So kannst du leicht folgende Zahlen erschließen:

sexaginta – octoginta – quadraginta – nonaginta – quinquaginta – septuaginta

2. 100 heißt *centum*. Die Hunderter ab 200 werden wie Adjektive der a- und o-Deklination dekliniert und haben die Endungen *-centi* oder *-genti*.

Erschließe:

quingenti – nongenti – septingenti – trecenti – sescenti – octingenti – quadringenti

270

7 Kaiser Augustus legt in einem Rechenschaftsbericht seine Leistungen dar:

Annos undeviginti natus habe ich aus privater Initiative und aus eigenen Mitteln ein Heer aufgestellt. Etwa *milia civium Romanorum quingenta* haben auf mich den Fahneneid geschworen. Es gab insgesamt *DCCCLXXXX* Tage, an denen auf Beschluss des Senats Dankfeste gefeiert wurden.

Ich habe eine Volkszählung durchgeführt. Dabei wurden vierzig mal *centum milia et ducenta triginta tria milia* Bürger gezählt.

Duo et octoginta templa habe ich in Rom auf Beschluss des Senats wiederherstellen lassen.

Ich habe mehrmals Gladiatorenspiele veranstaltet. Dabei kämpften *decem milia* Männer. Tierhetzen habe ich 26-mal für das Volk veranstaltet. Dabei starben *tria milia et quingentae bestiarum*.

Um dem Volk eine Seeschlacht in einem künstlichen Wasserbecken vorzuführen, wurde das Erdreich in der Länge *mille et octingenti* Fuß, in der Breite *mille et ducenti* Fuß ausgegraben. Auf den Schiffen befanden sich *milia hominum tria* als Kämpfer.

Das Meer habe ich von Seeräubern befreit. In diesem Krieg habe ich fast *triginta milia* Sklaven gefangen genommen.

Den Rechenschaftsbericht des Augustus kann man heute an einer Außenwand des Ara-Pacis-Museums in Rom lesen.

8 Wenn du die lateinischen Zahlen kennst, wird es dir nicht schwer fallen, folgende Zahlen aus dem Italienischen (I), Spanischen (SP) und Französischen (F) zu übersetzen.

cien (SP), trente-deux (F), six cent trente-six (F), duecento (I), mille novecento cinquanta tre (I), trois mille quatre cent cinquante-six (F), noventa y ocho (SP), vingt (F), quattrocento ottanta sei (I), novanta nove (I), dos mil (SP), quaranta quattro (I), un (F)

Renaissance und Humanismus

Der Autor unseres Textes über Deutschland im 15. Jh., Enea Silvio de' Piccolomini, wurde 1405 in eine Adelsfamilie in der Toskana hineingeboren. In Siena studierte er Rechtswissenschaft. 1432 war er Sekretär eines Kardinals auf dem Konzil zu Basel, das dort 18 Jahre lang tagte, um Reformen der Kirche durchzuführen. Er war als Diplomat geschätzt und wurde Geschäftsführer des Konzils. Zeitweilig war er auch in Wien an der Kanzlei des Kaisers tätig. Er machte sich als Redner, Dichter, Briefschreiber, Geograph und Historiker einen Namen. Kaiser Friedrich III. krönte ihn zum *poeta laureatus* (Dichter im Lorbeerkranz).

Bei einem Konflikt zwischen der »Konzilspartei«, die die Rechte des Papstes einschränken wollte, und dem römischen Papst entschied sich Enea Silvio für die päpstliche Partei und gewann dadurch in der Kirche an Ansehen. Er wurde selber Geistlicher und stieg in schneller Karriere zum Bischof und Kardinal auf. 1458 wurde er zum Papst gewählt und nahm den Namen Pius II. an. Er starb 1464 in Ancona bei der Vorbereitung eines Kreuzzuges gegen die Türken, die 1453 das christliche Konstantinopel erobert hatten.

Der Lebenslauf dieses Mannes ist beispielhaft für das Leben vieler gebildeter Menschen dieser Zeit. Das Mittelalter ging zu Ende, neue Ideen erfassten Philosophie, Theologie, Kunst und Wissenschaften. Die Menschen sahen das Ziel ihres Lebens nicht mehr nur im Jenseits, sondern suchten das irdische Diesseits mit neuem Sinn zu erfüllen. Neue Inhalte und Ziele gab ihnen dabei auch die bewunderte Antike. In dieser »Renaissance« (Wiedergeburt) des Altertums wurden »Humanisten« wie Enea Silvio zu Wegweisern der modernen Zeit. Die Neuentdeckung der antiken Schriftsteller – die vor den Türken aus Konstantinopel geflüchteten Gelehrten brachten das Griechische nach Italien – belebte das wissenschaftlich-kritische Denken an den Universitäten Westeuropas. Am antiken Latein schulte man Form und Eleganz des eigenen Ausdrucks. Der Fund einer verschollenen lateinischen Handschrift war eine Sensation, um derentwillen man manchmal zu illegalen Mitteln griff. So entführten Humanisten z. B. »bei Nacht und Nebel« die einzige noch vorhandene Handschrift der *Germania* des Tacitus aus einem deutschen Kloster nach Italien – allerdings, um sie dann zum Nutzen der Allgemeinheit zu veröffentlichen.

In der Baukunst fanden nun Säulen und andere Schmuckformen der Antike wieder ihren Platz. In der bildenden Kunst formte man Gestalten nach antiken Vorbildern, die man bei den eifrig von den Päpsten und anderen Herrschern geförderten Ausgrabungen in Italien entdeckte. In allen Künsten wagte man auch wieder, »heidnische« Themen der Antike zu gestalten. Mit der Renaissance begann die europäische Neuzeit.

Renaissancekirche in Pienza (Toskana), erbaut 1460–1462 von Papst Pius II.

Welche antiken Bauelemente kannst du erkennen?

273

ANNA: Stimmt es denn wirklich, dass die »Neuzeit« mit einer geistigen Bewegung unter Leuten begann, die sich für die Antike begeisterten und selber Latein schrieben?

HÜLYA: Das frage ich mich auch. Wir haben doch gelernt, dass Kolumbus' Entdeckung der Neuen Welt die Neuzeit eingeleitet hat. Seine Reisen erweiterten den Horizont; mit ihnen begann die Erschließung der ganzen Welt durch Seefahrer, weit über das hinaus, was die islamischen Araber und Perser schon geleistet hatten. Dies bedeutete Begegnung mit Menschen fremder Kulturen, die man dann sofort unterwarf und ausbeutete.

CHRISTIAN: Richtig. Gerade das hat doch die so genannte »mittelalterliche Enge« des Weltbildes gesprengt und Westeuropa zu zweckmäßigem Denken und Handeln veranlasst. Die Menschen wurden gezwungen, die Welt zu vermessen, neue Karten und Globusse zu zeichnen und neue Methoden und Werkzeuge zu erfinden, in Acker- und Bergbau genauso wie in der Militärtechnik.

MAX: Cicero, Vergil und Latein überhaupt in allen Ehren – aber war dies wirklich mehr als vornehme Freizeitbeschäftigung der Gebildeten nach getanem Erobern und Geldmachen?

LEHRERIN: Sicherlich gehörte es in gewissen Kreisen einfach zum guten Ton, die Klassiker zu lesen. Aber die Kenntnis der »Alten« leistete mehr; da nämlich, wo man wagte, ihre Gedanken kritisch wieder aufzunehmen und weiterzudenken, anstatt sie nur wie früher als »Autoritäten« zu zitieren, gegen die es keinen Widerspruch gab.

HÜLYA: Gibt es Beispiele dafür, dass Wissenschaftler damals Ideen ihrer antiken Kollegen mit Nutzen verwendeten?

LEHRERIN: O ja; in vielen Fällen als Anregungen, die man bisher nicht beachtet hatte. Zwei Beispiele: Ihr habt von Kopernikus, dem Astronomen, der in der Reformationszeit lebte, gehört. Er lehrte bekanntlich, dass die Erdkugel und die anderen Planeten um die Sonne kreisen und somit die Erde nicht im ruhenden Mittelpunkt unseres Systems steht. In seinem 1543 erschienenen Werk *De revolutionibus…*, *Über die Kreisbahnen der Himmelskörper*, beruft er sich auf den Griechen Aristarch von Samos, der Ähnliches gelehrt hatte und damit nur auf Ablehnung gestoßen war.

Der Astronom Johannes Kepler lieferte eine Generation später die mathematischen Gleichungen für diese Umlaufbahnen. Mit dem Titel seines lateinisch verfassten Werks *Harmonices mundi libri V*, *Fünf Bücher über die Weltenharmonie*, erinnert er respektvoll an den Griechen Pythagoras aus Samos, der gesagt

hatte, dass die Abstände der Planetenbahnen in berechenbaren »harmonischen« Zahlenverhältnissen zueinander stehen. Kepler konnte mit modernen Methoden und Instrumenten beweisen, was der Grieche nur geahnt hatte.

CHRISTIAN: Nur nettes Vergnügen der Gebildeten war die »Wiedergeburt« der alten Klassiker damals also nicht und auch die Naturwissenschaftler schrieben, so wie Kopernikus und Kepler, ihre Werke offenbar auf Lateinisch, damit viele Menschen in Europa sie lesen konnten. Aber wo wird denn heute noch Latein verwendet? Kann man noch auf Lateinisch ausdrücken, was uns heute interessiert und bewegt? Reicht der Wortschatz überhaupt für all die modernen Dinge und Gedanken?

ANNA: Wird denn nicht in der katholischen Kirche noch Latein gesprochen, Max?

MAX: Im Gottesdienst kaum noch; aber der Papst in Rom korrespondiert mit den Bischöfen der ganzen Welt lateinisch und veröffentlicht von Zeit zu Zeit lateinische Rundbriefe zu Problemen der Gegenwart, die dann in die jeweiligen Sprachen der Katholiken übersetzt werden.

Latein in heutiger Zeit:
Aus der Enzyklika »Sollicitudo rei socialis«

Bei aktuellen Anlässen nimmt die katholische Kirche in so genannten Enzykliken (päpstlichen Rundschreiben) Stellung zu wichtigen Problemen, nicht nur der Religion, sondern allgemein des menschlichen Lebens. Diese Rundschreiben geben die Meinung der Kirche zu Fragen der Ethik, der Gesellschaft, der Wirtschaft, der Politik und der Wissenschaft wieder und finden auch außerhalb der Kirche
große Beachtung.
Die folgenden Texte stammen aus der Enzyklika »Sollicitudo rei socialis« (etwa: »Sorge um die gesellschaftlichen Zustände«) vom 30. Dezember 1987.

Text 1   Der Mensch und der Fortschritt

In discrimen etiam ratio adducta est, quae »oeco-
nomica« nuncupatur
et cum verbo »progressionis« conectitur.

5 Hodie re vera melius intellegi potest
merum congestum bonorum et ministeriorum,
quamvis plerisque is faveat hominibus,
non satis esse
ad humanam felicitatem persequendam.

10 Proindeque facultas multiplicium beneficiorum
realium,
quae his temporibus scientia et technica disciplina
effecerunt,
– re addita, quae »informatica« dicitur –
15 non homines eripit ex omni servitute.

Ex contrario: Postremorum annorum usus docet
opes et potestates, quae hominibus ad nutum prae-
sto sunt,
in eum vertere, ut eum opprimant,
20 nisi regantur iudicio morali
ac propensione ad verum generis humani bonum.

---

in discrīmen addūcere: in Zweifel ziehen
ratiō: »Denkweise«
oeconomicus: wirtschaftlich
nūncupāre: nennen

congestus, ūs m.: Anhäufung
ministeria (n. Pl.): Dienstleis-tungen (Banken, Versicherungen, Unterhaltungsindustrie u. a.)
is: = is congestus

proinde: deswegen
facultās (m. Gen.): »die Mög-lichkeit, über … zu verfügen«
multiplex, icis vielfältig
reālis, e: wirklich, tatsächlich
quae in Zeile 12: n. Pl.
īnfōrmātica: Informatik
ex contrāriō: im Gegenteil
ad nūtum praestō esse: auf einen Wink zur Verfügung ste-hen
in eum vertere: sich gegen ihn wenden
mōrālis: sittlich
prōpēnsiō, ōnis f.: Streben

Satellitenschüssel der Erd-
funkstelle Raisting (Ober-
bayern). Im Hintergrund die
Kapelle St. Johann.

Text 2   Der Mensch und die materiellen Güter

Homo sine dubio bonis indiget machinali industria
perfectis,
quae frequenti augetur profectu scientiarum et
5 artium technicarum. ...

Periculum autem pravi consumendarum rerum usus
haudquaquam obstare debet
aestimationi et usui novorum bonorum et opum,
quae in promptu nobis sunt.
10 Quin etiam habenda sunt tamquam donum Dei.

Ad veram tamen hominis progressionem ut pervenia-
tur,
necesse est, ne illae animi partes neglegantur,
in quibus propria ipsius hominis consistit natura,
15 quem scilicet creavit Deus ad imaginem et similitudi-
nem suam.
Natura corporea et spiritalis duobus efficitur elemen-
tis:
terra, qua Deus format corpus hominis,
20 atque spiritu vitae, quem ei ipse inhalat.

māchinālis industria:
Industrie

prōfectus, ūs m.: Fortschritt

rēs cōnsūmendae: Kon-
sumgüter

haudquāquam: keinesfalls

aestimātiō, ōnis f.: Wertschätzung

in prōmptū esse: zur Verfügung stehen

habenda sunt: sie müssen
betrachtet werden

cōnsistere in (m. Abl.):
bestehen in

corporeus: körperlich

spīritālis, e: geistig

elementum: Grundstoff

terrā: Abl.

inhālāre: einhauchen (vgl.
dazu in der Bibel Gen. 1, 26
und Gen. 2, 7)

277

Zu Text 1

1 Zeichne eine Tabelle nach folgendem Muster in dein Heft und trage ein:

1. alle Begriffe, die zum Sachfeld »Fortschritt« gehören.
2. Zitiere die lateinischen Wendungen, mit denen der Fortschritt jeweils bewertet wird.

	Bewertung	
Begriffe aus dem Sachfeld	eher positiv	eher negativ

2 1. Fasse die Bewertung des Fortschritts zusammen und nimm Stellung.
   2. Welche Fähigkeit des Menschen ist nach diesem Text erforderlich, damit der Fortschritt zum Wohl des Menschen beiträgt?
   3. Mit welchen Beispielen könnte man die Richtigkeit der These, die in Zeile 16–21 geäußert wird, untermauern?

3 Zu Text 2

   1. Wie werden die materiellen Güter hier bewertet? Suche ebenso wie in Aufgabe 1.2 die entsprechenden Ausdrücke.
   2. Worauf kommt es beim Gebrauch dieser Güter an?
   3. Was versteht der Text unter *natura hominis*? Lies hierzu im AT Genesis 2,7.

4 Diskutiert diese Texte – einige Vorschläge zu Fragestellungen:

   Wie wichtig sind die materiellen Dinge für das Glück?
   In welchen Bereichen des modernen Lebens lässt sich ein echter Fortschritt erkennen?
   In welchen Bereichen erscheint Fortschritt fragwürdig?
   Welche Form des Fortschritts würdest du dir wünschen?

5 Warum benötigt man bei diesen Texten so ungewöhnlich viele Übersetzungshilfen?

Das Bild auf der rechten Seite zeigt den Petersdom in Rom, fotografiert von der Engelsbrücke aus.

278

Achilles, Achillis 13 — Kämpfer vor → Troja
Aeneas, Aeneae 15 — Trojaner, Sohn der → Venus und des → Anchises
Aeneïs 15 — Epos → Vergils über das Schicksal des → Aeneas
Aethra 13 — Dienerin der → Helena
Africa 15 — röm. Provinz
Agamemnon 13 — Anführer der Griechen vor → Troja
Agrippa 33 — M. Vipsanius Agrippa (63–12 v. Chr.); Schwiegersohn und Vertrauter des → Augustus
Agrippina die Ältere 33 — Tochter des → Agrippa; Frau des → Germanicus
Agrippina die Jüngere 33 — Tochter → Agrippinas der Älteren; Frau des Kaisers → Claudius; Mutter des Kaisers → Nero
Alamannen 34 — germanischer Stamm am Oberrhein
Alanen 35 — innerasiatischer Stamm; zog mit den Hunnen und Germanen nach Westeuropa
Alba Longa 11 — Stadt in → Latium
Albis, Albis 39 — Elbe
Alcoinus 38 — Alkuin (etwa 730–804 n. Chr.); Lehrer und Ratgeber Karls des Großen (→ Karolus)
Alcumena 24 — griech. Sagengestalt; Frau des → Amphitruo; Mutter des → Hercules; griech. Alkmene
Alesia 21 — Alesia; Hauptort der gallischen → Arverni
Alkmene 24 — → Alcumena
Alpes, Alpium 39 — Alpen
Alypius 10 — Freund des → Augustinus
Ammianus 35 — Ammianus Marcellinus (geb. um 330 n. Chr.); Geschichtsschreiber der Kriege im 2.–4. Jh. n. Chr
Amphitruo, Amphitruonis 24 — griech. Sagengestalt; Ehemann der → Alcumena; griech. Amphitryon
Amulius 11 — Bruder des → Numitor
Anchises, Anchisae 15 — Trojaner; Vater des → Aeneas
Antigone 23 — griech. Sagengestalt; Tochter des → Oedipus und der → Iocaste
Antoninus Pius 37 — röm. Kaiser (reg. 138–161 n. Chr.)
Antronius 32 — Gestalt aus den Colloquia des → Erasmus
Aphrodite 13 — → Venus
Apollo, Apollinis 29 — griech. Gott der Künste, der Ärzte und der Weissagung
Argentorate 35 — röm. Name von Straßburg
Argentoratensis 35 — von Straßburg
Argos 25 — Ort auf der → Peloponnes
Ariovistus 39 — Ariovist; Fürst der germanischen Sueben; kämpfte 58 v. Chr. gegen → Caesar
Aristophanes 27 — athenischer Komödiendichter (etwa 445–386 v. Chr.)
Arkadien 25 — Landschaft auf der Peloponnes
Arminius 33 — Cheruskerfürst; erst röm. Offizier, dann Anführer eines Aufstandes gegen die Römer
Arverni 21 — Arverner; gallischer Volksstamm; → Vercingetorix, → Alesia

Asia 3	röm. Provinz
Atlas 25	griech. Gott, der den Himmel emporhielt
Athenae, arum 33	Athen
Athene; Athena 14	griech. Göttin; Tochter des → Zeus; röm. → Minerva
Athenienses, Atheniensium 28	die Einwohner der Stadt Athen
Atticus 3	T. Pomponius Atticus; Freund und Verleger → Ciceros
Augias 25	griech. Sagengestalt; sein Rinderstall wurde von → Hercules gesäubert
Augusta Treverorum 13; 34	Trier; → Treveris
Augusta Vindelicorum 9	Augsburg
Augusta Raurica 13	Kaiseraugst (Römerlager in der Nähe des heutigen Basel)
Augustinus 10; 37	Bischof in Afrika (354–430 n. Chr.)
Augustus 15	erster röm. Kaiser (63 v. Chr.–14 n. Chr.)
Ausonius 34	D. Magnus Ausonius; geb. um 310 n. Chr. in Bordeaux; schrieb ein Gedicht → *Mosella*
Aventinus 11	Aventin; einer der sieben Hügel Roms
Bataver 35	germanischer Stamm an der Rheinmündung
Belgica 39	röm. Provinz; etwa heutiges Belgien und linksrheinisches Deutschland
Bohemi 39	die Böhmen
Brandenburgensis 39	von Brandenburg
Burdigala 34	heute Bordeaux
Byzanz 34	Stadt an der Meerenge zum Schwarzen Meer; ihr Name seit → Konstantin: → Konstantinopel
Caecina 33	Unterfeldherr des → Germanicus; kämpfte in Germanien
Caesar, C. Iulius 15	röm. Diktator (100–44 v. Chr.)
Caligula 33	Spitzname des röm. Kaisers Gaius (reg. 37–41 n. Chr.); Sohn von → Agrippina der Älteren und → Germanicus
Campus Martius 7	Marsfeld; Versammlungsplatz vor den Mauern Roms
Capitolium 16	Kapitol; einer der sieben Hügel Roms
Carneades, Carneadis 28	athenischer Philosoph; hielt 155 v. Chr. in Rom Vorträge
Carthago, Carthaginis 10; 18	Karthago; Stadt in Nordafrika
Cassandra 14	Kassandra; Tochter des → Priamus; Prophetin
Cato, M. Porcius 4	Senator und Schriftsteller (234–149 v. Chr.)
Catull 38	Catullus; röm. Dichter (87–54 v. Chr.)
Celsus 30	röm. Gelehrter und Schriftsteller im 1. Jh. n. Chr.; schrieb u. a. über Medizin
Cerberus 25	sagenhafter dreiköpfiger Hund; bewachte den Eingang zur Unterwelt
Cherusker 33	germanischer Stamm im heutigen Westfalen und Niedersachsen
Christiani 36	die Christen
Cicero, M. Tullius 2	Redner, Staatsmann und Schriftsteller (106–43 v. Chr.)
Cicero, Q. Tullius 2	Bruder des → M. Tullius Cicero; sein Sohn trug denselben Namen wie er.

281

Circe 14	griech. Halbgöttin; Zauberin; griech. → Kirke
Claudius 33	röm. Kaiser (reg. 41–54 n. Chr.)
Colonia 33	röm. Name von Köln (Colonia Claudia ara Agrippinensium)
Coloniensis 39	von Köln
Concordia 17	Göttin der Eintracht; sie hatte einen Tempel auf dem Forum.
Constantinus 36	→ Konstantin
Constantius Chlorus 34	röm. Kaiser (reg. 292–306 n. Chr.); residierte zeitweilig in Trier
Creon, Creontis 23	griech. Sagengestalt; Bruder der → Iocaste; König von → Theben
Danaus 22	griech. Sagengestalt
Danubius 39	Donau
Dardanellen 13	heutiger Name für → Hellespont
Deianira 25	griech. Sagengestalt; Frau des → Hercules
Delphi 8	Ort in Griechenland; Tempel und Orakelstätte des Gottes → Apollo
Delphicus 29	delphisch; zum Orakel in → Delphi gehörig
Demeter 22	griech. Göttin des Ackerbaus und der Fruchtbarkeit; lat. Ceres; Mutter der → Persephone
Dido, Didonis 15	sagenhafte Königin von → Carthago
Diokletian 34	röm. Kaiser (reg. 284–305 n. Chr.)
Diomedes 25	griech. Sagengestalt; Kämpfer vor → Troja
Dionysos 27	griech. Gott des Weines
Discordia 12	Göttin des Streits und der Zwietracht
Drusus 35	röm. Feldherr und Stiefsohn des → Augustus (38–9 v. Chr.)
Einhard 38	fränkischer Gelehrter (um 800 n. Chr.); schrieb eine *Vita Karoli Magni*
Enea Silvio 39	italienischer Adliger, Humanist; 1458–1464 Papst Pius II.
Erasmus 32	Erasmus von Rotterdam (1466 oder 1469–1536); Humanist und lateinischer Schriftsteller
Erdfordia 39	Erfurt
Eros 13	griech. Gott der Liebe
Eteocles, Eteoclis 23	griech. Sagengestalt in → Theben; Sohn des → Oedipus
Euripides 27	athenischer Tragödiendichter (etwa 480 – 406 v. Chr.)
Eurydice, *Akk.* Eurydicem 26	griech. Sagengestalt; Frau des → Orpheus
Eurystheus 25	griech. Sagengestalt; wies → Hercules die »zwölf Arbeiten« zu
Faustulus 11	Hirte aus der röm. Sage; fand und erzog → Romulus und → Remus
Felicio 7	Name eines Sklaven
Franken 34	germanischer Stamm; drang im 4. u. 5. Jh. n. Chr. über den Rhein nach Frankreich vor

Gavius 20	röm. Bürger; von → Verres zum Tode verurteilt
Germanicus 33	röm. Feldherr (15 v. Chr.–19 n. Chr.); kämpfte in Germanien
Gracchus 19	Ti. Sempronius Gracchus; Volkstribun (162–133 v. Chr.)
Graecus 1	griechisch; *Pl.:* die Griechen
Gratian 34	röm. Kaiser (359–383 n. Chr.); sein Lehrer war → Ausonius.
Gregor II. 38	Papst; erklärte 731 n. Chr. die Unabhängigkiet der westlichen Kirche von Ostrom
Hades 22	→ Pluto
Haemon 23	Sohn des → Creon
Hannibal 18	karthagischer Feldherr; führte 219–201 v. Chr. in Italien Krieg gegen die Römer
Helena 13	Gestalt aus der trojanischen Sage; Frau des → Menelaus
Hellespont 13	Meerenge; Durchfahrt vom Mittelmeer zum Schwarzen Meer; → Dardanellen
Hera 12; 25	griech. Göttin; Gattin des → Zeus; röm. → Iuno
Herakles 25	griech. Name des → Hercules
Hercules 24	griech. Sagengestalt; Sohn des → Zeus und der → Alkmene
Hermes 14	→ Mercurius
Heydelberga 39	Heidelberg
Hieronymus 37	Kirchenvater (gest. 420 n. Chr.); übersetzte die Bibel ins Lateinische
Hippocrates 30	griech. Arzt (etwa 460–370 v. Chr.)
Hispania 18	Spanien
Homer 13	griech. Dichter (8. Jh. v. Chr.), dem die → *Ilias* und die → *Odyssee* zugeschrieben werden
Horaz 38	Horatius; röm. Dichter (65 v. Chr.–8 n. Chr.)
Hydra 25	sagenhaftes Ungeheuer mit zwölf Köpfen
Idomeneus 14	Kämpfer vor → Troja
Ilias 13	Epos von → Homer über den Kampf um → Troja
Iocaste 23	griech. Sagengestalt aus → Theben; Frau des → Laios; Mutter (und Frau) des → Oedipus
Iolaus 25	griech. Sagengestalt; Helfer des → Hercules
Iphicles, Iphiclis 24	griech. Sagengestalt; Bruder des → Hercules
Ismene 23	griech. Sagengestalt; Tochter des → Oedipus; Schwester der → Antigone
Italia 15	Italien
Ithaca 14	Insel an der Westküste Griechenlands; Heimat des → Ulixes
Iulia 33	Tochter des → Augustus; verheiratet mit → Agrippa
Iulus 15	Sohn des → Aeneas
Iuno, Iunonis 12	Frau des → Iuppiter; griech. → Hera
Iuppiter, Iovis 12	höchster röm. Gott; griech. → Zeus
Iuvenalis 6	Juvenal; röm. Dichter (etwa 60–127 n. Chr.)

283

Karolus 38	Karl der Große; Frankenkönig; wurde 800 n. Chr. in Rom durch den Papst zum Kaiser gekrönt
Kirke 14	→ Circe
Köln 33	50 n. Chr. von → Agrippina der Jüngeren gegründet; → Colonia
Konstantin 34	Konstantin der Große; röm. Kaiser (reg. 306–337 n. Chr.); duldete 313 n. Chr. das Christentum
Konstantinopel 34	seit 315 n. Chr. Reichshauptstadt; → Byzanz
Lacedaemonius 13	spartanisch; *Pl.:* die Spartaner
Laertes, Laertis 27	griech. Sagengestalt; Vater des → Odysseus
Laios 23	Vater des → Oedipus
Larentia 11	Frau des → Faustulus
Latinus 5	1. latinisch, → Latium 2. lateinisch
Latium 11	Landschaft um Rom
Limes, limitis 9	Limes; Grenzwall in Südwestdeutschland
Liptia 39	Leipzig
Livius 16	röm. Geschichtsschreiber (59 v. Chr.–17 n. Chr.)
Lutetia Parisiorum 13	Paris
Lydia 22	Lydien; Landschaft in Kleinasien
Magdalia 32	Gestalt aus → Erasmus' *Colloquia*
Makedonien 28	Landschaft in Nordgriechenland
Marc Aurel 28	röm. Kaiser (reg. 161–180 n. Chr.)
Marius, C. 19	röm. Staatsmann und Feldherr (156–86 v. Chr.)
Mars, Martis 11	röm. Kriegsgott; griech. Ares
Mediomatrici 34	keltischer Stamm in der Gegend des heutigen Metz
Menelaus 13	König von → Sparta; Ehemann der → Helena
Mercurius 12	Merkur; röm. Gott der Wege; Götterbote; griech. → Hermes
Messana 20	Messina; Stadt in Sizilien
Minerva 12	Göttin des Handwerks und der Gelehrsamkeit; griech. → Athene
Mogontiacum 9	Mainz; in röm. Zeit Legionslager
Mogontiacus 39	von Mainz
Mosella 9	Mosel; auch Name eines Gedichts von → Ausonius
Nemea 25	Ort und Gegend bei → Argos
Neptunus 16	Neptun; Gott der Meere und Flüsse; griech. → Poseidon
Nero 33	röm. Kaiser (reg. 54–68 n. Chr.)
Nessus 25	griech. Sagengestalt
Noricum 39	röm. Provinz; etwa: Ostbayern und Österreich
Numitor, Numitoris 11	König von → Alba Longa; Vater der → Rea Silvia
Octavianus 19	Octavian; Adoptivsohn → Caesars; sein späterer Name → Augustus
Oderis, Oderis 39	Oder
Odysseus 13	→ Ulixes
Oedipus 23	griech. Sagengestalt; Sohn des → Laios und der → Iocaste
Olympus 25	Olymp; Berg in Mittelgriechenland; sagenhafter Sitz der Götter

Orcus 26	röm. Name für → Tartarus; die Unterwelt
Orpheus 26	griech. Sagengestalt; Sänger und Musiker
Ovid 27	röm. Dichter (43 v. Chr.–17 n. Chr.)
Palatinus Comes 39	der Pfalzgraf bei Rhein; einer der sieben Kurfürsten
Palatium 11	Palatin; einer der sieben Hügel Roms
Paris 12	Sohn des → Priamus
Parisii 34	keltischer Stamm im Gebiet des späteren Paris
Paulus 36	Apostel Paulus
Peleus, Peleï 12	König in Thessalien (Nordgriechenland); heiratete → Thetis
Peloponnes 22	Halbinsel Griechenlands
Pelops, Pelopis 22	griech. Sagengestalt; Sohn des → Tantalus
Penelope 14; 27	Frau des → Odysseus
Persephone 22; 26	griech. Sagengestalt; Tochter der → Demeter; röm. → Proserpina
Phäaken 14	sagenhaftes Seefahrervolk, das auf einer Mittelmeerinsel lebte
Phaenarete 29	Mutter des → Socrates
Plato 29	athenischer Philosoph (427–347 v. Chr.); Schüler des → Socrates
Plinius, C. Caecilius Secundus 5; 36	röm. Politiker und Schriftsteller, war 112 n. Chr. Statthalter in Kleinasien
Pluto, Plutonis 26	Gott der Unterwelt; griech. → Hades
Polyphemus 14	sagenhafter einäugiger Riese, der auf Sizilien lebte
Polynices, Polynicis 23	griech. Sagengestalt; Sohn des → Oedipus
Pompeius, Cn. Magnus 21	röm. Feldherr und Staatsmann (106–48 v. Chr.)
Poseidon 14	griech. Gott der Meere; röm. → Neptunus
Praga 39	Prag
Priamus 13	König von → Troja; Vater des → Paris
Proserpina 26	röm. Name für → Persephone
Protagoras 29	griech. Philosoph und Lehrer der Redekunst (um 485–415 v. Chr.)
Pydna 28	Stadt in Griechenland; in der Schlacht bei Pydna (168 v. Chr.) siegten die Römer über Makedonien.
Raetia 39	Rätien; röm. Provinz mit dem Hauptort Augsburg
Rea Silvia 11	Tochter des → Numitor; Mutter der Zwillinge → Romulus und → Remus
Regina Castra 13	Regensburg; in röm. Zeit Kastell am → Limes
Reims 34	Hauptort der → Remi
Remi 34	Stamm in Mittelgallien
Remus 11	Sohn der → Rea Silvia und des → Mars; Zwillingsbruder des → Romulus
Roma 11	Rom
Romanus 1	römisch; Römer
Romulus 11	Sohn der → Rea Silvia und des → Mars; Zwillingsbruder des → Remus
Rostochium 39	Rostock

Sabinus 16	sabinisch; *Pl.:* die Sabiner; Volk südöstlich von Rom
Saltus Teutoburgiensis 33	→ »Teutoburger Wald«
Saturninus 37	röm. Prokonsul in → Africa; verurteilte 180 n. Chr. eine Gruppe von Christen zum Tode
Saxonia 39	Sachsen
Scipio, Cn. Cornelius 18	röm. Konsul; gest. 218 v. Chr.
Scipio, L. Cornelius Barbatus 18	röm. Konsul 298 v. Chr.
Scipio, P. Cornelius Africanus 18	röm. Staatsmann und Feldherr; Sieger über → Hannibal
Scipio, P. Cornelius 18	röm. Konsul; gest. 218 v. Chr.
Secundus 36	→ Plinius
Seneca 28	röm. Philosoph und Schriftsteller (um 4 v. Chr.–65 n. Chr.); Lehrer des Kaisers → Nero
Servius Tullius 16	sagenhafter röm. König
Sicilia 20	Sizilien; röm. Provinz
Siculi 20	die Sizilianer
Sino, Sinonis 14	Gestalt aus der trojanischen Sage
Sisyphus 22	Büßer im → Tartarus
Socrates, Socratis 29	athenischer Philosoph (470–399 v. Chr.)
Sophroniscus 29	Vater des → Socrates
Sparta 13	Stadt auf der Peloponnes
Stoiker 28	Anhänger der Philosophenschule der »Stoa«
Straßburg 35	röm. Name: → Argentorate
Subura 3	die Subura; Stadtviertel in der Nähe des Forum Romanum
Sueben 35	germanischer Stamm in Süddeutschland
Sulla 19	röm. Staatsmann und Feldherr (138–78 v. Chr)
Symmachus 34	Freund des → Ausonius
Tacitus 33	röm. Schriftsteller; schrieb in den *Annales* über die röm. Geschichte des 1. Jh. n. Chr.; Verfasser der *Germania*
Taenaria porta 26	sagenhafter Eingang in die Unterwelt an der Südspitze der → Peloponnes
Tantalus 22	griech. Sagengestalt; König von → Lydia
Tarquinius 17	letzter röm. König; 510 v. Chr. vertrieben
Tartarus 22	die Unterwelt; griech. auch → Hades; röm. → Orcus
Telemachus 14	Sohn des → Odysseus
Tertullianus 37	christlicher Schriftsteller und Kirchenvater (um 200 n. Chr.)
Teutoburger Wald 33	röm. → *saltus Teutoburgiensis;* in ihm fand 9 n. Chr. die Varusschlacht statt. Die Stelle, an der die Schlacht stattfand, ist bis heute noch nicht entdeckt. Am Kalkrieser Berg in der Nähe von Osnabrück hat man kürzlich römische Waffen, Münzen, Geräte und germanische Befestigungsanlagen ausgegraben, die auf schwere Kämpfe zwischen Germanen und Römern im Zusammenhang mit der Varusschlacht schließen lassen.
Teutonicus 39	deutsch; *Pl.:* die Deutschen
Thebae, Thebarum 23	→ Theben; Stadt in Mittelgriechenland
Thebani 23	die Einwohner von → Theben
Theben 23	→ Thebae

286

a, ab 5 von
abdere 25 verbergen; verstecken
abducere 13 entführen
abesse 26 1. entfernt sein
2. abwesend sein
abhorrere ab 10 etwas verabscheuen
abire 10 fortgehen
ac 38 und
accidere 3 geschehen; passieren
accipere 13 annehmen;
empfangen;
aufnehmen
accurrere 35 herbeilaufen
accusare 20 anklagen
acer 21 1. spitz; scharf
2. heftig
acies 16 Schlachtreihe;
Phalanx
ad 2 1. zu 2. bei 3. an
addere 14 hinzufügen
adducere 35 1. heranführen
2. veranlassen
adesse 8; 23 1. da(bei) sein
2. *m. Dat.* beistehen;
helfen
adimere 32 wegnehmen; an sich
nehmen
adire 10 1. herangehen; aufsuchen
2. angreifen 3. bitten
adiungere 34 hinzufügen; anschließen
adiuvare 5 unterstützen; helfen
administrare 2 verwalten
admirabilis 21 bewundernswert
admiratio 24 Bewunderung;
Erstaunen
adolescere 27 heranwachsen
adorare 22 anbeten; verehren
adulescens 7 1. junger Mann
2. junges Mädchen
adulescentia 30 Jugend
advehere 35 heranfahren; heran-
transportieren
advenire 27 ankommen
advolare 11 herbeieilen
aedificare 15 bauen
aeger 4 krank
aegre 15 kaum; mit Mühe
aeque ac 38 ebenso wie

aeternus 12 ewig
afferre 20 1. herbeibringen
2. zufügen
afficere 23 1. ausstatten; versehen
(mit) 2. in eine
Stimmung versetzen
affirmare 36 behaupten; versichern
ager 4 Feld; Acker
agere 1 1. tun; machen
2. treiben 3. betreiben
aggredi 35 1. angreifen
2. herangehen
agmen 33 Heer (auf dem Marsch)
alere 19 ernähren
alienus 18 fremd; fremdartig
aliquando 15 einst; irgendeinmal
aliqui *(adjekt.)* 27 irgendein
aliquis *(subst.)* 27 1. irgendeiner 2. jemand
aliter 27 anders; sonst
alius 4 ein anderer
alloqui 33 anreden; ansprechen
alter 23 1. der eine (von zweien)
2. der andere
altus 7 1. hoch 2. tief
amare 1 lieben; mögen
ambulare 5 spazieren gehen
amica 3 Freundin
amicitia 18 Freundschaft
amicus 3 Freund; befreundet
amittere 21 verlieren
amoenus 39 reizvoll; lieblich
amor 12 Liebe
amplitudo 39 Größe
amplius 30 weiter; mehr
amplus 38 1. groß 2. weiträumig
an 7 oder etwa? *(Fragewort)*
ancilla 4 Sklavin
angustus 3 eng
anima 26 Seele
animadvertere 37 1. bemerken
2. tadeln; bestrafen
animus 5 1. Geist; Sinn 2. Mut
annus 18 Jahr
ante 15 vor
antea 20 vorher
antequam 38 bevor
antiquus 11 alt
aperire 14 öffnen; sichtbar machen

apparere 9	erscheinen; sichtbar werden
appellare 11	nennen; benennen
appetere 29	erstreben; begehren
apponere 22	vorsetzen
apportare 2	herbeitragen; bringen
appropinquare 3	sich nähern
apud 20	bei *(bei Personen)*
aqua 2	Wasser
aquila 33	Adler; Legionsadler
arare 4	pflügen
arbitrium 29	1. Spruch; Urteil 2. freier Wille
arbor 4	Baum
ardere 15	brennen
arduus 26	steil; schwierig
arma *(n. Pl.)* 11	Waffen
armatus 10	bewaffnet
arripere 24	ergreifen
ars 18	1. Kunst 2. Handwerk
arx 39	Burg; Festung
ascendere 25	besteigen; hinaufsteigen
aspectus 33	Anblick
assuescere 38	sich an etw. gewöhnen
at 17	jedoch; aber
atque 10	und; und dazu
attribuere 29	zuweisen
auctor 32	1. Urheber 2. Autor; Schriftsteller
auctoritas 35	Ansehen; Autorität
audax 32	1. kühn 2. frech
audere 13	wagen
audire 2	hören
auferre 20	wegtragen; wegnehmen
augere 40	vergrößern; vermehren
augeri 40	wachsen
augurium 11	Vogelschau
aula 27	1. Innenhof 2. Palast
auris 8	Ohr
aut 4	oder
aut ... aut 28	entweder ... oder
autem 7	jedoch
auxilium 17	Hilfe
avaritia 19	Habgier; Geiz
avis 11	Vogel
barbari 35	die Barbaren
barbarus 35	barbarisch
beatus 12	glücklich; selig

bellum 12	Krieg
bene 1	gut
beneficium 40	Wohltat
benevolentia 30	Wohlwollen
benignus 33	freundlich; wohlwollend
bestia 10	(wildes) Tier
bibere 12	trinken
bis 30	zweimal
blandus 28	schmeichelhaft; angenehm
bonum *(Subst.)* 29	das Gute; das Gut
bonus 9	gut
bos 17	Rind
brevis 34	kurz
cadere 18	fallen
caedere 4; 20	1. fällen 2. schlagen 3. töten
caedes 10	Morden; Abschlachten; Blutbad
caelum 22	Himmel
calidus 8	warm; heiß
campus 7	1. Feld 2. (freier Platz)
canis 26	Hund; Hündin
cantare 12	singen
capere 9	fangen
captivus 35	1. gefangen 2. Gefangener
caput 22	1. Kopf 2. Hauptstadt
carere 19	entbehren; vermissen
carmen 26	1. Lied 2. Gedicht
carrus 6	Karren
carus 23	lieb; teuer
castellum 9	Kastell; Soldatenlager
castra *(n. Pl.)* 33	(befestigtes) Lager
casus 31	Fall; Zufall
causa 13	Grund; Ursache
causa *m. Gen.* 13	wegen
cautus 14	vorsichtig
cavere 6	sich hüten; sich in Acht nehmen
cedere 24	weichen
celebrare 14	1. feiern 2. preisen
celer 31	schnell
cena 2	Mahlzeit; Essen
cenare 5	essen
censere 13	meinen; beschließen
certare 11	streiten; kämpfen
certe 18	gewiss; sicher
certus 35	sicher; gewiss
ceteri 12	die Übrigen

cibus 22	Speise	conferre 20	zusammentragen
circumdare 22	umzingeln; umgeben	conficere 31	anfertigen; vollenden
circumire 4	herumgehen	confirmare 33	bekräftigen; stärken
circumvenire 33	umzingeln; einkreisen	confiteri 36	bekennen; gestehen
civilis 23	bürgerlich; Bürger-	coniungere 39	1. verbinden 2. vereinen
civis 18	Bürger; Bürgerin	coniunx 26	Ehemann; Ehefrau
civitas 16	1. Bürgerschaft	conquirere 36	1. aufspüren
	2. Staat/Stadt		2. zusammensuchen
clades 7	Niederlage	conscius 34	bewusst
clam 27	heimlich	consensus 29	Übereinstimmung
clamare 1	schreien; rufen	consentire 30	übereinstimmen;
clamor 1	Geschrei		zustimmen
clarus 34	1. hell 2. berühmt	consilium 22	1. Rat 2. Beschluss
claudere 39	1. schließen 2. ein-	consistere 33	1. sich aufstellen
	schließen		2. Halt machen
clementia 17	Milde; Nachsicht	constare 36	stehen bleiben
coepisse 29	angefangen haben	constat 36	es steht fest
coercere 28	zwingen; im Zaum halten	constituere 15	festsetzen; beschließen
cogere 17	zwingen	consul 28	Konsul
cogitare 1; 8	1. denken	consulere 15	1. beraten
	2. beabsichtigen		2. um Rat fragen
cognitio 36	1. Kenntnis 2. gerichtl.		3. m. Dat. sorgen für
	Untersuchung	consumere 35	verbrauchen; verzehren
cognoscere 18	1. erfahren 2. zur	contemnere 32	verachten; gering
	Kenntnis nehmen		schätzen
coire 36	zusammenkommen	contendere 22	1. sich anstrengen
colere 18; 35	1. pflegen 2. (Acker)		2. behaupten
	bebauen 3. verehren		3. kämpfen
colligere 4	sammeln	contentus 4	zufrieden
collis 12	Hügel	continere 36	1. enthalten
colloquium 32	Unterhaltung, Gespräch		2. zusammenhalten
comitari 34	begleiten	contra 24	gegen
comitia 18	Versammlung;	controversia 11	Streit
	Wahlversammlung	convenire 7; 38	1. zusammenkommen;
commilito 33	Kamerad		sich versammeln
committere 21	1. veranstalten		2. treffen
	2. anvertrauen		3. m. Dat. passen zu
commovere 17	(innerlich) bewegen;	convictus 30	Zusammenleben;
	veranlassen		Gesellschaft
complere 8	anfüllen	convincere 36	überführen (eines
complures 31	mehrere		Verbrechens)
componere 24	1. zusammenstellen	convivere 39	miteinander leben
	2. bilden; sich ausdenken	convivium 22	Gastmahl
comprehendere 20	ergreifen	convocare 27	zusammenrufen
computare 38	rechnen	copia 35	Vorrat; Menge
conari 31	versuchen	copiae 35	Truppen
concidere 14	stürzen; übereinander	cor 39	Herz
	fallen	corpus 10	Körper
concordia 12	Eintracht	corripere 38	packen; ergreifen
concurrere 33	zusammenlaufen	corrumpere 29	verderben
condemnare 34	verurteilen	cras 9	morgen
condere 33	gründen	creare 19	1. erschaffen
conectere 40	verbinden; verknüpfen		2. wählen

creber 38 — 1. häufig   2. zahlreich

crebro 38 — oft; häufig

credere 13 — 1. glauben   2. vertrauen

crescere 16 — wachsen

crimen 20 — 1. Vorwurf, Anklage 2. Verbrechen

crudelis 21 — grausam

crudelitas 10 — Grausamkeit

culpa 31 — Schuld

cum *m. Ind.* 4; 12 — 1. wenn; immer wenn 2. als

cum *m. Abl.* 5 — mit

cum *m. Konj.* 27 — 1. als   2. da, weil 3. obgleich

cuncti 4 — alle

cupere 11 — wünschen

cupidus 27 — begierig

cur? 1 — warum?

cura 5 — 1. Sorge   2. Sorgfalt 3. Pflege; Kur

curare 7 — besorgen; sich kümmern um

curia 2 — Kurie; Rathaus

currere 3 — laufen; rennen

custodire 8 — bewachen

dare 9 — geben

de 6 — 1. von; von herab; 2. über

dea 12 — Göttin

debere 3; 30 — 1. müssen 2. schulden

decedere 33 — weggehen; weichen

decem 27 — zehn

decet 32 — 1. es gehört sich; 2. *m. Akk.* es ziemt sich für

decipere 13 — täuschen; betrügen

declarare 29 — erklären

decretum 37 — Beschluss; Anordnung

dedecus 23 — Schande

dedere 21 — 1. übergeben   2. (se dedere) sich ergeben

deesse 17 — fehlen

defendere 23 — verteidigen

deferre 20 — überbringen; melden

deflere 26 — beweinen

delectare 1 — 1. erfreuen   2. Spaß machen

delere 15 — zerstören

deliberare 25 — überlegen

deliberatio 37 — Überlegung

demonstrare 22 — zeigen; beweisen

denarius 9 — Denar

denique 3 — schließlich

denuo 25 — von neuem

deplorare 18 — beklagen; betrauern

descendere 14 — hinabsteigen

deserere 19 — verlassen; im Stich lassen

desiderare 9 — 1. vermissen; 2. herbeisehnen

desiderium 16 — Sehnsucht

desinere 14 — aufhören; ablassen von

desperare 18 — verzweifeln

detrimentum 25 — Schaden

deus 11 — Gott

dicere 11 — sagen

dictare 1 — diktieren

dies 9 — Tag; Termin

differre 36 — 1. verbreiten 2. verschieben 3. verschieden sein, sich unterscheiden

difficilis 21 — schwierig

dignitas 19 — Würde

dignus 10 — wert; würdig

diligere 17 — lieben; gern haben

dimittere 6 — entlassen; fortschicken

dirimere 16 — trennen

diripere 35 — plündern

discedere 27 — weggehen; sich entfernen

disceptare 11 — entscheiden; schlichten

discere 2 — lernen

disciplina 40 — 1. Lehre 2. Wissenschaft

discipulus 1 — Schüler

discordia 23 — Zwietracht

disputare 18 — streiten; diskutieren

dissimulare 13 — verheimlichen

diu 8 — lange

dives 19 — reich; der Reiche

dividere 39 — 1. teilen   2. verteilen

divinus 34 — göttlich

divitiae 13 — Reichtum

docere 2 — lehren; belehren; erklären

doctor 38 — Lehrer

doctrina 39 — 1. Lehre   2. Bildung

doctus 5 — gelehrt; gebildet

dolere 10 — 1. betrübt sein   2. bedauern   3. Schmerz empfinden

dolor 14 — Schmerz

dolus 14 — List

domesticus 32 — häuslich; zum Haus gehörend

domi 2 — zu Hause

dominus 4; 31	1. Herr	error 15	1. Irrtum 2. Irrfahrt
	2. Eigentümer	eruditus 32	gebildet
domo 17	aus dem Hause	esse 1; 28	1. sein 2. vorhanden
domum 8	nach Hause		sein; existieren
domus 24	Haus; Haushalt	et 1	1. und 2. auch
donum 14	Gabe; Geschenk	et … et 4	sowohl … als auch
dormire 3	schlafen	etiam 3	1. auch 2. sogar
dorsum 25	Rücken	etiamsi 27	auch wenn
dubitare 12	1. zweifeln 2. zögern	etsi 21	wenn auch
	3. ungewiss sein	evadere 35	entkommen; entweichen
dubium 31	Zweifel	excedere 38	(über etw.)
dubius 3	1. zweifelhaft;		hinausgehen
	ungewiss	exemplum 7	Beispiel
	2. gefährlich	exercere 5	üben; trainieren
ducere 9	führen	exercitus 24	Heer
dulcis 21	süß; angenehm	exire 17	hinausgehen
dum 16	während	expellere 19	vertreiben
duo 24	zwei	explorare 21	erkunden; erforschen
duodecim 11	zwölf	exponere 13	darlegen; erklären
durus 13	hart	expugnare 14	erobern
dux 18	Anführer; Feldherr	exsistere 29	entstehen
		exspectare 2	warten; erwarten
e, ex 5	aus; heraus	exstinguere 35	auslöschen
ecce! 6	da!; da ist …	exstruere 21	aufbauen; errichten
edere 29	herausgeben	exterus 38	auswärtig; fremd
edicere 23	befehlen; verkünden		
educare 11	erziehen; aufziehen	faber 6	Handwerker
efficere 22	bewirken	facere 1	tun; machen
effugere 12	entfliehen	facies 39	1. Aussehen 2. Gesicht
effundere 6	ausgießen	facile *(Adv.)* 31	leicht (zu tun)
egere *m. Abl.* 30	entbehren; nötig haben	facilis 25	leicht (zu tun)
ego 6	ich	facultas 37	Möglichkeit; Fähigkeit
electio 39	Wahl; Auswahl	fallere 24	täuschen; betrügen
elegans 32	elegant; auserlesen	falsus 15	falsch; treulos
eligere 18	auswählen	fama 20	1. (guter oder schlechter)
eloquentia 34	Beredsamkeit		Ruf; Ansehen;
emere 9	kaufen		2. Gerücht
eminere 20	herausragen; sichtbar	fames 19	Hunger
	werden	familia 25	Familie
enervatus 12	entnervt	familiaritas 32	1. vertrauer Umgang
enim 3	nämlich		2. Freundschaft
epistula 3	Brief	fas 23	(göttliches) Recht
eques 17	1. Reiter 2. Ritter	fatigare 7	müde machen
equidem 29	ich wenigstens; ich	fatigatus 6	ermüdet; müde
	jedenfalls	fatum 23	Schicksal
equitare 7	reiten	favere 18	begünstigen; günstig
equus 14	Pferd		gesinnt sein
erga 28	gegenüber, gegen (im	febris 38	Fieber
	freundlichen Sinne)	felicitas 26	Glück; Glückseligkeit
ergo 29	folglich; also	feliciter 17	glücklich; erfolgreich
eripere 40	1. entreißen	felix 21	glücklich
	2. befreien	femina 13	Frau
errare 11	irren	fenestra 6	Fenster

fere 12	1. fast 2. ungefähr
ferire 4	1. schlagen 2. treffen
ferre 20	tragen; ertragen; bringen
ferrum 10	1. Eisen 2. Schwert
festus 9	festlich; Fest-
fides 13	1. Treue; Zuverlässigkeit
	2. Vertrauen
fidus 3	treu; zuverlässig
fieri 31	1. werden 2. geschehen
	3. gemacht werden
filia 11	Tochter
filius 2	Sohn
fines 39	Gebiet
fingere 38	bilden, formen
finire 16	beenden
finis 3	Ende
finitimus 16	benachbart; *im Pl.*
	Nachbarn
firmare 30	festigen; stärken
firmus 13	fest; zuverlässig; sicher
flectere 26	1. biegen 2. drehen
flere 17	weinen
florere 39	blühen; in Blüte stehen
fluere 39	fließen
flumen 26	Fluss
fluvius 34	Fluss; Strom
foedus *(Adj.)* 25	hässlich
foedus *(Subst.)* 35	Vertrag; Bündnis
forma 24	1. Gestalt
	2. Schönheit
formare 40	1. formen
	2. verfertigen
fortasse 13	vielleicht
forte 25	zufällig
fortis 21	1. tapfer 2. stark
fortuna 20	Schicksal
forum 2	Forum; Marktplatz
frangere 31	zerbrechen; brechen
frater 2	Bruder
fraus 27	Betrug
frequens 40	häufig; zahlreich
frigidus 5	kalt
frui 39	genießen
frumentum 17	Getreide
frustra 25	vergeblich
fugere 8	fliehen
fulmen 25	Blitz
furtum 31	Diebstahl
futurus 7	zukünftig
gaudere 2	sich freuen
gaudium 24	Freude
gemere 14	stöhnen; seufzen

geminus 11	Zwilling
genius 37	Geist; Schutzgeist
gens 15	1. Volksstamm
	2. (vornehme) Familie
genus 30	Art; Geschlecht
gerere 21	1. tragen
	2. (aus)führen
gignere 24	zeugen; hervorbringen
gladius 23	Schwert
gloria 12	Ruhm
gradus 27	Schritt; Stufe
gratia *m. Gen.* 7	wegen
gratia 6	Dank
gratis 8	umsonst; ohne Gegen-
	leistung
gravis 21	1. schwer 2. wichtig
graviter 26	schwer
grex 27	Herde
habere 5	haben, halten
habitare 19	wohnen; bewohnen
haerere 31	hängen; haften bleiben
heri 21	gestern
hic 8	hier
hic, haec, hoc 24	dieser, diese, dieses
hinc 35	von hier; hier
historia 38	1. Geschichte 2. Ge-
	schichtserzählung
hodie 2	heute
homo 10	Mensch
honor 18	1. Ehre 2. Ehrenamt
hora 5	Stunde
horribilis 24	schrecklich
hortus 4	Garten; Park
hospes 13	1. Gast 2. Fremder
hospitium 13	Gastfreundschaft
hostis 12	Feind
huc 26	hierher; hierhin
humanus 28	1. menschlich
	2. gebildet; zivilisiert
humare 35	beerdigen
iacere, iacio 14	werfen; schleudern
iacere, iaceo 31	liegen
iactare 8	werfen; schleudern
iam 1	1. schon 2. gleich
	3. jetzt
ibi 6	dort
idem, eadem,	derselbe, dieselbe,
idem 30	dasselbe
ideo 31	deswegen
igitur 27	folglich, also
ignavia 30	Trägheit

ignavus 21 — träge; untüchtig; feige

ignis 35 — Feuer

ignominia 20 — Schande; schlechter Ruf

ignorantia 36 — Unwissenheit

ignorare 15 — nicht wissen; nicht kennen

ignoscere 34 — verzeihen

ignotus 22 — unbekannt

ille, illa, illud 24 — jener, jene, jenes

illic 8 — dort

illinc 35 — 1. von da   2. da

imago 36 — Bild

imminere 18 — drohen

immo 26 — ja sogar

immortalis 25 — unsterblich

impedire 22 — hindern; verhindern

impellere 31 — antreiben; anstoßen

impendere, impendeo 22 — 1. darüber hängen   2. bevorstehen; drohen

impendere, impendo 38 — aufwenden; verwenden

imperare 18 — 1. befehlen   2. Kaiser sein

imperator 24 — 1. Feldherr   2. Kaiser

imperium 9 — 1. (Ober)Befehl   2. Herrschaft; Reich

impetrare 36 — erlangen

impius 14 — gottlos; frevelhaft

imponere 28 — 1. auferlegen   2. daraufsetzen

improbus 17 — unehrlich; schlecht

impudens 27 — schamlos; unverschämt

impulsus 31 — Stoß; Anstoß

in *m. Abl.* 5 — in *(auf d. Frage* wo?)

in *m. Akk.* 2 — in (hinein); nach

incedere 26 — gehen; schreiten

incendere 15 — 1. anzünden   2. entflammen

inchoare 38 — beginnen

incipere 3 — anfangen

incitare 16 — antreiben

incola 20 — Einwohner(in); Bewohner(in)

incolumis 21 — heil; unversehrt

incultus 19 — unbebaut; brach liegend

incurrere 33 — hineinlaufen; hineingeraten

inde 39 — 1. von dort; dort   2. seitdem   3. daher

indicere 18 — ansagen; ankündigen

indicium 34 — Anzeichen

indigere *m. Gen. od. Abl.* 5; 27 — etwas, jmdn. brauchen; nötig haben; entbehren

indignus 19 — unwürdig

infamia 20; 29 — 1. Schande   2. üble Nachrede; schlechter Ruf

infelix 21 — unglücklich

inferi 26 — die (Götter der) Unterwelt

inferre 20 — 1. hineintragen   2. zufügen; antun

infestus 9 — feindlich gesinnt

inficere 25 — 1. benetzen   2. vergiften

infidus 13 — untreu

infirmus 23 — schwach; kraftlos

inflammare 25 — entflammen; anzünden

ingenium 34 — Geist; Begabung

ingens 23 — ungeheuer; groß

ingratus 15 — undankbar

inicere 17 — hineinwerfen

inimicitia 29 — Feindschaft

iniquitas 37 — 1. Unrecht   2. Schwierigkeit

inire 10; 29 — 1. hineingehen; betreten   2. beginnen

iniuria 20 — Unrecht

iniustus 20 — ungerecht

inquirere 29 — 1. aufsuchen   2. untersuchen

inquit 12 — sagte er; sagte sie

insania 32 — 1. Verrücktheit; Unvernunft   2. Wahnsinn

insanus 32 — 1. unvernünftig; verrückt   2. wahnsinnig

inscientia 29 — Unwissenheit

insidiae 33 — Hinterhalt, Falle

inspicere 29 — 1. hineinschauen; betrachten   2. untersuchen

instruere 16 — 1. aufstellen   2. unterrichten

insula 6 — 1. Insel   2. Wohnblock

insuperabilis 25 — unbesiegbar

intellegere 24 — 1. erkennen   2. verstehen; einsehen

inter 12 — zwischen; unter

intercludere 33 — absperren; abschneiden

interdiu 27 — tagsüber

interdum 7 — manchmal

interesse *m. Dat.* 21 — teilnehmen an

interim 28 — inzwischen

interponere 34 — dazwischen legen

interrogare 2 — fragen

intra 27 — innerhalb

intrare 8	eintreten; betreten	lavare 30	waschen
invadere 11	eindringen	lavari 30	sich waschen; baden
invenire 15	finden	lector 38	1. Vorleser 2. Leser
invitare 6	einladen	lectus 5	Bett
ipse, ipsa, ipsum 30	er selbst, sie selbst,	legatus 28	1. Gesandter 2. Legat;
	es selbst		Unterfeldherr
ira 10	Zorn; Wut	legere 1	lesen
iratus 13	zornig	legio 33	Legion
ire 2	gehen	leo 10	Löwe
irritus 26	vergeblich; erfolglos	lex 19	Gesetz
is, ea, id 13	1. dieser, diese, dieses	libellus 34	(kleines) Buch
	2. der, die, das	libenter 2	gern
	3. er, sie es	liber *(Adj.)* 5	frei
iste, ista, istud 20	dieser da, diese da,	liber *(Subst.)* 32	Buch
	dies da	liberalis 38	frei; freiheitlich
istic 32	da	liberare 10	befreien
ita 9	so	liberi 16	Kinder
itaque 1	daher	libertas 19	Freiheit
item 37	ebenso; gleichfalls	libertus 5	Freigelassener
iter 14	1. Weg 2. Marsch; Reise		*(ehemaliger Sklave)*
iterum 6	wieder; noch einmal	licere 9	erlaubt sein
iubere *m. Akk.* 8	1. (jmdm.) befehlen	limes 9	Grenzweg; Grenzwall
	2. (jmdn.) auffordern	lingua 32	1. Zunge 2. Sprache
iucundus 7	angenehm, erfreulich	littera 34	Buchstabe
iudex 20	Richter	litterae 34	1. Brief 2. Wissenschaft;
iudicare 29	1. urteilen 2. richten		Literatur
	3. halten für	locus 21	Ort
iudicium 40	1. Urteil 2. Gericht	loca *(n. Pl.)* 21	Orte
iugum 39	1. Joch	longus 3	lang
	2. Gebirgszug	loqui 30	sprechen
iungere 26	verbinden	lucrum 31	Gewinn, Vorteil
iurare 24	schwören	ludere 7	spielen
iurgare 8	sich streiten	ludus 7	Spiel
ius 17	1. Recht 2. Prozess	luna 3	Mond
iustitia 28	Gerechtigkeit	lupa 11	Wölfin
iustus 16	1. gerecht	lupus 11	Wolf
	2. rechtmäßig	lux 26	Licht
iuvenis 18	junger Mann; junge Frau		
iuxta 6	neben	maestus 15	traurig
		magis 1	mehr
labor 1	1. Arbeit 2. Anstren-	magister 1	Lehrer
	gung 3. Mühe	magnus 3	groß
laborare 4	1. arbeiten	maiores 18	Vorfahren
	2. sich bemühen	male 24	schlecht; übel
lacrima 16	Träne	maledicere	jmdn. verleumden;
laedere 23	verletzen	*m. Dat.* 14	beschimpfen
laetitia 27	Freude; Fröhlichkeit	maleficium 28	Übeltat
laetus 5	fröhlich; heiter	malignus 34	boshaft; missgünstig
latifundium 19	Großgut	malle 34	lieber wollen
latro 9	Räuber; Dieb	malus 10	böse; schlecht
latrocinium 36	Raub	mandare 13	übergeben; beauftragen
latus 3	breit	manere 2	bleiben
laudare 1	loben		

manifestus 36	1. offensichtlich	mortalis 24	sterblich
	2. ertappt (bei einer Tat)	mortuus 14	tot
manus 24	Hand	mos 10	Sitte; Brauch
mare 21	Meer	movere 16	1. bewegen
maritus 16	Ehemann		2. rühren; erschüttern
martyr 37	Märtyrer, Märtyrerin	mox 2	bald; bald darauf
mater 7	Mutter	mulier 9	Frau
materia 6	Material; Bauholz	multi 4	viele; *im Sg.* viel
matrimonium 23	Ehe	multus 4	viel
matrona 32	(verheiratete) Frau	multitudo 35	Menge
maturus 30	1. reif 2. früh	mundus 28	Welt
maxime 4	am meisten; sehr; äußerst	munire 4	befestigen
maximus 39	1. der Größte 2. sehr	munitio 21	1. Befestigung
	groß; bedeutend, wichtig		2. Schanzarbeit
medicina 39	1. Medizin	munus 10	Aufgabe
	2. Medizinstudium	murus 16	Mauer
medicus 30	Arzt	mutare 24	1. verändern
medius 12	1. der Mittlere		2. verwandeln
	2. mitten	mysterium 37	1. Geheimnis
melius 30	besser		2. Geheimkult
memoria 13	Gedächtnis		
mens 23	Geist; Gesinnung	-nam *(angeh.)* 22	denn; nur; bloß
mensis 24	Monat	nam 2	denn
mentiri 34	lügen	nancisci 35	erlangen; bekommen
mercator 6	Kaufmann; Händler	narrare 5	erzählen
mergere 33	versenken; untergehen	nasci 33	geboren werden
	lassen	natare 8	schwimmen
merus 40	1. rein; unvermischt	natura 28	Natur; Wesen
	2. bloß; alleinig	natus 18	geboren
metuere 14	fürchten	navigare 27	segeln; mit dem
metus 24	Furcht		Schiff fahren
meus 7	mein	navigium 35	(kleines) Schiff
migrare 26	wandern	navis 15	Schiff
miles 7	Soldat	ne *m. Konj.* 22	dass nicht; damit nicht
minari 35	drohen	ne … quidem 7	nicht einmal
minuere 16	vermindern; *im Pass.*	-ne *(angeh.)* 2; 26	1. *(Fragezeichen)* 2. ob
	geringer werden	nec (=neque) 27	1. und nicht
minus 27	weniger		2. auch nicht
mirus 27	erstaunlich;		3. aber nicht
	bewundernswert	necare 11	töten
miser 6	1. arm 2. elend	necessarius 19	notwendig
miseria 17	Elend; Armut	necesse 40	notwendig
mittere 5; 25	1. schicken	nefarius 20	frevelhaft
	2. werfen; schießen	negare 16	1. verneinen
modo 8	bald		2. verweigern
modus 18	1. Art und Weise 2. Maß	neglegere 30	1. vernachlässigen
molestus 6	lästig; beschwerlich		2. nicht beachten
mons 21	Berg	negotium 13	Geschäft; Aufgabe
monstrare 2	zeigen	nemo 18	niemand
monstrum 25	Ungeheuer	nequaquam 37	keinesfalls
mora 34	Aufschub; Verzögerung	neque 7	1. und nicht
mors 10	Tod		2. auch nicht
mortales 24	die Menschen		3. aber nicht

neque … neque 7	weder … noch	occupatus 33	beschäftigt
nescire 17	nicht wissen	oculus 15	Auge
nescius 23	unwissend; ohne es zu wissen	odisse 38	hassen
		odium 14	Hass
nihil 1	nichts	offerre 37	anbieten; gewähren
nimis 27	allzu sehr	officium 23	Pflicht
nimius 26	allzu groß	olim 11	einst
nisi 20	wenn nicht; *nach Verneinung* außer	omnino 28	1. ganz und gar 2. überhaupt
nobilis 28	vornehm; adlig	omnis 21	1. jeder 2. ganz 3. *im Pl.* alle
nocere 29	schaden	onus 31	Last
noctu 23	bei Nacht	onustus 31	beladen, belastet
nolle 34	nicht wollen	opes *(Pl.)* 32	1. Reichtum 2. Macht
nomen 10	Name		
nominare 29	nennen; benennen	oportet 30	man muss; es gehört sich
non 1	nicht	oppidum 39	Stadt
non iam 1	nicht mehr	opprimere 6	1. überfallen 2. niederdrücken
nondum 13	noch nicht		
nonne? 6	denn nicht? (etwa) nicht?	optare 22	wünschen
nonnihil 39	etwas; einiges	optime 8	bestens, sehr gut
nonnulli 4	einige	opulentus 13	reich; üppig
nos 6	wir; uns *(Akk.)*	opus 19	Werk
noster 17	unser	opus est 19	es ist nötig; man braucht
novisse 23	wissen; kennen	ora 15	Küste
novus 10	neu	oraculum 29	Orakel; Götterspruch
nox 3	Nacht	orare 16	1. beten 2. bitten
nubere 26	heiraten *(als Frau)*	oratio 5	Rede
nullus 9	keiner; kein	orbis 12	Kreis
num(?) 6; 29	1. etwa? 2. ob	orbis terrarum 12	Erdkreis
numerare 8	zählen	oriens 39	1. Osten 2. Orient
numerus 19	Anzahl; Zahl	os 20	1. Gesicht 2. Mund
numquam 11	niemals	ostendere 28	zeigen; darlegen
numquid 37	ob; ob etwa		
nunc 11	nun; jetzt		
nuntiare 9	melden		
nuntius 12	1. Bote 2. Nachricht	paene 38	fast; beinahe
nuper 19	neulich; vor kurzem	paenitentia 36	Reue
		palus 25	Sumpf
obire 10	entgegengehen; treffen	par 39	gleich
oblivisci *m. Gen. od. Akk.* 32	1. etwas vergessen 2. etwas nicht beachten	parare 4	(zu)bereiten
		paratus 14	bereit
obscurus 3	dunkel	parentes *(Pl.)* 16	Eltern
obsecrare 19	beschwören, dringend bitten	parere, pareo 15	gehorchen
		parere, pario 32	1. hervorbringen 2. erzeugen
obsidere 21	belagern		
obsidio 21	Belagerung	pars 17	Teil
obstare 40	entgegenstehen; hindern	parum 32	zu wenig
obstringere 36	verpflichten	parvus 4	klein
obtemperare 32	gehorchen	pastor 11	Hirte
obtinere 19	erhalten; bekommen	pater 11	Vater
occasio 35	Gelegenheit	patria 15	Vaterland
occidere 10	niederhauen; töten	patricius 17	1. patrizisch (adlig) 2. Patrizier
occupare 35	besetzen; überfallen		

297

patrius 38	1. väterlich	plerumque 5	meistens
	2. einheimisch	plurimum *(Adv.)* 38	am meisten; sehr
pauci 8	wenige	plurimum 38	das meiste; sehr viel
paulatim 16	allmählich	plus 19	mehr
paulum 5	ein wenig, ein bisschen	poena 31	Strafe
pauper 34	arm	poeta 26	Dichter
pax 12	Friede	polliceri 35	versprechen
peccare 1	einen Fehler machen	ponere 8	1. setzen
pecunia 5	Geld		2. stellen
pecus 35	Vieh		3. legen; ablegen
pedes 17	Fußsoldat; Infanterist	pons 33	Brücke
pendere, pendeo 22	hängen *(intransitiv)*	populus 6	Volk
per 3	durch	porta 9	Tor
peragere 36	durchführen; vollenden	portare 11	tragen
percutere 31	schlagen; stoßen	posse 6	können
perdere 17	verderben; zugrunde	possidere 22	besitzen
	richten	post *(Adv.)* 11	später; nachher
peregrinus 38	ausländisch; fremd	post 2	nach; hinter
perficere 29	vollenden; herstellen	postea 4	später
perfidia 13	Treulosigkeit; Verrat	postquam 15	nachdem
pergere 32	fortfahren	postremo 29	endlich; schließlich
periculosus 18	gefährlich	postremus 40	der Letzte, jüngst Ver-
periculum 11	Gefahr; Abenteuer		gangene
perire 31	zugrunde gehen	postridie 4	am folgenden Tage
peritus *m. Gen.* 33	erfahren in	postulare 10	fordern
permittere 29	1. erlauben; zulassen	potentia 22	Macht
	2. überlassen	potestas 12	Macht
pernicies 9	Verderben; Untergang	potius 37	vielmehr; eher
persequi 35	verfolgen	potus 38	Trank; Getränk
perseverare 36	1. bei/auf etwas beharren	praebere 16	bieten
	2. fortfahren	praecedere 26	1. vorangehen
persuadere 29	1. überreden		2. übertreffen
	2. überzeugen	praeceptor 38	Lehrer
pertinacia 36	Starrsinn	praecipere 30	vorschreiben
pervenire 26	hinkommen; gelangen	praecipue 14	besonders; vor allem
pes 21	Fuß	praeclarus 25	hochberühmt
pestifer 25	todbringend	praeda 9	Beute
petere 16	1. erbitten; erstreben	praedicare 32	rühmen; laut verkünden
	2. darauf losgehen	praedium 19	Landgut
philosophia 28	Philosophie	praemium 19	Belohnung
philosophus 28	Philosoph	praesertim 35	zumal; besonders;
pietas 28	1. Pflichtgefühl		vor allem
	2. Frömmigkeit	praestare 18	leisten; zeigen
piger 4	faul	praeter 38	außer
pila 7	Ball; Kugel	praeter quod 38	außer dass
placere 8	gefallen	praeterea 36	außerdem
placet *m. Dat.* 18	(jmd.) beschließt	pravus 36	verkehrt; schlecht
placet 8	es gefällt; beliebt	premere 24	drücken; erdrücken
placidus 39	sanft; friedlich	primo 8	zuerst; anfangs
plaustrum 31	Lastwagen	primum 3	anfangs; zuerst
plebs 5	(einfaches) Volk	primus 3	der Erste
plenus 3	voll	princeps 18	Anführer,
plerique 29	die meisten		führender Mann

prius 13	vorher; früher	quartus 5	der Vierte
priusquam 24	bevor	quasi 36	gewissermaßen; gleichsam
pro 19	1. für 2. anstelle von		
probare 32	billigen; gutheißen	quattuor 18	vier
proconsul 37	Prokonsul; Statthalter	-que *(angeh.)* 2	und
		quem? 2	wen?
procul 25	1. fern 2. aus der Ferne	qui, quae, quod 18; 24	1. der, die, das *(Relativpron.)* 2. welcher (?), welche (?), welches (?)
prodere 14	verraten		
prodesse 1	nützen		
proelium 21	Schlacht; Gefecht	quia 24	da ja; weil
proferre 28	1. vorwärtstragen 2. erweitern	quicquam 32	etwas
		quid? 1	was?
progressio 40	Fortschritt; Wachstum	quidam 18	ein gewisser
prohibere 6	fernhalten; hindern	quidem 7	jedenfalls; wenigstens
promittere 12	versprechen	quidquid 39	was auch immer
pronuntiare 38	1. verkünden 2. (aus)sprechen	quiescere 30	ruhen
		quin etiam 15	ja sogar
prope *(Adv.)* 12	in der Nähe; nahe	quintus 5	der Fünfte
prope 12	nahe bei	quirites *(Pl.)* 19	Bürger
properare 6	schnell gehen; sich beeilen	quis? 1	wer?
		quisquam 32	jemand
proponere 36	1. vorlegen 2. ausstellen	quisque 39	jeder
propraetor 20	Proprätor; Statthalter	quisquis 39	wer auch immer
proprius 40	eigentümlich; speziell	quo? 8	wohin?
propter 27	wegen	quo … eo 32	je (mehr) … desto (mehr)
provincia 2	Provinz		
proximus 5	der Nächste; am nächsten	quo modo? 17	wie?
prudentia 14	Klugheit	quod 12	da; weil
publicus 18	öffentlich	quod 14	dass
pudere 13	sich schämen	quodsi 31	wenn aber
pudor 32	1. Scham; Schamgefühl 2. Ehrgefühl	quoniam 37	da ja
		quoque 18	auch
puella 1	Mädchen	quot (?) 21	wie viele (?)
puer 2	Junge		
pugna 10	Kampf	rapere 14	1. rauben 2. reißen
pugnare 7	kämpfen	rapidus 25	reißend; schnell
pulcher 12	schön	rarus 32	selten
pulcherrimus 12	der Schönste; am schönsten	ratio 32	Vernunft
		recedere 10	zurückweichen
punire 23	bestrafen	recitare 37	vorlesen, vortragen
putare 9	1. glauben; meinen 2. annehmen; vermuten 3. halten für	recordari 37	1. sich erinnern 2. bedenken
		rectus 23	gerade; richtig
		recusare 37	sich weigern; ablehnen
quaerere 15	1. suchen 2. fragen nach	reddere 17	zurückgeben
quam 19	1. wie 2. *bei Vergleich* als	redire 10	zurückgehen
		reditus 33	Rückkehr
quamobrem? 32	weshalb?	reducere 33	zurückführen
quamquam 13	obwohl; obgleich	referre 25	1. zurücktragen 2. berichten
quamvis 25	1. wenn auch noch so 2. wenn auch; obwohl		
		refugere 22	zurückweichen
quando (?) 21	wann (?)	regere 28	regieren
quantus (?) 21	wie groß (?)	regina 15	Königin

regio 25	1. Richtung
	2. Gegend
regius 27	königlich; Königs-
regnare 12	regieren; König sein
regnum 12	1. Königreich
	2. Königsherrschaft
religio 37	1. Frömmigkeit
	2. Religion
religiosus 37	1. gewissenhaft
	2. gottesfürchtig
relinquere 9	verlassen; zurücklassen
reliquus 17	übrig; restlich
renovare 23	erneuern
repellere 21	zurücktreiben
requiescere 21	sich ausruhen
res 9	Sache
res gestae 38	(geschichtliche) Taten; Geschichte
res publica 18	Republik; Staat
resistere 23	Widerstand leisten
respondere 13	antworten
restituere 20	wiederherstellen
retinere 15	zurückhalten
retrahere 30	zurückholen; zurückziehen
retro 26	zurück; rückwärts
reus 31	Angeklagter; Beklagter
reverti 33	zurückkehren
rex 11	König
ridere 1	lachen
ridiculus 34	lächerlich
ripa 11	Ufer
risus 24	Gelächter
ritus 37	1. Brauch; Gewohnheit
	2. Ritus
robur 14	Kraft; Stärke
robustus 38	kräftig
rogare 28	fragen
rumpere 6	brechen; unterbrechen
ruri 30	auf dem Land
rursus 36	wieder; erneut
sacer 14; 33	1. heilig 2. verflucht
sacerdos 11	Priester, Priesterin
sacramentum 36	1. Eid 2. Sakrament
sacrificare 24	opfern
sacrificium 22	Opfer
sacrum 37	1. Heiligtum
	2. Gottesdienst
saeculum 36	1. Zeitalter
	2. Jahrhundert
saepe 1	oft
saepius 30	öfter

saevus 6	wild; wütend
sagitta 25	Pfeil
salire 7	springen
salus 9	Rettung; Heil
salutare 2	grüßen; begrüßen
salve! salvete! 6	sei (seid) gegrüßt! Guten Tag!
salvere 6	gesund sein
sanguis 10	Blut
sanus 24	gesund
sapiens 22	weise; klug
sapientia 29	Weisheit; Wissen
satis 14	genug
satisfacere 33	zufrieden stellen; beruhigen
saxum 22	Felsen; Steinbrocken
scelestus 20	verbrecherisch
scelus 11	Verbrechen
scientia 18	Wissen; Kenntnis
scilicet 40	selbstverständlich; natürlich
scire 8	wissen
scribere 1	schreiben
se 5	sich
se conferre 20	sich begeben
se exercere 5	sich üben; trainieren
secreto 13	heimlich
secundus 39	der Zweite
securus 19	sicher; unbehelligt
sed 1	aber; jedoch
sedere 12	sitzen
sedes 19	Sitz; Wohnsitz
sedulus 4	fleißig
semel 30	einmal
semper 1	immer
sempiternus 33	ewig; dauerhaft
senator 2	Senator; Senatsmitglied
senatus 28	Senat
senectus 30	(hohes) Alter
sensus 34	1. Sinn 2. Gefühl
sententia 28	Meinung
sentire 34	1. fühlen 2. meinen
sepelire 23	begraben
sepulcrum 23	Grab; Grabmal
sequi 30	1. jmdm. folgen
	2. etwas befolgen
sermo 5	Gespräch
sero 38	1. spät 2. zu spät
serpens 24	Schlange
servare 11	1. bewahren 2. retten
servire 19	dienen; Sklave sein
servitus 40	Knechtschaft; Sklaverei
servus 2	Sklave; Diener

sex 11	sechs	studere *m. Dat.* 22	1. sich bemühen um
si 7	wenn		2. versuchen
sibi *(Dat.)* 29	sich	studium 1	1. Eifer 2. Studium
sic 22	so	stultus 10	dumm
signum 9	Zeichen	stupere 11	staunen
silentium 6	Schweigen; Stille	suadere 29	jmdm. raten; zureden
silva 4	Wald	suavis 32	süß, angenehm
similitudo 40	Ähnlichkeit; Ebenbild	subicere 39	1. unterwerfen
simplex 36	1. einfach		2. *im Pass.* unterstehen
	2. aufrichtig		(einem Herrscher)
simplicitas 37	1. Einfachheit	subito 3	plötzlich
	2. Aufrichtigkeit	succedere 9; 14	1. gelingen
simul 23	zugleich		2. nachrücken
simulare 35	vortäuschen; heucheln		3. ablösen (als Wache)
sin 32	wenn aber	sumere 30	nehmen; ergreifen
sine 10	ohne	summus 22	der Höchste; sehr hoch
sinere 26	(zu)lassen	super 22	über
sitis 21	Durst	superare 15	1. überwinden
situs 12	gelegen		2. übertreffen
sive … sive 31	sei es, dass … sei es, dass	superesse 27; 32	1. übrig sein
sive 31	oder wenn		2. überleben
socialis 40	gesellschaftlich		3. (reichlich) vorhanden
socius 15	1. Gefährte; Kamerad		sein
	2. Bundesgenosse	superstes 33	1. überlebend
sol 23	Sonne		2. Überlebender
solere 34	gewohnt sein, pflegen	superstitio 36	Aberglaube
	(etwas gewöhnlich tun)	supplicare 37	beten
sollicitare 13	1. stören	supplicium 36	Todesstrafe
	2. beunruhigen	surgere 25	sich erheben
	3. herausfordern	suscensere 13	zürnen
sollicitudo 40	1. Besorgnis	suscipere 35	1. unternehmen; auf sich
	2. Sorge		nehmen
solum 6	allein; nur		2. empfangen
solus 3	allein	suus 3	sein; ihr
solvere 33	1. lösen 2. bezahlen		
somnus 6	Schlaf	tabula 2	Tafel; Gemälde
soror 23	Schwester	tacere 1; 34	1. schweigen
sors 26	1. Los 2. Schicksal		2. verschweigen
spatium 37	1. Raum 2. Zeitraum	tam 4	so
spectaculum 16	Schauspiel;	tamen 7	dennoch; trotzdem
	Veranstaltung	tamquam 30	wie; gleichsam; als ob
spectare 4	1. betrachten	tandem 17	endlich
	2. schauen	tangere 26	berühren
sperare 20	hoffen	tantum 38	nur
spes 16	Hoffnung	tantus 10	ein solcher; ein so großer
spiritus 25	Atem; Hauch	taurus 24	Stier
splendidus 39	glänzend; prächtig	technicus 40	technisch
sponte 17	aus eigenem Antrieb	temperans 38	mäßig; zurückhaltend
stare 18	stehen	tempestas 15	Sturm; Unwetter
statim *(Adv.)* 11	sofort	temptare 26	versuchen
statio 9	Wache; Wachtposten	tempus 10	Zeit
statura 38	Gestalt; Statur	tenebrae 26	Finsternis
strenuus 18	entschlossen; tüchtig	tenere 23	halten; festhalten

301

terra 35	1. Land 2. Erde
terrere 3	erschrecken
terror 25	Schrecken
tertio 36	zum dritten Mal
tertius 39	der Dritte
timere 3	fürchten; sich fürchten
timidus 3	ängstlich
timor 7	Furcht
tolerare 19	ertragen
tollere 20	1. aufheben
	2. beseitigen
tormentum 36	Folter
tot 33	so viele
totus 17	ganz
tractare 30	behandeln
tradere 22	1. überliefern; weiter- geben
	2. ausliefern; verraten
traducere 35	hinüberführen
trahere 10	ziehen; schleppen
tranquillus 37	ruhig; gelassen
trans 33	über; jenseits
transcendere 9	übersteigen; überschreiten
transgredi 35	überschreiten
transire 39	überschreiten
tres 12	drei
tribuere 29	zuteilen; zuweisen
tribunus 19	Tribun (röm. Beamter)
triginta 37	dreißig
trucidare 22	schlachten; töten
tu 6	du
tum 2	dann; darauf
tunica 25	Tunika; Untergewand
turba 8	Schar; Menschenmenge
turbare 12	verwirren; stören
turpis 33	schändlich; schimpflich
turris 21	Turm
tuus 5	dein
ubi (primum) 15	sobald als
ubi?; ubi 7	wo?; wo
ubique 8	überall
ullus, ulla, ullum 30	irgendein, irgendeine, irgendein
ultimus 14	der Letzte
umbra 3	Schatten
una *(Adv.)* 27	gemeinsam
unde 35	1. woher? 2. von wo
undique 22	von allen Seiten
unicus 33	der Einzige
universus 37	gesamt; *im Pl.* alle
unus 16	einer, eine, eines

urbs 7	(Groß)stadt
usque (ad) 8	bis; bis zu
usus 40	1. Gebrauch
	2. Nutzen
ut *m. Ind.* 15	wie
ut *m. Konj.* 22; 23	1. dass; damit 2. sodass
uterque 39	jeder (von beiden)
uti *m. Abl.* 30	benutzen; gebrauchen
utilis 29	nützlich
utinam 23	wenn doch (nur)
utique 32	jedenfalls
uxor 5	Ehefrau; Gattin
vacare 7	1. frei sein von
	2. Freizeit haben
vacuus 19	1. leer 2. frei von
valde 1	sehr
vale!; valete! 4	leb wohl! lebt wohl!
valere 4	1. gesund sein
	2. stark sein
valetudo 38	Gesundheit
vanus 13	leer; unnütz
varius 8	verschieden
vastare 35	verwüsten
vates 24	Prophet; Prophetin
vehemens 31	heftig; stark
vehere 6	transportieren; fahren
vel 5	oder; oder auch
velle 34	wollen
venari 30	jagen
vendere 4	verkaufen
venenum 25	Gift
venerari 36	verehren; anbeten
venia 36	1. Verzeihung
	2. Erlaubnis
venire 2	kommen
verbum 6	Wort
vere 7	wahrlich; wirklich
vereri 30	fürchten; sich scheuen
vero 38	aber, wahrhaftig
versus 34	Vers
vertere 16	wenden; hinwenden
verum 11	Wahrheit
verus 11	wahr
vesanus 17	wahnsinnig
vesper 8	Abend
vester 14	euer
vestis 8	Kleidungsstück
vetus 27	alt
vexare 16	quälen
via 3	Weg; Straße
vicinus 6	1. Nachbar
	2. benachbart

victor 25	Sieger	virtus 15	Tüchtigkeit; Tapferkeit
victoria 12	Sieg	vis 23	Kraft; Gewalt
vicus 3; 9	1. Stadtteil 2. Dorf	visitare 2	besuchen
videre 3	sehen	vita 9	Leben
videri 31	scheinen; erscheinen	vitare 30	vermeiden
vigilare 9	wachen	vituperare 1	1. tadeln
viginti 18	zwanzig		2. kritisieren
vilicus 4	Gutsverwalter	vivere 15	leben
villa 4	Landhaus; Landgut	vivus 26	lebendig; lebend
vincere 14	1. siegen	vocare 3	rufen
	2. besiegen	voluntas 35	Wille
vindicare 17	1. befreien	volvere 25	1. wälzen
	2. beschützen; erretten		2. überlegen
vinum 2	Wein	vos 6	ihr; euch *(Akk.)*
violare 24	verletzen; Gewalt antun	vox 5	Stimme
vir 8	Mann	vulnerare 10	verwunden; verletzen
vires *(Pl.)* 23	die Kräfte	vulnus 10	Wunde
virgo 7	Mädchen; junge Frau	vultus 39	Miene; Gesichtsausdruck

303

Die Zeichnungen stammen, wenn nicht anders vermerkt, von D. Griese, Laatzen.
Nicht aufgeführte Abbildungen stammen aus dem Verlagsarchiv.

Mare Germanicum

Mare Suebi

Britannia

Londinium

Germania libera

Germania Inferior

Visurgis

Albis

Rhenus

Belgica

Germania Superior

Lutetia

Lugudunensis

Danuvius

Raetia

Gallia

Noricum

Aquitania

Pannonia

Genua

Dalmatia

Narbonensis

Italia

Massilia

Corsica

Roma

Capua

Hispania

Numantia

Neapolis

Tarentum

Baleares

Sardinia

Corduba

M a r e

Messana

Sicilia

Carthago

Syracusae

M a u r e t a n i a

Numidia

n

Africa Proconsularis

Das Römische Weltreich
um 117 n.Chr.

Grenzen des
Römischen Reiches

Grenzen der
Provinzen

0   500km